Maria Balì - Giovanna Rizzo - Luciana Ziglio

NEW Italian Espresso

TEXTBOOK

intermediate and advanced

Italian course for English speakers

Direzione editoriale: **Ciro Massimo Naddeo**
Redazione: **Diana Biagini** e **Marco Dominici**
Layout: **Lucia Cesarone** e **Andrea Caponecchia**
Copertina: **Lucia Cesarone**
Impaginazione: **Andrea Caponecchia**
Illustrazioni: **ofczarek!**

Printed in Italy
ISBN: 978-88-6182-571-0
© 2018 ALMA Edizioni
Tutti i diritti riservati

L'Editore è a disposizione degli aventi diritto per eventuali mancanze o inesattezze. I diritti di traduzione, di memorizzazione elettronica, di riproduzione e di adattamento totale o parziale, con qualsiasi mezzo (compresi i microfilm e le copie fotostatiche), sono riservati per tutti i paesi.

ALMA Edizioni
Viale dei Cadorna, 44
50129 Firenze
tel + 39 055 476644
fax + 39 055 473531
alma@almaedizioni.it
www.almaedizioni.it

Introduction

What is  ?

NEW Italian Espresso is the first **authentically "made in Italy"** Italian course designed for students at American colleges and universities, both in the United States and in study abroad programs in Italy, as well as in any Anglo-American educational institution around the world.

This volume is specifically designed for **intermediate** and **advanced** students. It takes into account provisions of both the Common European Framework of Reference and the ACTFL Proficiency Guidelines and covers all intermediate levels up to advanced low.

Its innovative teaching method is based on a communicative approach and provides a **learner-centered syllabus** by which students can effectively learn while enjoying themselves. In line with ALMA Edizioni's 25-year-long tradition, this method combines scientific rigor with a modern, dynamic and motivating teaching style.

The course puts a strong focus on:
- Communication
- Non-stereotypical situations and topics
- Motivating teaching activities
- Inductive grammar
- A textual approach
- Culture (specific cultural sections provide thorough information on Italy's contemporary lifestyle and habits and aim to encourage intercultural discussions)
- Strategies aimed at developing autonomous learning
- Multimedia resources

This second level course includes a section of activities based on literary works by renowned Italian authors.

A **Workbook** with exercises, self-assessment tests and a comprehensive grammar section is also available, as well as a **web-based teacher's pack** including Textbook and Workbook keys, activity instructions, transcriptions and additional resources. The Workbook is available both in printed and digital format, with auto-feedback.

Introduction

Why is NEW Italian Espresso new?

Compared with its first edition (*Italian Espresso 2*), this is a all brand new version which features **new texts**, **new activities** and a set of **five extra pages after each lesson**.

In each Lesson

- new, easy-to-use graphic structure
- new written and oral texts
- new, fun activities on grammar and vocabulary
- new listening, reading, speaking and writing activities
- new boxes on highly common idioms
- new boxes on grammar peculiarities
- icons for related exercises in the **Workbook**

listening activity (here: track 47)

related activity in the Workbook (here: exercise number 1)

1 Esercizio scritto | Lavori e orari WB 1

After each Lesson

- a grammar section on items covered in the previous Lesson
- a picture-based culture page on Italy's traditions and contemporary lifestyles
- a page of activities on the videos that can be viewed in the Internet site (www.almaedizioni.it/newitalianespresso). All the activities focus on comprehension, idioms and vocabulary and can be submitted to students either upon completion of the previous Lesson, or autonomously
- an Italian - English glossary with the new words of the Lesson

Introduction

A dedicated web page with teaching and learning resources and multimedia files.

Go to **www.almaedizioni.it** and find in the section dedicated to **NEW Italian Espresso**:

- All the **audio tracks** and all the **videos**. You can download all the audio tracks and view all the videos in streaming (HD quality). The videos can be watched both with or without Italian subtitles.

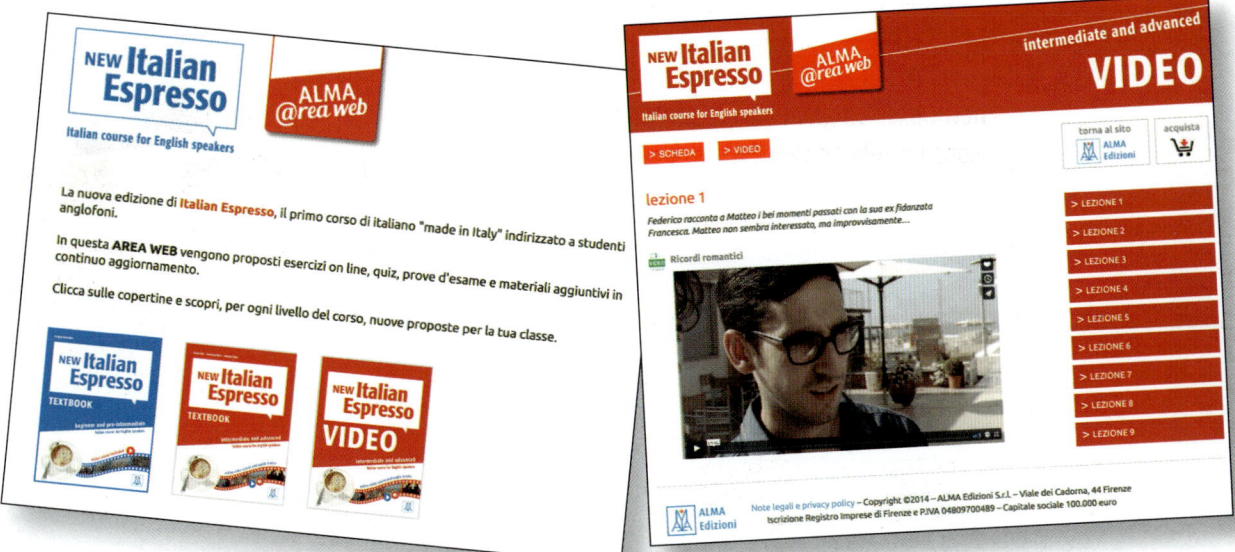

- a **teacher's pack** with Textbook and Workbook keys, activity instructions and transcriptions

We strongly believe that both students and teachers will highly benefit from **New Italian Espresso** and will enjoy a greatly rewarding teaching and studying experience!

Authors and Publisher

Summary

	Competencies	*Listening* and reading activities	Grammar	Vocabulary
Lezione 1 p. 10 ti ricordi?	• Raccontare ricordi e eventi passati • Esprimere sorpresa e dispiacere	• *Non lo sapevo!* • *Ma dai!* • *Farcela e andarsene* • Ricordi • Questa era la mia classe	• Differenti usi di imperfetto e passato prossimo • I verbi *sapere* e *conoscere* al passato prossimo e all'imperfetto • L'uso di *volere* all'imperfetto • I pronomi relativi *che* e *cui* • Gli alterati *-ino/-one*	• Espressioni di sorpresa • Espressioni di dispiacere • *Farcela; Andarsene*

glossario 1 p. 19   grammatica 1 p. 20   caffè culturale 1 – Giovani negli anni Ottanta p. 21   videocorso 1 – Ricordi romantici p. 22

	Competencies	*Listening* and reading activities	Grammar	Vocabulary
Lezione 2 p. 24 come va?	• Riferire problemi di salute • Descrivere i sintomi • Dare consigli e indicazioni sulla salute • Dare consigli sulle attività sportive	• *In farmacia* • *Ottima idea!* • *Rimedi naturali* • Ho mal di… • Abitudini sane	• L'imperativo formale • La posizione dei pronomi nell'imperativo formale • Il comparativo e il superlativo di *buono* e *bene* • Il verbo *servire* • Nomi con plurale irregolare	• Le parti del corpo • Le malattie • Rimedi e attività salutari

glossario 2 p. 33   grammatica 2 p. 34   caffè culturale 2 – Gli italiani: tra buone e cattive abitudini p. 35   videocorso 2 – Ho un dolore qui p. 36

	Competencies	*Listening* and reading activities	Grammar	Vocabulary
Lezione 3 p. 38 egregio Dottor	• Comprendere un annuncio di lavoro • Scrivere una domanda d'impiego • Scrivere un CV • Esprimere delle supposizioni • Esprimere delle condizioni • Parlare del lavoro e delle condizioni di lavoro	• *Sarà la persona giusta?* • *Un colloquio di lavoro* • *Vivere e lavorare all'estero* • Offerte di lavoro • Egregio Dottor Rossi • Il mondo del lavoro oggi • Curriculum vitae	• Ripasso sul futuro semplice • Funzioni del futuro semplice • Pronomi *la/le* • Il verbo *bisogna* • Il verbo *metterci* con il significato di "avere bisogno di tempo" • Il periodo ipotetico della realtà	• Termini legati al mondo del lavoro (CV, annunci di lavoro, tipi di contratto…)

glossario 3 p. 49   grammatica 3 p. 50   caffè culturale 3 – Italia, un Paese di "Dottori" p. 51   videocorso 3 – Colloqui di lavoro p. 52

	Competencies	*Listening* and reading activities	Grammar	Vocabulary
Lezione 4 p. 54 colpo di fulmine	• Chiedere scusa • Iniziare un racconto • Invitare a raccontare • Scandire i tempi di un racconto • Mostrare curiosità verso chi racconta	• *Mi è successa una cosa incredibile!* • *Lasciamo stare, che è meglio!* • *Non sopporto quando…!* • Come vi siete conosciuti? • Le regole del galateo	• *mentre / durante* • *stare per* + infinito • Il passato prossimo dei verbi modali • Le congiunzioni *però, quindi, perché, mentre, quando*	• *Finalmente; All'inizio; Alla fine* • Espressioni per stimolare la conversazione • *Non sopporto; Mi dà fastidio*

glossario 4 p. 63   grammatica 4 p. 64   caffè culturale 4 – Le regole del primo appuntamento p. 65   videocorso 4 – Un giorno, per caso… p. 66

Summary

	Competencies	*Listening* and reading activities	Grammar	Vocabulary
Lezione 5 p. 68 che sport ti piace?	• Descrivere uno sport • Fare delle ipotesi • Esprimere una speranza • Fare paragoni	• *Non credo sia uno sport popolare…* • *Tenniste, non modelle* • Come si chiama questo sport? • Questo sport è popolare nel tuo Paese? • Un tennista, una tennista	• Il congiuntivo presente dei verbi regolari e di alcuni verbi irregolari • L'uso del congiuntivo per esprimere necessità, speranza e opinione personale • Il comparativo *più… di/che* • L'aggettivo *bello* • Nomi in *-tore* e *-ista*	• Lessico dello sport • Espressioni per esprimere la propria opinione • L'avverbio *magari*

glossario 5 p. 75 grammatica 5 p. 76 caffè culturale 5 – Il calcio fiorentino p. 77 videocorso 5 – Boh / Mah p. 78

Lezione 6 p. 80 do you speak Italian?	• Fare delle analogie • Invitare qualcuno a fare qualcosa insieme • Esprimere un dubbio • Raccontare un incidente culturale o linguistico • Esprimere la propria opinione	• *Anche tu qui?!* • *Non sono affatto d'accordo* • *ALMA.tv* • Incidenti di percorso • Italenglish	• Il trapassato prossimo • *Prima di* + infinito • Il verbo *dovere* per esprimere un'ipotesi • I pronomi combinati • Il prefisso negativo *in-*	• Parole straniere nell'italiano • Modi di esprimere sorpresa / sollievo / gioia / comprensione • Espressioni per esprimere accordo o disaccordo

glossario 6 p. 89 grammatica 6 p. 90 caffè culturale 6 – L'italiano nel mondo p. 91 videocorso 6 – Non dovevi/Non fare complimenti p. 92

Lezione 7 p. 94 vivere in città	• Esprimere disapprovazione • Esprimere speranza • Esprimere un divieto • Lamentarsi • Esprimere una preferenza • Indicare la posizione geografica di un luogo	• *Sarebbe stato meglio!* • *Guardi che è vietato!* • *La mia regione preferita* • Città o campagna? • Un'altra città è possibile	• Il condizionale passato per esprimere un desiderio irrealizzato • Le particelle pronominali *ci* e *ne* • Alcuni verbi pronominali: *tenerci, volerci, spuntarla, piantarla, finirla* • I pronomi possessivi	• *Mi tocca* • Aggettivi per descrivere un luogo geografico

glossario 7 p. 103 grammatica 7 p. 104 caffè culturale 7 – Città "emblematiche" p. 105 videocorso 7 – L'auto in panne p. 106

Lezione 8 p. 108 made in Italy	• Descrivere un oggetto, dirne il materiale, l'utilità e le caratteristiche • Chiedere / dare conferma di un'intenzione • Esprimere emozioni e stati d'animo • Esprimere una condizione • Fare un reclamo • Scusarsi / giustificarsi	• *Una buona occasione* • *Un reclamo* • I marchi italiani nel mondo • Venticinque buoni motivi per essere italiani	• Il congiuntivo passato • Ripasso del congiuntivo • La concordanza dei tempi de dei modi (1) • *A patto che, purché, a condizione che* + congiuntivo • Il suffisso *-accio* • Gli avverbi in *-mente*	• Marchi del Made in Italy • Oggetti di vario tipo • Aggettivi per descrivere gli oggetti • Materiali • Modi di dire con parole in *-accio/accia*

glossario 8 p. 119 grammatica 8 p. 120 caffè culturale 8 – Stile italiano p. 121 videocorso 8 – L'oggetto misterioso p. 122

Summary

	Competencies	*Listening* and reading activities	Grammar	Vocabulary
Lezione 9 p. 124 parole, parole, parole…	• Esprimersi in modo adeguato al mezzo di comunicazione • Dare una spiegazione • Iniziare una conversazione telefonica • Chiedere di una persona • Riferire le parole di una terza persona • Trascrivere un messaggio lasciato da una persona	• *Che significa?* • *Driiiin!* • Media e testi • *L'italiano si impara su Facebook*	• Il congiuntivo imperfetto • *Come se* + congiuntivo • Il discorso indiretto • I verbi *andare* e *venire* nel discorso indiretto	• Espressioni tipiche usate nei diversi mezzi di comunicazione • Lessico dei social network • Espressioni comuni con *come se*

glossario 9 p. 133   grammatica 9 p. 134   caffè culturale 9 – Gli stranieri in Italia p. 135   videocorso 9 – Comunicare a distanza p. 136

Lezione 10 p. 138 invito alla lettura	• Raccontare la trama di un libro • Esprimere interesse / disinteresse / una preferenza • Chiedere la ragione e spiegare • Dare un suggerimento • Esprimere interesse • Dare un giudizio	• *Di che parla?* • *Parliamo di libri* • Per una biblioteca globale • *La traversata dei vecchietti*	• La costruzione *che io sappia* • La concordanza dei tempi e dei modi (2) • La forma passiva con *essere* e con *venire* • Il passato remoto • Il presente storico	• Il lessico della letteratura • *Quasi quasi…*

glossario 10 p. 147   grammatica 10 p. 148   caffè culturale 10 – Itinerario letterario del 900 p. 149
videocorso 10 – Parli bene l'italiano / Il tempo non basta mai p. 150

Lezione 11 p. 152 la famiglia cambia faccia	• Argomentare, chiedere conferma e confermare • Indicare le ragioni di una tesi • Commentare una statistica • Indicare le conseguenze di un fatto • Motivare • Indicare vantaggi e svantaggi di una condizione	• *La famiglia in Italia* • *Una donna racconta* • La nuova famiglia	• *Sebbene, nonostante, malgrado, benché* + congiuntivo; *anche se* + indicativo • Comparativi e superlativi particolari • *Fare* + infinito • La forma impersonale di un verbo riflessivo (*ci si*)	• Espressioni per descrivere l'andamento di un fenomeno • Espressioni e termini relativi alla famiglia contemporanea • *Che poi…*; *Davvero?*; *Hai saputo che…?*; *Eh, infatti!*; *Sì, ecco, quello.*

glossario 11 p. 159   grammatica 11 p. 160   caffè culturale 11 – "Tu" o "Lei"? Istruzioni per l'uso p. 161   videocorso 11 – Uno in più p. 162

Summary

	Competencies	*Listening* and reading activities	Grammar	Vocabulary
Lezione 12 p. 164 feste e regali	• Indicare la mancanza di voglia di fare qualcosa • Ammettere la ragione dell'interlocutore • Prendere in giro • Fare ironia • Ricordare a qualcuno una promessa fatta • Dare consigli • Fare delle ipotesi	• *No, per carità!* • *Sei festaiolo?* • *Una figuraccia*	• L'avverbio *mica* • Il condizionale passato come futuro nel passato • Il periodo ipotetico del 2° tipo (possibilità)	• Lessico delle festività e delle tradizioni • *Dai; Per carità; Sia chiaro* • Modi di esprimere il proprio dissenso • Espressioni per raccontare una brutta figura

glossario 12 p. 171   grammatica 12 p. 172   caffè culturale 12 – Regali poco graditi p. 173   videocorso 12 – Tanti auguri a te! p. 174

Lezione 13 p. 176 italiani nella storia	• Raccontare la vita di un personaggio storico • Raccontare un viaggio • Interrompere	• *Chi parla?* • *Cristoforo Colombo* • *Una famosa Villa romana* • *Leonardo Da Vinci* • *I grandi personaggi dell'Antica Roma*	• Il gerundio modale e temporale • La posizione dei pronomi con il gerundio • La terza persona plurale in funzione impersonale	• Gli aggettivi in *-bile* • Espressioni per esprimere incredulità

glossario 13 p. 183   grammatica 13 p. 184   caffè culturale 13 – Gli italiani che hanno fatto la Storia p. 185
videocorso 13 – Se fossi un personaggio famoso p. 186

Lezione 14 p. 188 Italia da scoprire	• Fare una domanda in modo indiretto • Informarsi sulle caratteristiche di un luogo • Chiedere conferma • Riportare quello che hanno detto altri • Segnalare le bellezze di un luogo • Esprimere disaccordo o disappunto	• *Olio extra vergine d'oliva* • *Il FAI* • *Consigli di viaggio* • *I luoghi del cuore*	• *Prima che / Prima di* • La frase interrogativa indiretta • Il discorso indiretto con frase principale al passato	• Bellezze naturali e culturali d'Italia • Aggettivi e espressioni per descrivere un luogo

glossario 14 p. 199   grammatica 14 p. 200   caffè culturale 14 – Stereotipi p. 201   videocorso 14 – Bologna / Osteria del sole p. 202

Lezione 15 p. 204 l'italiano oggi	• Parlare dei propri errori linguistici • Ironizzare • Fare delle ipotesi nel passato • Riflettere sull'apprendimento linguistico	• *Se io…* • *Complessi linguistici* • *Insegnanti discutono* • *Comunque anche Leopardi diceva le parolacce*	• La forma passiva con *andare* • Il congiuntivo trapassato • Il periodo ipotetico del 3° tipo (nel passato) • Il gerundio passato • L'infinito passato • *Dopo* + infinito passato	• Alcune espressioni avverbiali • Espressioni per esprimere un netto disaccordo • Modi di attenuare / invitare ad attenuare il tono di una discussione

glossario 15 p. 213   grammatica 15 p. 214   caffè culturale 15 – Errori o tic linguistici p. 215   videocorso 15 – Come si dice a Milano? p. 215

attività letterarie
Dino Buzzati, *Incontro notturno* da *Siamo spiacenti di…* p. 217
Dacia Maraini, da *Bagheria* p. 222

glossario alfabetico p. 227

1 ti ricordi?

1 Esercizio scritto | In questa foto... WB 1·2·3
Osserva le immagini e abbina i testi, completandoli con i verbi al passato prossimo o all'imperfetto.

a Quando (*essere*) _____ bambino (*andare*) _____ in montagna tutte le estati.

b Questa è la spiaggia dove io e Vittoria (*passare*) _____ un'estate bellissima; io (*avere*) _____ 20 anni, lei 18. (*Essere*) _____ tutti e due in vacanza con i nostri genitori e (*conoscersi*) _____ durante una festa in quella spiaggia.

c Quando (*essere*) _____ piccolo, (*abitare*) _____ a Genova, in un appartamento in centro. (*Essere*) _____ un bell'appartamento, grande e moderno. Poi mio padre (*trovare*) _____ un lavoro all'estero e io e la mia famiglia (*noi – trasferirsi*) _____ a Londra.

d Da bambina (*avere*) _____ un cane: (*chiamarsi*) _____ Teo, (*essere*) _____ bianco e nero. Tutte le mattine lui mi (*svegliare*) _____ e poi (*andare*) _____ a scuola insieme.

e In questo parco io (*venire*) _____ sempre a giocare con mia nonna. Lei (*sedersi*) _____ su una panchina e io (*giocare*) _____ con i miei amici.

f Da ragazza, (*uscire*) _____ sempre con un gruppo di amiche. (*noi - venire*) _____ in questa piazza per guardare le vetrine dei negozi e… i ragazzi! Quando a 18 anni (*noi - finire*) _____ la scuola, io e altre amiche (*andare*) _____ a studiare in città diverse e non (*vedersi*) _____ per molti anni.

10 LEZIONE 1

ti ricordi?

2 Riflettiamo | Passato prossimo o imperfetto?

Lavora con un compagno: quando hai usato il passato prossimo e quando l'imperfetto, nell'esercizio precedente? E perché? Scrivi alcuni esempi dall'esercizio al punto 1.

1 Ho usato ☐ il passato prossimo ☐ l'imperfetto quando:
- qualcosa si è ripetuto spesso.   ESEMPIO: _____

2 Ho usato ☐ il passato prossimo ☐ l'imperfetto quando:
- un'azione ha una durata definita.   ESEMPIO: _____

3 Ho usato ☐ il passato prossimo ☐ l'imperfetto quando:
- descrivo qualcosa nel passato.   ESEMPIO: _____

4 Ho usato ☐ il passato prossimo ☐ l'imperfetto quando:
- un'azione non ha una durata precisa.   ESEMPIO: _____

3 Parliamo | *Mi ricordo…*

Lavora con un compagno: scegli una frase della lista per cominciare a parlare di un ricordo del tuo passato. Il tuo compagno può farti domande per avere altre informazioni.
Se non vuoi usare la lista, puoi anche mostrare una foto e raccontare quando l'hai fatta.

Quando ero bambino/a, la mia città era…
Ho conosciuto mia moglie/mio marito/la mia fidanzata/il mio fidanzato…
Ho conosciuto il mio più caro amico/la mia più cara amica…

Di solito andavo in vacanza…
Il giorno più bello della mia vita….
A scuola andavo bene/male…
Un giorno ho visto un personaggio famoso…

4 Riflettiamo | Passato prossimo E imperfetto?

In alcuni casi, è possibile usare indifferentemente il passato prossimo e l'imperfetto.
Leggi le frasi e seleziona quelle corrette. Poi confronta le tue risposte con quelle di un compagno.

1 a. Da piccolo **ho vissuto** in Inghilterra. ☐
   b. Da piccolo **vivevo** in Inghilterra. ☐
2 a. In questa foto **ero** al mare con i miei nonni. ☐
   b. In questa foto **sono stato** al mare con i miei nonni. ☐
3 a. Vedi quel palazzo? **Ho abitato** lì per 10 anni. ☐
   b. Vedi quel palazzo? **Abitavo** lì per 10 anni. ☐
4 a. Mio nonno **aveva** una vecchia FIAT 127. ☐
   b. Mio nonno **ha avuto** una vecchia FIAT 127. ☐

A Quando non c'è nessuna indicazione di tempo, possiamo usare passato prossimo e imperfetto?   ☐ SÌ ☐ NO
B Quando descriviamo qualcosa (una foto, una persona, un paesaggio) possiamo usare passato prossimo e imperfetto?   ☐ SÌ ☐ NO

ti ricordi?

5 Ascolto | *Non lo sapevo!* WB 4

Ascolta un paio di volte il dialogo tra Nicola e Carlo e rispondi alle seguenti domande.
Poi leggi la trascrizione e verifica.

1. Dove è stato Carlo?
2. Che cosa vuole sapere Nicola? E perché?
3. Con chi vuole andare in vacanza Nicola?
4. Che cosa racconta Carlo al suo amico?

◆ Ah, Carlo, volevo chiederti una cosa.
▲ Dimmi pure.
◆ Ho saputo che l'estate corsa sei stato in un villaggio turistico.
▲ Sì, in Calabria. Conoscevo bene quel posto perché ci ho lavorato come animatore quando ero giovane e ho deciso di tornarci.
◆ Tu hai fatto l'animatore?
▲ Sì, ma molti anni fa. Tra l'altro è lì che ho conosciuto mia moglie.
◆ Davvero? Non lo sapevo!
▲ Beh, in verità sapevo che lei era la cugina di una mia amica, ma durante una festa in spiaggia l'ho conosciuta e abbiamo parlato quasi tutta la sera.
◆ … E vi siete innamorati!
▲ Eh sì… Ma anche tu vuoi passare le vacanze in Calabria, la prossima estate?
◆ Mah, io preferisco stare in albergo, ma mia moglie quest'anno vorrebbe andare in un villaggio; sai, per i bambini…
▲ Sì, questo villaggio secondo me è sempre un posto ideale per le vacanze, soprattutto se si hanno dei bambini! Se vuoi ti mando il link del sito e altre informazioni.
◆ Eh, magari!

Cerca nel dialogo le espressioni usate per…

1. chiedere qualcosa in modo gentile. _____
2. mostrarsi disposti ad ascoltare qualcuno. _____
3. esprimere sorpresa. _____
4. mostrarsi contenti della proposta di un'altra persona. _____

6 Riflettiamo | *Sapere* e *conoscere* all'imperfetto

Cerca nel dialogo le forme dei verbi sapere e conoscere *e scrivile qui di seguito.*

	passato prossimo	imperfetto
sapere	_____	_____
conoscere	_____	_____

I verbi sapere e conoscere *hanno due significati diversi al passato prossimo e all'imperfetto. Inseriscili al posto giusto.*

ricevere una nuova informazione → _____
sapere qualcosa da molto tempo → _____
conoscere una nuova persona → _____
conoscere una persona o una cosa da molto tempo → _____

12 LEZIONE 1

ti ricordi?

7 Esercizio orale | *Volevo...* WB 5-6

Che cosa dici...

a un amico con cui vuoi uscire?
a un vigile quando cerchi una strada?
a un collega a cui hai risposto male?
a un amico se hai bisogno di un favore?
a un amico se hai un problema?

> Ti / Le volevo
> chiedere scusa.
> fare una proposta.
> chiedere un piacere.
> chiedere un'informazione.
> chiedere un consiglio.

8 Lettura | Ricordi WB 7

Leggi l'articolo e completa le parti mancanti con le frasi della lista.

- riceve molte informazioni
- non esiste questa distinzione
- possono creare insieme un album dei ricordi
- quando avevano solo due anni
- la memoria può iniziare a funzionare qualche mese prima

Pianeta Mamma

RIMANERE INCINTA GRAVIDANZA PARTO BAMBINO RICETTE PER BAMBINI FAMIGLIA TEST FOTO PIANETAMAMMA TV FORUM

I primi ricordi

Secondo una ricerca, i bambini possono cominciare a ricordare cose **che** sono avvenute _____ e soprattutto le cose **di cui** hanno parlato con i loro genitori.

Sicuramente a tre anni cominciano a fissarsi nella memoria i primi ricordi **che** resteranno anche in età adulta, ma in alcuni bambini _____ _____; però la memoria dei bambini non funziona come quella degli adulti. Nel cervello delle persone adulte esistono due tipi di memoria: a breve termine e a lungo termine. Nei bambini, invece, _____: in pratica il cervello dei bambini fino ai tre anni di vita elimina i ricordi **che** raccoglie. Questo processo si chiama "amnesia infantile". Ma non si tratta di un periodo "vuoto": l'età da 0 a 3 anni è infatti il periodo **in cui** il bambino_____, stimoli ed emozioni **con cui** costruisce la sua identità.

Nel periodo compreso tra i 3 e i 5 anni comincia a formarsi una memoria a lungo termine. A partire tra 3 anni, i genitori possono anche aiutare i bambini a fissare i ricordi ed esercitare la memoria. Ad esempio_____, con foto e oggetti **che** hanno avuto un significato importante nella vita del bambino.

adattato da www.pianetamamma.it

ti ricordi?

9 Riflettiamo | Pronomi relativi WB 8·9·10

*Nel testo, hai trovato in **grassetto** alcuni pronomi relativi. Il pronome relativo* che *si usa come soggetto o complemento diretto (senza preposizione). Lavora con un compagno: leggi le frasi e indica in quale* che *è soggetto in quale è complemento diretto.*

1 A tre anni cominciano a fissarsi nella memoria i primi ricordi **che** resteranno anche in età adulta.

che è ☐ soggetto   ☐ complemento diretto

2 Il cervello dei bambini fino ai tre anni di vita elimina i ricordi **che** raccoglie.

che è ☐ soggetto   ☐ complemento diretto

Il pronome relativo cui *è preceduto sempre da una preposizione. Insieme a un compagno, completa la tabella.*

cui (e preposizione)	
di + che	di cui
a + che	
da + che	
in + che	in cui
con + che	con cui
su + che	
per + che	
tra/fra + che	

10 Combinazioni | Pronomi relativi

Forma tutte le frasi possibili, come nell'esempio.

Serena è la ragazza
Questa è la città
C'è un'epoca storica

di cui — esco spesso.
con cui — sono partito.
per cui — ti parlavo ieri.
in cui — sei innamorato?
da cui — ho abitato per 12 anni.
che — abita vicino a casa tua.
vorresti vivere?

LEZIONE 1

ti ricordi?

11 Ascolto | *Ma dai!* WB 11

Ascolta la traccia e rispondi alle domande. Poi leggi la trascrizione per verificare.

1 Fabio racconta una cosa
   a ☐ che è capitata a lui.
   b ☐ che è capitata a un suo amico.

2 Fabio ha litigato con
   a ☐ un attore.
   b ☐ il responsabile del bar.

3 Il bar dove lavora Fabio
   a ☐ ha aperto da poco.
   b ☐ è un bar conosciuto.

4 Alla fine,
   a ☐ la Polizia ha preso Fabio.
   b ☐ tutto è finito senza conseguenze.

■ Ehi, Sabrina, sai chi è entrato ieri nel bar dove lavoro?
▼ No, chi?
■ Antonio Landi!
▼ Ma chi, l'attore?
■ Sì, lui! E l'ho servito proprio io!
▼ **Ma dai!**
■ Sì! Ma devo dire che mi ha deluso molto…
▼ E perché?
■ Mah, senti che ha fatto: prima ha chiesto un aperitivo, poi l'ha assaggiato e ha detto che non andava bene, e comunque aveva cambiato idea. Ha chiesto un bicchiere di vino bianco, una marca particolare, che non avevamo.
▼ **Che sfortuna!**
■ Sì, ma lui si è arrabbiato e ha iniziato a dire che il bar non era più come una volta. Allora ha chiesto un rosso, e questa volta lo avevamo. Però lui non lo ha nemmeno assaggiato, perché secondo lui non era buono…

▼ **Ma non mi dire!** Ma come faceva a dirlo?
■ Secondo lui il colore non era quello giusto…
▼ Il colore?
■ Sì… comunque ha chiesto di parlare con il padrone del locale, sai Paolo…
▼ Oddio, **che guaio!** E ha dato la colpa a te?
■ Un po' sì, ma per fortuna Paolo ha capito la situazione… Ma abbiamo iniziato a litigare!
▼ Cosa? Tu che litighi con Antonio Landi…! **Non ci credo!**
■ Sì, sì! Ma non è finita! Uno dei clienti voleva fermarlo, ma ha preso un colpo alla faccia! È arrivata l'ambulanza, poi anche la Polizia…
▼ Noo! **Che disastro!** E com'è finita?
■ Ma niente, gli uomini della Polizia hanno riconosciuto subito Landi, lui non voleva scandali e ha chiesto scusa… Però non è stata certo una bella esperienza…
▼ Beh certo, Fabio, immagino… **mi dispiace!** E pensare che mi piaceva, come attore!

*Completa la tabella con le espressioni in **grassetto** nel dialogo.*

Per esprimere sorpresa	Per esprimere dispiacere
Ma davvero?	Che peccato!
Dici sul serio?	
Roba da matti!	

LEZIONE 1 | 15

ti ricordi?

12 Parliamo | Espressioni di sorpresa e dispiacere

Lavora con un compagno: scegli una delle situazioni della lista e fai un piccolo dialogo dove tu racconti il fatto, il tuo compagno risponde con le espressioni adatte e ti fa domande per avere più dettagli. Poi vi scambiate i ruoli.

Hai avuto un incidente con la macchina / con la moto.
Hai incontrato un vecchio compagno di scuola che non vedevi da anni.
Hai dimenticato il compleanno di tua moglie / tuo marito / tuo padre / tua madre.
Avevi un appuntamento molto importante, ma non ti sei svegliato in tempo.
Hai incontrato un ex fidanzato / una ex fidanzata e tuo marito è passato / tua moglie è passata in quel momento.

13 Lettura | *Questa era la mia classe*

Leggi il testo e osserva le parole in azzurro: cosa significano secondo te?

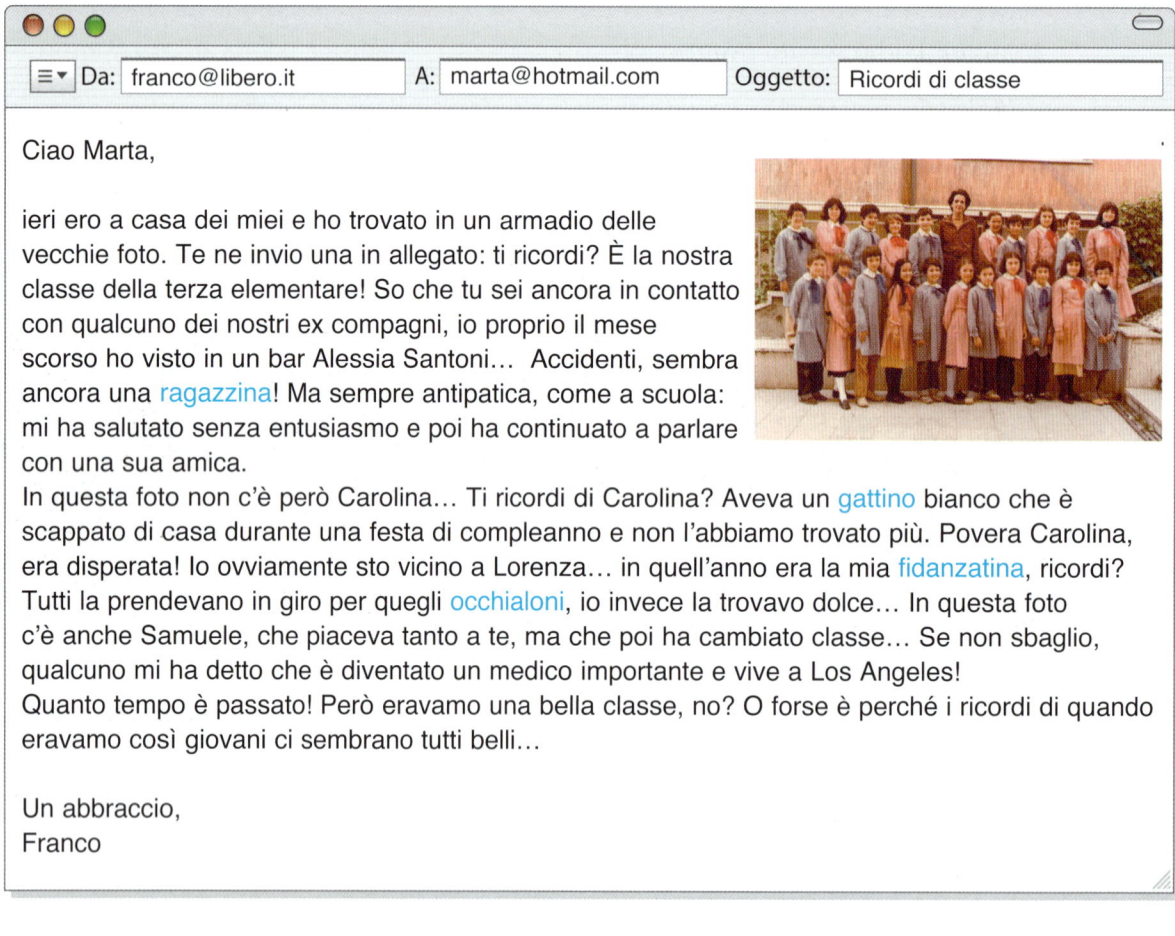

Da: franco@libero.it A: marta@hotmail.com Oggetto: Ricordi di classe

Ciao Marta,

ieri ero a casa dei miei e ho trovato in un armadio delle vecchie foto. Te ne invio una in allegato: ti ricordi? È la nostra classe della terza elementare! So che tu sei ancora in contatto con qualcuno dei nostri ex compagni, io proprio il mese scorso ho visto in un bar Alessia Santoni… Accidenti, sembra ancora una ragazzina! Ma sempre antipatica, come a scuola: mi ha salutato senza entusiasmo e poi ha continuato a parlare con una sua amica.
In questa foto non c'è però Carolina… Ti ricordi di Carolina? Aveva un gattino bianco che è scappato di casa durante una festa di compleanno e non l'abbiamo trovato più. Povera Carolina, era disperata! Io ovviamente sto vicino a Lorenza… in quell'anno era la mia fidanzatina, ricordi? Tutti la prendevano in giro per quegli occhialoni, io invece la trovavo dolce… In questa foto c'è anche Samuele, che piaceva tanto a te, ma che poi ha cambiato classe… Se non sbaglio, qualcuno mi ha detto che è diventato un medico importante e vive a Los Angeles!
Quanto tempo è passato! Però eravamo una bella classe, no? O forse è perché i ricordi di quando eravamo così giovani ci sembrano tutti belli…

Un abbraccio,
Franco

Scrivi le parole azzurre accanto al loro significato.

piccola ragazza   _____
piccolo gatto   _____
piccola fidanzata   _____
grandi occhiali   _____

LEZIONE 1

ti ricordi?

14 Riflettiamo | Alterati WB 12

Nella lettura al punto 13 hai trovato dei nomi alterati. Un nome alterato è un nome che può avere un suffisso (cioè la parte finale) in -ino o -one a seconda del suo significato. Completa la tabella con le parole della lista, come nell'esempio.

parola	-ino / -ina	-one / -ona
gatto	gattino	gattone
tavolo		
ragazzo		
ragazza		ragazzona
bicchiere		
dente		
tazza		

*Usiamo l'alterato in **-ino** quando la parola significa _____.*
*Usiamo l'alterato in **-one** quando la parola significa _____.*

15 Ascolto | *Farcela* e *andarsene*

a. *Ascolta la traccia e abbina i dialoghi alle fotografie.*

b. *Riascolta e ricomponi gli elementi per completare le frasi con le espressioni corrette.*

| la | fai | la | sei | vai | te | ne | ce | facevo | ne | ce | andata | te |

1. Senti, ma _____? Posso aiutarti?
2. Ma che fai, Giorgio, _____?
3. - Ma perché _____? Si stava così bene, al mare…
   - Non _____ più, io quando vado in spiaggia voglio rilassarmi e stare tranquilla!

ti ricordi?

16 **Esercizio scritto | *Me ne vado***

Inserisci nelle frasi le espressioni con farcela *e* andarsene *in maniera corretta.*

| ce l'ho fatta | me ne vado | ce la farai | vattene |

1. Non ti devi preoccupare, Fabiana, l'esame è difficile, ma tu hai studiato tanto, sicuramente _____!
2. Stiamo parlando da due ore della stessa cosa senza decidere niente! Scusate ma io ho un appuntamento tra 20 minuti: _____, ci vediamo domani!
3. È arrivata la mail da quello studio di architetti: _____! Mi hanno presa per lavorare con loro!
4. Non ti voglio più vedere, _____!

Come si traducono nella tua lingua queste espressioni? Abbina ogni espressione al suo significato in inglese.

Ce l'ho fatta!	I'm leaving!
Me ne vado!	I can't take it!
Ce la farai!	Get away / Go away!
Non ce la faccio!	I made it!
Vattene!	You'll make it!

17 **Scriviamo | *Non ce l'ho fatta....***

Lavora con un compagno: scegliete un'immagine e scrivete un breve dialogo usando anche i verbi farcela *e* andarsene. *Poi confrontatevi con un'altra coppia.*

glossario

1	moderno	modern
1	panchina	bench
1	gruppo	group
3	fidanzato/a	boyfriend/girlfriend
3	caro	dear
3	andare bene/male a scuola	to be good/bad at school
5	villaggio turistico	tourist resort
5	animatore	entertainer
5	ideale	ideal
7	vigile	traffic policeman
7	favore	favor
7	piacere	favor
7	informazione	information
8	ricevere	to receive
8	esistere	to exist
8	distinzione	distinction
8	che	that, which
8	avvenire	to happen
8	cui	which
8	fissarsi	to fix
8	adulto	adult
8	a breve/lungo termine	short/long term
8	in pratica	basically
8	raccogliere	to gather
8	processo	process
8	infantile	childish
8	trattarsi	to represent
8	periodo	period
8	vuoto	blank
8	emozione	emotion
8	costruire	to build
8	formare	to form
8	significato	meaning
10	epoca	time period
10	storico	historical
11	capitare	to happen
11	litigare	to argue
11	responsabile	manager
11	conosciuto	well known
11	Polizia	police
11	conseguenza	consequence
11	Ma dai!	Seriously?
11	deludere	to disappoint
11	marca	brand
11	particolare	specific
11	Che sfortuna!	So unlucky!
11	Ma non mi dire!	You don't say!
11	Oddio!	Oh my God!
11	Che guaio!	What a mess!
11	colpa	blame
11	Non ci credo!	I can't believe it!
11	colpo	blow
11	faccia	face
11	ambulanza	ambulance
11	Che disastro!	What a disaster!
11	riconoscere	to recognize
11	scandalo	scandal
11	immaginare	to imagine
11	Ma davvero?	Really?
11	Dici sul serio?	Are you serious?
11	Roba da matti!	Unbelievable!
11	Che peccato!	What a pity!
12	incidente	accident
12	moto	motorbike
12	dimenticare	to forget
12	ex fidanzato/a	ex boyfriend/ex girlfriend
12	passare	to pass by
13	inviare	to send
13	allegato	attachement
13	classe	class
13	elementare	primary school
13	in contatto	in touch
13	accidenti!	my goodness!
13	antipatico	unpleasant
13	salutare	to greet
13	entusiasmo	enthusiasm
13	scappare	to run away, to escape
13	povero	poor
13	disperato	desperate
13	prendere in giro	to make fun of
13	dolce	sweet
13	sbagliare	to be mistaken
13	giovane	young
14	dente	tooth
14	tazza	mug
15	andarsene	to leave
15	farcela	to make it
16	preoccuparsi	worry
16	architetto	architect

grammatica

Passato prossimo e imperfetto

The **passato prossimo** is used for:
- talking about actions which happened only once in the past;
- talking about actions which happened within a specific time frame.

The **imperfetto** is used for:
- retelling usual habitual actions from the past;
- describing the past;
- talking about actions which did not happen in a specific time frame.

Io e mio marito **ci siamo conosciuti** a una festa.
Ieri **ho studiato** tutto il pomeriggio.

Da piccola **passavo** sempre le estati in montagna.
Mia nonna **era** molto alta.
Mentre **studiavo**, è arrivata Manuela.

Sapere e conoscere

The verbs **sapere** and **conoscere** have two different meanings when used in the **passato prossimo** and the **imperfetto**.
- gain a new piece of information;
- knowing already something;
- meet someone new;
- having known someone or something.

Ho saputo che arrivano i tuoi nonni.
Sapevi che Laura ha una figlia?
Ho conosciuto mia moglie in vacanza.
Conoscevo già la Sicilia.

Uso del verbo *volere* all'imperfetto - The use of *volere* in the imperfetto

The verb **volere** in the **imperfetto** is used for:
- politely ask for something;
- express a desire or an intention.

Volevo chiederLe un favore.
Volevamo passare una settimana al mare.

I pronomi relativi *che* e *cui* - The relative pronouns *che* and *cui*

The relative pronoun **che** is used as a subject or as a direct complement (without a preposition).

The relative pronoun **cui** is always preceded by a preposition.

È un film **che** conosco molto bene.
È il ragazzo **che** abita con me.

È il ragazzo **con cui** abito.
È il film **di cui** ti ho parlato.

I suffissi *-ino* e *-one* - The suffixes *-ino* and *-one*

The suffix **-ino** is used while referring to something small.

The suffix **-one** is used while referring to something big.

un paes**ino** = un paese piccolo
una camer**ina** = una camera piccola
un gatt**one** = un gatto grande
una tazz**ona** = una grande tazza

Il verbo *farcela* - The verb *farcela*

Farcela means "accomplishing something".
Farcela is followed by **a** + infinito.

Non ce la faccio ad arrivare in tempo.
Non ce l'ho fatta a venire.

Il verbo *andarsene* - The verb *andarsene*

Andarsene means "leaving". **Andarsene** is made up of the verb **andare** preceded by the pronoun **me/te/se/ce/ve/se** + **ne**.

Me ne vado alle sei.
Se ne sono andati subito.

caffè culturale

Com'era essere giovani in Italia negli anni Ottanta

Abbiamo chiesto ai nostri genitori com'era avere la nostra età tra gli anni Settanta e Ottanta, quando l'Italia viveva un momento di sviluppo economico e sociale molto diverso da quello di oggi.

EMILIA, 1963, MILANO

Sono nata a Milano, ma la mia famiglia è siciliana. I miei genitori si sono trasferiti a Milano nel 1955 per lavorare in fabbrica. Grazie a loro, io ho avuto possibilità di studiare. Dopo il diploma, ho iniziato a lavorare come segretaria. Mi pagavano poco per lavorare molto, ma presto la mia situazione è migliorata. A 25 anni mi sentivo adulta: lavoravo già da sei anni, avevo dei soldi in banca, avevo un buon lavoro. Mi sentivo pronta per decisioni importanti: mi sono sposata e ho comprato casa.

BEPPE, 1952, TORINO

Da piccolo volevo fare il medico e negli anni Ottanta... ero medico. Facevo ricerca all'università e lavoravo in un ospedale moderno. A quei tempi realizzare i propri sogni era facile. Ho potuto comprare casa a 26 anni.
Però è anche vero che non facevo più cose divertenti: lavoravo tutto il giorno e la sera studiavo. Ai nostri tempi si diventava adulti presto e per divertirsi non c'era più tempo.

COSTANZA, 1963, PROVINCIA DI GROSSETO

Sono cresciuta nel periodo post femminista, in un piccolo paese di campagna. Il mio desiderio era quello di diventare una donna libera, laureata. Volevo essere indipendente dalla mia famiglia, non volevo neanche un marito. Ma le cose non sono andate come pensavo. A 21 anni mi sono innamorata di Michele e l'anno dopo ci siamo sposati. Ho subito deciso di avere un figlio e di lasciare gli studi. Presto sono arrivati altri due bambini e così non ho mai cominciato a lavorare.

MARIO, 1954, PROVINCIA DI CATANIA

A dire la verità, a 25 anni ero ancora un ragazzino, non facevo quasi nulla. Giocavo a tennis, andavo in moto e solo raramente aiutavo mio padre a lavorare. Oggi se vuoi trovare un lavoro devi essere più veloce e più bravo degli altri, ma a quei tempi non era così. C'era un buon lavoro per tutti. Ho molti amici che ci hanno messo 12 anni per finire l'università e comunque hanno trovato un lavoro. Io non avevo voglia di fare l'università e mi sono iscritto a un corso per lavorare in banca. Il corso però poi l'ho lasciato, perché ho trovato lavoro prima di finirlo. Avevo 27 anni quando ho chiesto a Pina, la mia fidanzata, di sposarmi. Avevamo tutto: una casa, una bella macchina, le foto del viaggio di nozze a Parigi. E presto abbiamo avuto anche due figlie.

adattato da www.vice.com

Indica a chi si riferiscono queste affermazioni. In alcuni casi si riferiscono a più persone.

	Emilia	Beppe	Costanza	Mario
Ha una laurea.				
Non ha mai lavorato.				
Ha figli.				
Ha comprato una casa da giovane.				

videocorso

Vai al sito di New Italian Espresso 2
(www.almaedizioni.it/newitalianespresso)
e apri la sezione VIDEO

1 Guarda l'episodio e indica quali frasi sono corrette.

1. ☐ Federico e Matteo sono al mare per fare il bagno.
2. ☐ Federico è andato in vacanza in quella spiaggia con la sua ex ragazza.
3. ☐ Matteo non ha mai visto Francesca.
4. ☐ La ex di Federico è nello stesso posto con un altro uomo.
5. ☐ Federico non conosce il ragazzo di Francesca.
6. ☐ Matteo e Federico hanno avuto una discussione violenta con l'uomo di Francesca.

2 Osserva i fotogrammi e indica le opzioni corrette.

1. Quale altra espressione può usare Matteo per dire la stessa cosa?
   a. Lo so, ma non lo dico.
   b. Perché non lo chiedi a lei?
   c. Perché lo chiedi a me?

Chi è quello che sta con lei?

E che ne so, io? Dai, Fede, andiamo a casa!

Roba da matti! Tu sei completamente pazzo, ecco cosa!

2. Quale altra espressione può usare Matteo per dire la stessa cosa?
   a. È stato molto divertente!
   b. È incredibile!

Ma non mi dire! Adesso mettiamo un cartello: "Federico e Francesca sono stati qui"!

3. Matteo usa questa espressione per dire:
   a. Ero proprio curioso di saperlo.
   b. Non mi interessa per niente.

videocorso

3 Coniuga i verbi all'imperfetto o al passato prossimo. Poi guarda di nuovo il video per la verifica.

Federico   Beh dai, non è male, no? Qualche anno fa (*essere*) _____ un posto molto alla moda.

Matteo   Sì, è carino, non lo (*conoscere*) _____ … Però perché proprio qui? Voglio dire, (*esserci*) _____ posti anche più vicini, no?

Federico   Vedi quel ristorante? Quello laggiù, con le luci azzurre? Ecco, è in quel ristorante che io e Francesca…

Matteo   No, ti prego, Federico, ancora pensi a lei?? Ma (*passare*) _____ due anni! E mi (*portare*) _____ qui per questo!

Federico   Sai, qui io e Francesca (*passare*) _____ la nostra vacanza più bella! (*Andare*) _____ sempre in spiaggia proprio lì, vedi, in quella zona.

Matteo   Ma non mi dire! Adesso mettiamo un cartello: "Federico e Francesca sono stati qui"!

Federico   Ah, spiritoso…! Francesca (*volere*) _____ sempre andare in quel ristorante perché il pesce alla griglia (*essere*) _____ buonissimo!

4 Tornato a casa, Matteo racconta la sua giornata a Valentina, la sua fidanzata. Riordina il dialogo, come nell'esempio.

Valentina
- ☐ Nooo! Che disastro! E poi cos'è successo?
- ☐ Chi?!
- ☒ [1] Matteo, ma cosa ti è successo?!
- ☐ Ma come? Pensa ancora a lei? Non ci credo!

Matteo
- ☐ Sì, anche se sono passati due anni! Ma stai a sentire cos'è successo dopo. Mentre passeggiavamo, mi raccontava tutti i suoi ricordi romantici: in quel ristorante mangiavano sempre il pesce alla griglia, andavano in spiaggia sempre nel solito posto… E mentre Federico parlava e parlava, sai chi ho visto?!
- ☐ Eh, roba da matti. Come sai, oggi sono andato al mare con Federico. Lui ha insistito per andare in un posto carino, ma lontanissimo. E sai perché? Mi ha detto che ama quel posto perché ci ha fatto una vacanza con Francesca…
- ☐ Francesca! Con un uomo!
- ☐ Federico è andato da loro! E hanno cominciato a litigare. Il fidanzato di Francesca era arrabbiatissimo e ha colpito Federico sul naso. Allora io ho cercato di aiutarlo… ma come vedi non è stata una buona idea.

ricordi romantici **1**

VIDEOCORSO 1 | 23

come va?

1 Lettura | *Ho mal di...* WB 1-3

Che problema hanno queste persone?
Osserva i disegni e collegali al problema corrispondente.

1. ☐ Ho un terribile mal di denti!
2. ☐ Sono stato troppo tempo al sole e mi sono scottato.
3. ☐ Sono stanca e stressata, dormo male e ho spesso mal di stomaco.
4. ☐ Ho problemi alla schiena.
5. ☐ Ho un'allergia ai fiori. Ho già preso diverse medicine, ma senza risultati.
6. ☐ Mi gira spesso la testa e mi bruciano gli occhi. Forse ho bisogno degli occhiali.

> Dovrebbe andare **dal** medico.
> Dovrebbe andare **in** farmacia.

E adesso, in coppia, consigliate a queste persone dove andare.

1.
2.
3.
4.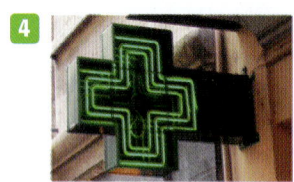
5.
6.

LEZIONE 2

come va?

2 Ascolto | In farmacia WB 2·14

Ascolta il dialogo e metti una X sulle parti del corpo nominate.

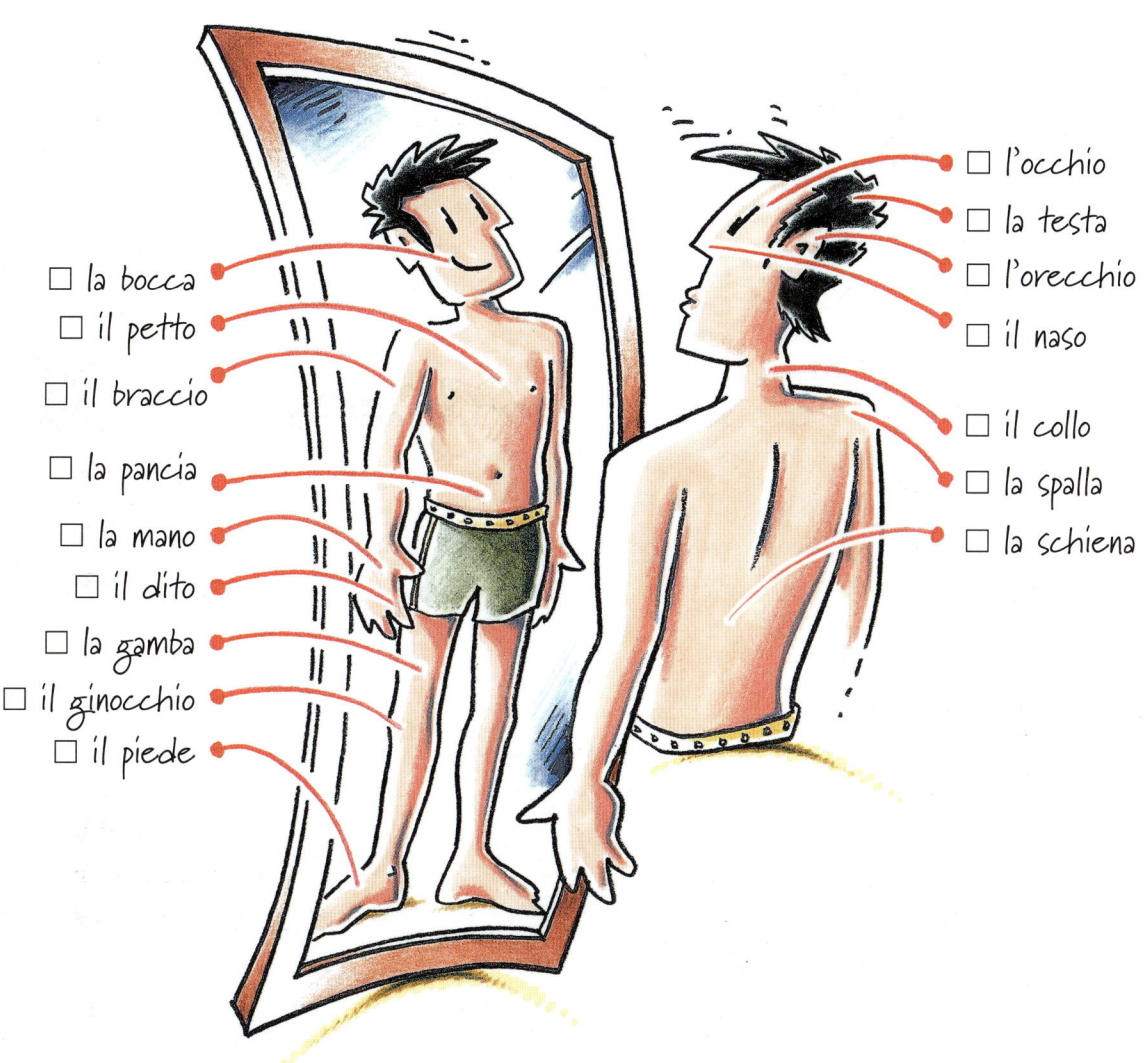

- ☐ la bocca
- ☐ il petto
- ☐ il braccio
- ☐ la pancia
- ☐ la mano
- ☐ il dito
- ☐ la gamba
- ☐ il ginocchio
- ☐ il piede
- ☐ l'occhio
- ☐ la testa
- ☐ l'orecchio
- ☐ il naso
- ☐ il collo
- ☐ la spalla
- ☐ la schiena

Riascolta il dialogo e metti una X sui disturbi che ha l'uomo e sui consigli che gli dà il farmacista.

Disturbi
- ☐ mal di stomaco
- ☐ mal di testa
- ☐ mal di pancia
- ☐ mal di denti
- ☐ mal di schiena
- ☐ allergia
- ☐ raffreddore
- ☐ irritazione alla pelle

Consigli
- ☐ mettere una crema solare
- ☐ prendere un'aspirina
- ☐ bere bibite fredde
- ☐ chiamare il medico
- ☐ mangiare cose leggere
- ☐ non bere alcolici
- ☐ mettere una pomata
- ☐ non andare al sole

LEZIONE 2

come va?

- ◆ La stanno già servendo?
- ▲ No, veramente no.
- ◆ Mi dica, allora.
- ▲ Sì, senta, è da ieri che mi sento un po' strano, ho mal di testa, mal di pancia...
- ◆ Ha mangiato qualcosa che Le ha fatto male?
- ▲ No, direi di no. E poi, guardi, da stamattina ho anche quest'irritazione alla pelle.
- ◆ Faccia vedere.
- ▲ Guardi, qui sulle braccia e sulla schiena soprattutto.
- ◆ È allergico a qualcosa?
- ▲ No.
- ◆ Venga qui, mi faccia vedere meglio. Mhh, è stato molto tempo al sole?
- ▲ Beh, sì, però ho messo una crema solare.
- ◆ Lo so, ma a volte non basta. Potrebbe essere un colpo di sole o forse ha bevuto una bibita troppo fredda.
- ▲ Mhh, sì, può darsi...
- ◆ Allora, guardi, per un paio di giorni mangi in bianco, non beva alcolici e naturalmente non vada al sole. Le do anche una pomata per la pelle. La metta due o tre volte al giorno.
- ▲ Va bene, d'accordo.
- ◆ Se tra qualche giorno poi non si sente ancora bene, si rivolga a un medico.

può darsi = forse, è possibile

Cerca nel dialogo le forme dell' imperativo formale (Lei) e completa la tabella.

infinito	imperativo (Lei)	infinito	imperativo (Lei)
dire	_____	mangiare	_____
sentire	_____	bere	_____
guardare	_____	andare	_____
fare	_____	mettere	_____
venire	_____	rivolgersi	_____

Noti delle differenze tra la forma del Lei dell'imperativo e quella del presente indicativo? Parlane con un compagno e poi in plenum.

LEZIONE 2

come va?

3 Esercizio orale | *Si riposi!* WB 4·5·6·7

Queste persone non si sentono molto bene. Lavorate in coppia e sulla base del loro problema dategli dei consigli (uno per volta). Usate i verbi della lista.

(Non) mangi troppo!	(Non) vada al sole!
(Non) metta questa crema!	(Non) mi dica!
(Non) dorma!	(Non) faccia tardi!
(Non) si lavi!	(Non) venga!

non guardare la TV
restare a casa
non bere alcolici
non fumare
fare yoga
prendere un'aspirina
mangiare in bianco
riposarsi
mettersi a letto
non lavorare
fare un bagno caldo
rivolgersi a un medico
bere un tè caldo

4 Esercizio scritto | Per star bene anche in vacanza

Completa lo schema secondo il modello.

> Le do una pomata per la pelle, **la metta** due volte al giorno!

In vacanza io...

metto sempre una crema per il sole.	*La metta anche Lei!*
mangio spesso frutta.	_____
metto un cappello se vado in spiaggia.	_____
evito le ore molto calde.	_____
porto sempre delle medicine.	_____
mi rilasso.	_____
faccio spesso sport.	_____
porto delle scarpe comode.	_____
evito cibi troppo grassi.	_____

Mettiti alla prova. Vai su www.alma.tv nella rubrica Linguaquiz e fai il videoquiz *Imperativo con tu e Lei*.

LEZIONE 2 | 27

come va?

5 Giochiamo | *Smetta di fumare!*
Lavorate in piccoli gruppi. Ogni gruppo ha qualche minuto per scrivere più consigli possibili (imperativo formale) che un medico può dare a queste persone. Vince la squadra che ha il maggior numero di consigli corretti.

Che consiglio può dare un medico a una persona che...

1 dorme male, è stressata e fuma molte sigarette?
2 è stata troppo tempo al sole?
3 ha problemi di stomaco?
4 ha spesso mal di testa?
5 ha una terribile allergia ai fiori?

6 Ascolto | *Ottima idea!*
Ascolta il dialogo e associa gli sport a Paolo o Sabrina.

	Paolo	Sabrina
correre	☐	☐
calcio	☐	☐
tennis	☐	☐
tai chi	☐	☐

come va?

Ascolta, leggi e verifica.

▲ Allora, Paolo, come va con la schiena? Un po' meglio?
◆ Macché! Mi fa sempre male.
▲ E tutti i massaggi che hai fatto? Non sono serviti a niente?
◆ Evidentemente no. Ieri sono stato di nuovo dal medico, mi ha detto che probabilmente è un problema di stress.
▲ Di stress?
◆ Sì, ha detto che devo imparare a rilassarmi e mi ha consigliato di fare un po' di sport.
▲ Mi sembra un'ottima idea! E che sport vuoi fare?
◆ Mah, forse vado a correre un po', non lo so...
▲ Mhh... correre però non fa benissimo alla schiena.
◆ E allora vado a giocare a calcio, oppure a tennis.
▲ Io avrei un'idea migliore. Perché non vieni a fare tai chi con me?
◆ Mah, non lo so... a me questo tipo di sport non piace tanto...
▲ Sì, però per rilassarsi è l'ideale! Anch'io prima ero sempre stressata, ma da quando faccio tai chi mi sento benissimo.

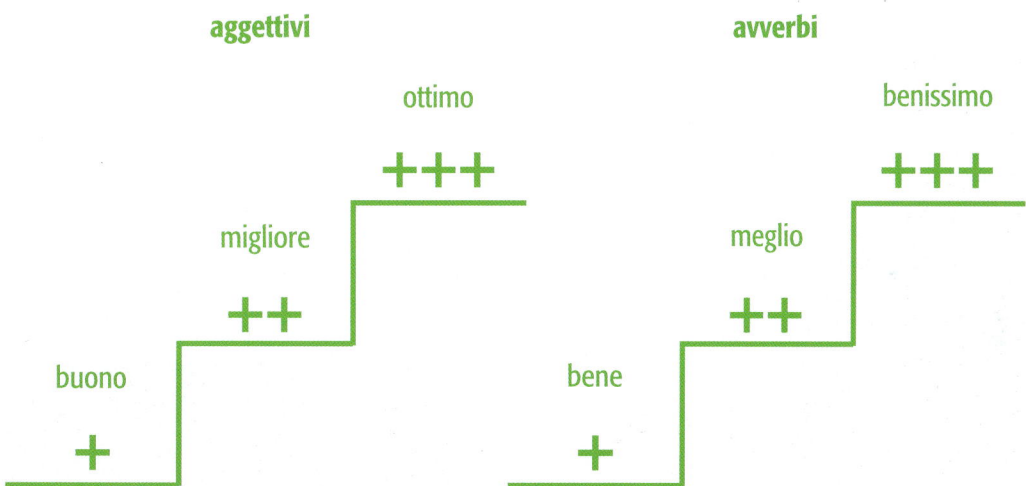

Completa le frasi tratte dal brano audio scegliendo aggettivi o avverbi, come nell'esempio.

1 Allora, Paolo, come va con la schiena? Un po' (++) _____?
2 Mi sembra un' (+++) _____ottima_____ idea.
3 Correre non fa (+++) _____ alla schiena.
4 Io avrei un'idea (++) _____.
5 Da quando faccio tai chi mi sento (+++) _____.

come va?

7 Combinazioni | *Meglio o migliore? Benissimo o ottimo?* WB 8·9·10
Forma delle frasi.

Quando fa molto caldo	è meglio bere molto.
	la cosa migliore è bere molto.
	fa benissimo bere molto.
	bere molto è un ottimo aiuto.

Per rilassarsi la cosa   alla pelle.
Se si hanno problemi di stomaco è   è l'acqua naturale.
Fare yoga è un   meglio   è andare in vacanza.
La prima volta che si va al mare è   migliore   modo per rilassarsi.
La sauna fa   benissimo   sport.
Quando si ha sete la bibita   ottimo/-a   alternativa alla medicina tradizionale.
Per la schiena il nuoto è un   alla schiena.
L'omeopatia è un'   non bere alcolici.
Nuotare fa   stare poco al sole.

8 Esercizio scritto | Energia

Scrivi qui sotto, in corrispondenza di ogni linea, situazioni o cose che ti tolgono energia.

E scrivi qui sotto, in corrispondenza di ogni raggio, situazioni o cose che ti danno energia. Poi parlane con un compagno.

come va?

9 Lettura | Abitudini sane

Leggi il seguente testo.

DANIELA
Ho 32 anni e sono un'insegnante di danza. In genere cerco di stare in forma: la mattina di solito mangio yogurt e cereali, qualche volta della frutta, soprattutto d'estate. A pranzo poi mangio un primo leggero o delle belle insalate e a cena mi piace mangiare anche formaggi freschi. Sei anni fa ho smesso di fumare e sono diventata vegetariana. E devo dire che da allora mi sento molto meglio!

LUCIANO
Ho 48 anni e… mangio male: la mattina faccio colazione al bar con cappuccino e cornetto e a pranzo mangio quello che trovo: un panino o un pezzo di pizza. Bevo almeno cinque caffè al giorno. A cena vorrei preparare qualcosa di buono, ma non ho mai tempo. Però una cosa sana la faccio: gioco a tennis tutti i giovedì! Tutti mi dicono che per restare in forma non mi serve a niente giocare una volta alla settimana, ma io mi diverto e il tennis mi piace molto!

MARGHERITA
Ho 52 anni e sono casalinga. Mi piace molto cucinare e… mangiare! Cerco sempre di preparare dei piatti della nostra tradizione. I risotti, la pasta fatta in casa e gli arrosti, sia di carne che di pesce, sono la mia specialità. Non ho mai fatto sport, ma mia figlia dice sempre che devo andare con lei a yoga… però io non ho mai tempo!

Lavora con un compagno: a quale di queste tre persone potete dire le frasi della lista? Attenzione: alcune frasi vanno bene per più persone.

Beva meno caffè!
Faccia pasti più regolari!

Faccia più movimento!
Continui così!

Mangi meno carne!
Inizi un'attività sportiva!

DANIELA
_____
_____
_____

LUCIANO
_____
_____
_____

MARGHERITA
_____
_____
_____

> non mi serve a niente = è inutile

10 Scriviamo | Quali sono le tue abitudini?

E tu? Cosa mangi di solito? Bevi molti caffè? Fai attività fisica? Scrivi un breve testo parlando delle tue abitudini, poi consegna il testo a un compagno e prendi il suo. Scrivigli alcuni consigli per fare una vita più sana e poi leggi quelli che lui ha scritto per te.

come va?

11 Riflettiamo | Il verbo *servire* WB 11·12

Lavora con un compagno: guarda i quattro verbi della lista. Cosa hanno in comune? Indicate la risposta giusta.

Piacere, servire, mancare, sembrare sono verbi che

a hanno solo la forma del presente indicativo e solo alla terza persona (*lui/lei*).
b hanno la stessa costruzione: pronome indiretto + verbo.
c hanno il passato sia con il verbo *essere* che con il verbo *avere*.

Osserva questa frase: Linda dice "Mi manca Lorenzo". *Chi è il soggetto del verbo* **mancare**? *Linda o Lorenzo?*
Sempre in coppia, formate delle frasi combinando gli elementi e coniugando i verbi in maniera corretta. Sono possibili più combinazioni.

> Amore mio, mi manchi tanto!

		questa pizza?
Quel film non ci	**piacere**	il tuo Paese?
Ti	**mancare**	per niente.
Amore mio, mi	**servire**	aiuto?
Come vi	**sembrare**	tanto!
		una penna?
		i tuoi amici?

12 Ascolto | Rimedi naturali   6

Ascolta il dialogo e decidi se le affermazioni sono vere o false.

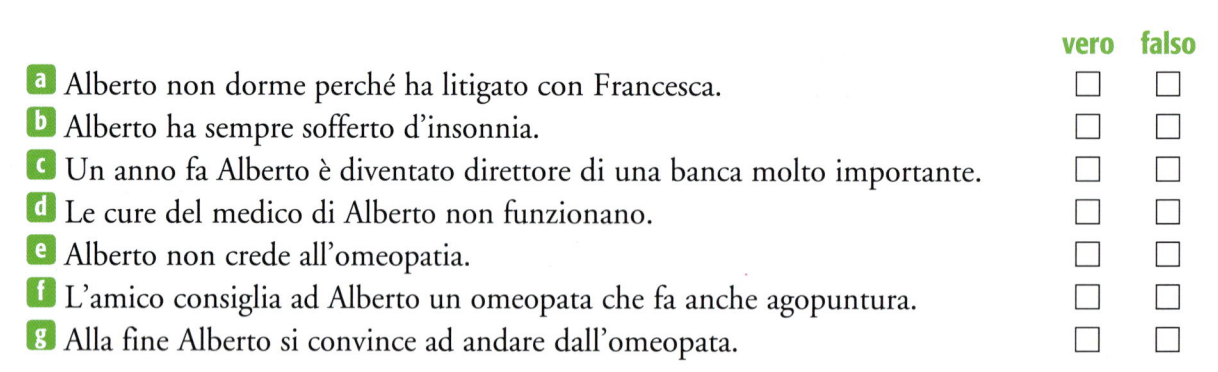

	vero	falso
a Alberto non dorme perché ha litigato con Francesca.	☐	☐
b Alberto ha sempre sofferto d'insonnia.	☐	☐
c Un anno fa Alberto è diventato direttore di una banca molto importante.	☐	☐
d Le cure del medico di Alberto non funzionano.	☐	☐
e Alberto non crede all'omeopatia.	☐	☐
f L'amico consiglia ad Alberto un omeopata che fa anche agopuntura.	☐	☐
g Alla fine Alberto si convince ad andare dall'omeopata.	☐	☐

E tu, cosa pensi della medicina alternativa? Hai mai provato qualche rimedio naturale o alternativo alla medicina classica? Parlane con un compagno.

32 LEZIONE 2

glossario

1	terribile	terrible	9	cereali	cereals
1	scottarsi	to get sunburned	9	fresco	fresh
1	stressato	stressed	9	vegetariano	vegetarian
1	stomaco	stomach	9	almeno	at least
1	schiena	back	9	preparare	to cook
1	allergia	allergy	9	sano	healthy
1	medicina	medicine, medication	9	servire	to be useful
1	testa	head	9	casalinga	housewife
1	bruciare	to burn	9	cercare	to try to
1	oculista	eye doctor	9	tradizione	tradition
1	fisioterapista	physical therapist	9	specialità	specialty
1	studio dentistico	dentist office	9	movimento	excercise
1	omeopatia	homeopathy	9	pasto	meal
2	bocca	mouth	9	regolare	regular
2	petto	chest	9	continuare	to keep going
2	braccio	arm	10	sciarpa	scarf
2	pancia	belly	13	sofferto	*(participio passato del verbo soffrire)*
2	mano	hand	13	soffrire	to suffer
2	dito	finger	13	insonnia	insomnia
2	ginocchio	knee	13	cura	treatment
2	piede	foot	13	funzionare	to work
2	orecchio	ear	13	credere	to believe
2	naso	nose	13	omeopata	homeopath
2	collo	neck	13	agopuntura	acupuncture
2	raffreddore	cold			
2	irritazione	irritation			
2	pelle	skin			
2	crema solare	sunscreen			
2	aspirina	aspirine			
2	bibita	drink			
2	leggero	light			
2	alcolico	alcoholic drink			
2	pomata	cream			
2	colpo di sole	heatstroke			
2	mangiare in bianco	to eat bland food			
2	rivolgersi	to speak to, to go see			
3	fare un bagno	to have a bath			
4	cappello	hat			
4	grasso	fat			
5	smettere	to quit			
5	fumare	to smoke			
5	sigaretta	cigarette			
6	meglio	better			
6	Macché!	Not at all!			
6	massaggio	massage			
6	ottimo	great			
6	migliore	better			
7	nuoto	swimming			
7	alternativo	alternative			
7	tradizionale	traditional			
9	stare in forma	to stay in shape			

grammatica

L'imperativo formale (*Lei*) - The polite imperative (*Lei*)

For regular verbs ending in -are at the infinitive tense, the suffix of the imperative is -i; for the regular verbs ending in -ere and -ire it is -a.

mangiare →	**Mangi** meno pasta!
prendere →	**Prenda** un'aspirina!
dormire →	**Dorma** di più!
spedire →	**Spedisca** questa mail!

*Verbs which conjugate irregurarly in the present tense are irregular in the 3rd person singular of the **imperativo** too.*

essere	→ sia	dare	→ dia
avere	→ abbia	tenere	→ tenga
andare	→ vada	dire	→ dica
fare	→ faccia	venire	→ venga

Posizione dei pronomi con l'imperativo formale (*Lei*) - Placement of the pronouns in the imperative (*Lei*)

*While using the polite form of the **imperativo** (**Lei**), pronouns are placed before the verb, also in negative sentences.*

La metta due volte al giorno!
Non **lo mangi**!
Si alzi!

Comparativo e superlativo di *bene* e *buono* - Comparative and superlative forms of *buono* and *bene*

*Some adjectives, like **buono**, and some adverbs, like **bene**, present irregular forms when used as comparatives and superlatives.*

buono	bene
migliore	meglio
ottimo	benissimo

Il verbo *servire* - The verb *servire*

*The verb **servire** can be used with the meaning of "being useful, needed". The subject will be the useful thing, while the person (if explicit) is the indirect object.*

Ci serve una macchina nuova.
Non **ti serve** a niente saltare i pasti.
Le diete non **servono** a niente.

Nomi con plurale irregolare - Nouns with irregular plurals

The names of certain body parts present an irregular plural.

il braccio → le braccia
il dito → le dita
il ginocchio → le ginocchia
la mano → le mani
l'orecchio → le orecchie

Mettiti alla prova. Vai su www.alma.tv nella rubrica Linguaquiz e fai il videoquiz *Singolari e plurali*.

caffè culturale

GLI ITALIANI: TRA BUONE E CATTIVE ABITUDINI

IN ITALIA LO STATO PAGA IL 70% DEI COSTI DI MEDICINE E CURE
Completa il grafico scrivendo Italia *e* Stati Uniti *al posto giusto.*

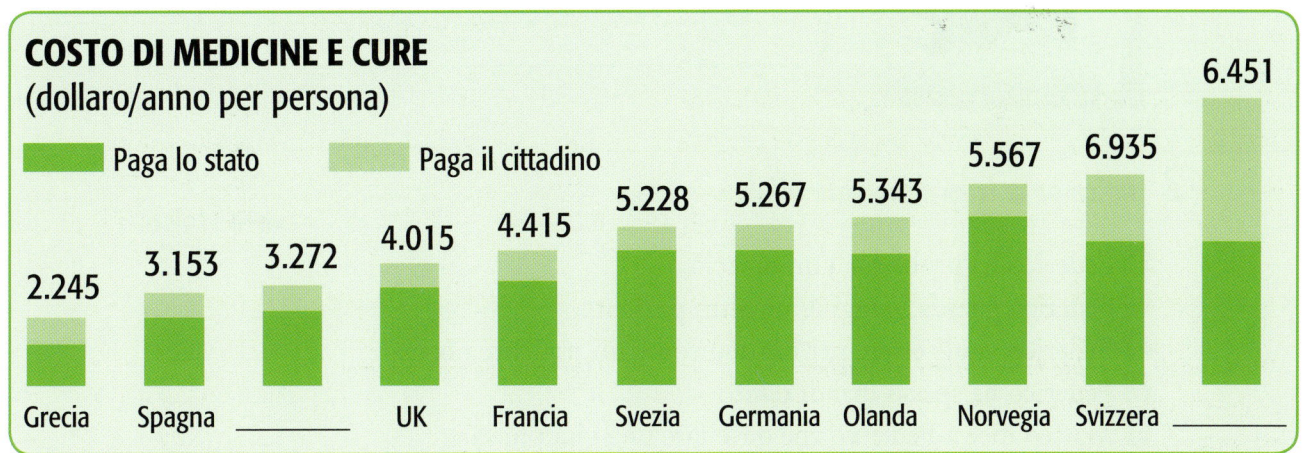

COSTO DI MEDICINE E CURE (dollaro/anno per persona)
Paga lo stato — Paga il cittadino

Grecia 2.245 — Spagna 3.153 — _____ 3.272 — UK 4.015 — Francia 4.415 — Svezia 5.228 — Germania 5.267 — Olanda 5.343 — Norvegia 5.567 — Svizzera 6.935 — _____ 6.451

Fonte: RER Ricerche su dati EOCO

GLI ITALIANI: MAGRI E FUMATORI. ALCOL? POCO

Completa il grafico scrivendo Italia *e* Stati Uniti *al posto giusto.*

	sigarette	alcol	obesità
_____	12,9	8,9	38,2
Norvegia	13,0	6,1	10,0
UK	19,0	9,4	25,6
_____	19,8	6,1	10,3
Germania	20,9	10,9	23,6
Francia	22,4	11,5	14,7
Spagna	23,0	9,8	16,4
Grecia	27,3	7,4	16,9

Fonte: REF Ricerche su EOCO

PSICOFARMACI: LI HA PRESI QUASI UNA RAGAZZA ITALIANA SU 4

Completa con questi numeri: 11,7 - 22,2.

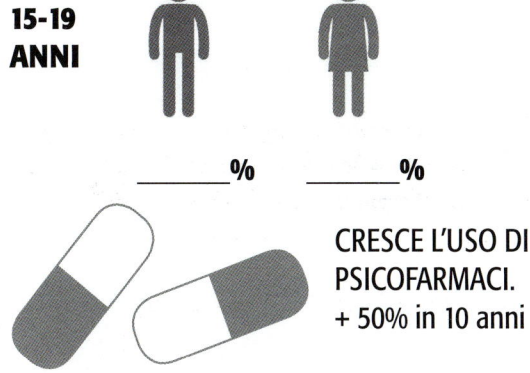

15-19 ANNI

_____ %   _____ %

CRESCE L'USO DI PSICOFARMACI.
+ 50% in 10 anni

Fonte: Rapporto Osserva Salute

GLI ANTIBIOTICI IN EUROPA: SOLO I GRECI NE CONSUMANO PIÙ DEGLI ITALIANI

CONSUMO DI ANTIBIOTICI
(il numero indica quante persone su 1000 fanno uso di antibiotici al giorno)

Completa la mappa con questi numeri:
30,1 – 19,4 – 34,9.

Fonte: REF Ricerche OECO

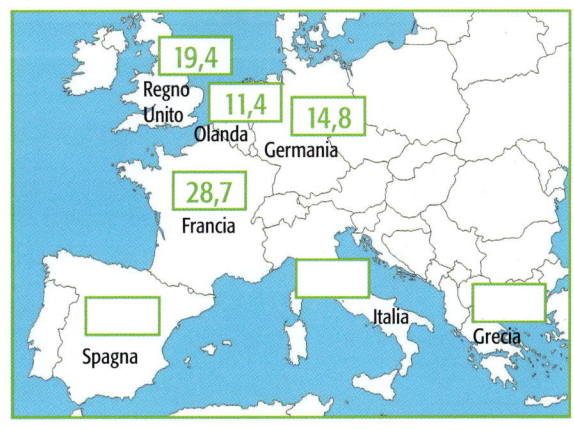

Regno Unito 19,4 — Olanda 11,4 — Germania 14,8 — Francia 28,7 — Spagna _____ — Italia _____ — Grecia _____

videocorso

Vai al sito di New Italian Espresso 2 (www.almaedizioni.it/newitalianespresso) e apri la sezione VIDEO

1 Matteo è un medico e in questo episodio è al lavoro: quali termini della medicina conosci? Scrivi almeno quattro parole e poi guarda il video per verificare se e quali sono presenti.

2 Indica se le frasi sono vere o false.

	vero	falso
1 Federico ha problemi a un braccio.	☐	☐
2 Federico guarda i raggi di un altro paziente.	☐	☐
3 Federico vuole essere per Matteo come un paziente normale.	☐	☐
4 Federico ha spesso mal di testa.	☐	☐
5 Matteo dice a Federico che deve fare una vita più sana.	☐	☐
6 Matteo scrive a Federico una ricetta per prendere delle gocce.	☐	☐
7 Federico ha una malattia seria.	☐	☐

3 Leggi la battuta nel balloon e indica l'opzione corretta.

Ma no, macché grave: faccia quello che ho detto e vedrà che tra un paio di settimane starà già bene.

1 Cosa vuol dire questa espressione?
   a È molto grave.
   b Non è per niente grave.

Se mi parli da amico non vale. Mi devi parlare da medico.

2 Cosa vuol dire questa espressione?
   a È meglio.
   b Non ha importanza.
   c Non va bene.

RICORDA
In italiano c'è un'espressione quando si parla di medici: "dica 33". Un tempo il dottore chiedeva al paziente di dire la parola "trentatré" perché la più adatta a verificare eventuali problemi alle vie respiratorie.

videocorso

4 Completa il dialogo tra Federico e Matteo con le parole mancanti (☐) e i verbi all'imperativo di cortesia (____). Poi guarda il video e verifica.

raggi   disturbi   pillole   stomaco   analisi   ricetta   meglio

Federico   Per favore. Dottore, mi (*dire*) _____.
Matteo   Allora, le ☐… le Sue analisi e i ☐ sono buoni, però…
Federico   Però??
Matteo   Calmati… (*calmarsi*) _____, per favore. Dicevo che però questi ☐ che Lei ha spesso: mal di testa, mal di ☐, stanchezza, sono segnali precisi dell'organismo.
Federico   Segnali?
Matteo   Sì, Federico, segnali…
Federico   Dottore!
Matteo   Sì, segnali che dobbiamo prendere seriamente, signor Paci.
Federico   E… Quindi?

Matteo   E quindi non (*mangiare*) _____ troppa carne, (*fare*) _____ movimento, non (*bere*) _____ alcolici per un po'…
Federico   Va be', un po' quanto?
Matteo   Beh, per almeno qualche mese. Signor Paci. E poi (*fare*) _____ di nuovo le analisi e vediamo se va ☐. Ah, ti …ehm, Le faccio anche una ☐ per delle vitamine. Le do delle ☐, ne (*prendere*) _____ due al giorno, dopo i pasti.

> ho un dolore qui… 2

5 Arricchisci il tuo vocabolario! Vai su www.alma.tv e guarda il video *Andare dal medico*.

VIDEOCORSO 2 | 37

3 egregio Dottor...

1 Lettura | Offerte di lavoro
Leggi gli annunci del sito umana.it e completa la tabella nella prossima pagina.

a

Capo cuoco
CAPO CUOCO con esperienza in alberghi di lusso, per hotel 5 stelle a Venezia.
Requisiti: esperienza di almeno 5 anni, conoscenza delle più famose ricette italiane e internazionali, capacità di lavorare in gruppo, conoscenza della lingua inglese.

INVIA CV PER CAPO CUOCO

b

Receptionist servizi alberghieri
Per hotel 5 stelle a Bologna, cerchiamo 2 receptionist.
Requisiti: esperienza di almeno 2 anni, ottime capacità organizzative, buone conoscenze informatiche e ottima conoscenza della lingua inglese. Offriamo alloggio.

INVIA CURRICULUM PER RECEPTIONIST

c

Impiegato ufficio del personale
Per importante azienda in zona Castano Primo (MI) cerchiamo 1 impiegato all'ufficio del personale con esperienza e ottima conoscenza dell'inglese e dello spagnolo, da inserire inizialmente in segreteria. Possibilità di carriera.

INVIA CURRICULUM PER IMPIEGATO UFFICIO DEL PERSONALE

d

Cameriera/e
Azienda cerca 5 cameriere o camerieri con esperienza da impiegare per 6 mesi, da maggio a ottobre, in importanti ristoranti a Firenze e dintorni.

INVIA CURRICULUM PER CAMERIERE

e

Sviluppatore PHP
Cerchiamo tre sviluppatori PHP con esperienza e conoscenza del CMS Drupal, per impiego in azienda a Padova. Contratto a tempo determinato.

INVIA CURRICULUM PER SVILUPPATORE PHP

egregio Dottor...

Annuncio	a	b	c	d	e
Professione					
Luogo di lavoro					
Requisiti					

Rispondi inserendo, per ogni domanda, uno o più annunci.

In quale offerta di lavoro cercano persone per un periodo determinato? **1** _____

In quale offerta si richiede la conoscenza di una o più lingue straniere? **2** _____

Quale annuncio offre anche un posto dove abitare? **3** _____

Quale offerta richiede conoscenze informatiche? **4** _____

2 Ascolto | *Sarà la persona giusta?* WB 1·2·3

Matilde e Carlo lavorano nell'ufficio del personale di un'azienda che cerca un nuovo impiegato. Matilde ha fatto dei colloqui con dei candidati. Ascolta e indica se le affermazioni sono vere o false.

	vero	falso
1 Matilde ha incontrato due candidati.	☐	☐
2 Dopo i colloqui, Matilde ha selezionato solo pochi candidati.	☐	☐
3 La sorella di Emanuela era tra i candidati.	☐	☐
4 Uno dei candidati ha molti dei requisiti che l'azienda richiede.	☐	☐
5 Anche Carlo deve vedere i profili dei candidati.	☐	☐
6 Carlo e Matilde chiameranno per un secondo colloquio tutti gli otto candidati.	☐	☐

egregio Dottor...

◆ Ciao Carlo! Allora, questi sono i curricula che ho selezionato dopo i colloqui di lavoro stamattina.
▼ Ah già, avevi i colloqui! Quanti candidati si sono presentati?
◆ Circa trenta. Quasi tutti, comunque.
▼ E quanti ne hai selezionati?
◆ Guarda, **saranno** una decina, non di più. Aspetta che conto... uno, due, tre... sette e otto. Otto.
▼ Uhm solo otto, eh?
◆ Sì, e sono stata anche generosa! Non sono candidati molto interessanti... Lo sai, secondo me la candidata ideale sarebbe Emanuela, però...
▼ Emanuela è la tua sorella minore, vero? Ma scusa, perché non hai chiesto anche a lei di fare il colloquio?
◆ No, per carità, immagino poi cosa **diranno**: "Ha avuto il posto perché è sua sorella"... No no, preferisco evitare...
▼ Beh, allora vediamo quelli che hai selezionato. Questo qui è molto giovane... quanti anni **avrà**? Venti?
◆ No no, vedi...? Ne ha ventisette. È vero, sembra più giovane... Però è laureato alla Bocconi e ha avuto già qualche esperienza di lavoro nel nostro settore... Sembra anche abbastanza preparato. Che dici, **sarà** la persona giusta per questo lavoro?
▼ Beh, i requisiti più importanti ci sono. Però vedo che conosce solo una lingua straniera. Per questo lavoro bisogna parlare almeno due lingue, e preferibilmente il tedesco.
◆ Sì, è vero. Mi ha detto che parla l'inglese fluentemente, ma non conosce altre lingue.
▼ Beh, **vedremo**. Dobbiamo comunque fare una lista per il secondo colloquio, no?
◆ Sì, certo: comunque, ti lascio tutti profili, li guardi con calma e poi ci vediamo per una seconda selezione. Pensavo di richiamarne 4 o 5, che ne dici?
▼ Uhm... Così tanti? Non **sarai** troppo generosa?
◆ Spiritoso! Dai, ci vediamo più tardi, allora!
▼ Perfetto! A dopo, Matilde!

I verbi al futuro sono in **grassetto**. *Hai capito qual è la funzione di questo tempo verbale nel dialogo? Completa la tabella con i verbi al futuro, come nell'esempio.*

azione futura	supposizione
vedremo	

3 Riflettiamo | Il futuro come supposizione

Leggi le frasi che seguono e indica quali secondo te esprimono un'azione futura e quali una supposizione.

	azione futura	supposizione
1 Chi sarà a quest'ora?	☐	☐
2 Ti telefoneranno loro al momento opportuno.	☐	☐
3 Sarà alto più o meno quanto lei.	☐	☐
4 Non so cos'ha Remo; sarà triste perché Eva è lontana...	☐	☐
5 Saremo da te verso le 5, ok?	☐	☐
6 Il cane è nervoso: avrà fame?	☐	☐

Completa la regola con l'opzione giusta.
Il futuro che indica azione futura e quello che indica supposizione, dal punto di vista grammaticale
☐ si distinguono tra loro.   ☐ non si distinguono.

egregio Dottor...

4 Lessico | Alla ricerca del lavoro
Completa le frasi con le parole della lista.

colloquio   candidato   requisiti   settore   curriculum
posto   selezione   profilo   esperienza

1. Un mese fa ho inviato il mio _____ a quell'azienda di informatica e mi hanno telefonato: domani farò un _____!
2. Uno dei _____ del nostro _____ ideale? Deve avere almeno due anni di _____ nel _____ delle comunicazioni.
3. Hai letto questo annuncio? Secondo me cercano proprio qualcuno con il tuo _____ professionale.
4. Per avere questo _____ di lavoro ci sarà una _____ molto dura. Ma sono sicuro che ce la farai!

5 Parliamo | *Oggi bisogna...* WB 4
Quali sono secondo voi i requisiti necessari per trovare lavoro oggi? E perché? Parlatene in coppia.

> **bisogna parlare** due lingue. =
> **si devono parlare** due lingue.

essere: divertenti, interessanti, sensibili, simpatici, ricchi, puntuali, creativi, intelligenti, famosi, seri, belli, affidabili

avere: tempo, un computer, una famiglia, una laurea, buoni contatti, buone conoscenze linguistiche, conoscenze di informatica, fortuna, una macchina, la patente, bambini

LEZIONE 3 | 41

egregio Dottor...

6 Lettura | *Egregio Dottor Rossi* WB 5-6
Completa la lettera con le seguenti espressioni.

> fluentemente   a Sua disposizione   presso   come guida turistica
> Ho frequentato   profilo   La ringrazio   annuncio   cordiali saluti

---

Da: f.bignami@tiscalinet.it   A: direzione@merim.it   Oggetto: Offerta di lavoro

Egregio Dottor Rossi,

scrivo in risposta al Suo _____ su "Umana.it", in quanto credo di possedere le competenze e un _____ professionale molto simile a quello che Lei cerca.
Ho 25 anni e vivo a Milano. _____ il liceo linguistico "Giuseppe Mazzini" e mi sono diplomata nel 2009.
Dal gennaio al settembre 2010 ho lavorato _____ presso l'agenzia "L'albero dei viaggi", poi mi sono trasferita per otto mesi in Inghilterra dove ho lavorato come segretaria _____ la scuola di lingue EF di Southampton. Dal 2011 al 2012 ho lavorato come receptionist in un albergo di lusso. Oltre all'inglese parlo _____ anche lo spagnolo (Diploma Básico de Español).
Le invio il mio curriculum e rimango _____ per ulteriori informazioni che sarò lieta di fornirLe in occasione di un eventuale incontro.

_____ per la Sua gentile attenzione e Le porgo i miei più _____.

Francesca Bignami

Rileggi la mail e, insieme a un compagno, di' a quale degli annunci a pagina 38 è interessata Francesca.

egregio Dottor...

7 Riflettiamo | *La o Le?* WB 7·12·13
Con quali verbi sono usati nella lettera del punto 6 i pronomi La e Le? Cercali e scrivili qui sotto.

La   **Le**

_____   _____

                                      _____

                                      _____

8 Scriviamo | Una mail
Anche tu sei interessato a uno degli annunci di pagina 38.
Scrivi una mail per candidarti.

9 Ascolto | Un colloquio di lavoro WB 8·9
Ascolta il dialogo, poi discuti con un compagno. La dottoressa Lorenzotti secondo voi avrà questo lavoro? Sì? No? Perché?

Cerca e <u>sottolinea</u> nella trascrizione del dialogo le frasi che iniziano con se *e scrivi qui quante sono:* _____.

▼ Buongiorno.
◆ Buongiorno, allora, se non sbaglio, Lei è la Dottoressa Lorenzotti…
▼ Sì.
◆ Bene. Leggo sul suo curriculum che Lei non ha alcuna esperienza di lavoro di segreteria.
▼ No, ma imparo presto. E poi mi piace l'idea di stare a contatto con il pubblico.
◆ Lei abita lontano da qui?
▼ No, in bicicletta sarà un quarto d'ora. Mentre in autobus… mah, più o meno ci metto mezz'ora perché la zona non è collegata benissimo. In ogni caso io sono molto puntuale. Se deciderà di prendere me, sicuramente non si pentirà della scelta.
◆ Ok, ok. Però ci sono anche altre candidate…
▼ Sì, sì, certo.
◆ Un'ultima cosa, Lei sa che l'impiego è a partire da marzo, ma Lei sarebbe disposta a fare una settimana di prova prima di iniziare?
▼ Uhm… quando?
◆ Sarebbe circa un mese prima, a inizio febbraio.
▼ Veramente ho un altro lavoro fino a metà febbraio… ma posso organizzarmi.
◆ Se non può, non importa.
▼ No, no, mi organizzo io in qualche modo.
◆ Va bene, allora Le faremo sapere. Grazie Dottoressa.
▼ Grazie a Lei, arrivederci.
◆ Arrivederci.

> **ci metto** mezz'ora = ho bisogno di mezz'ora di tempo

Quali tempi verbali compaiono nelle frasi che iniziano con se*? Parlane con un compagno.*

egregio Dottor...

10 Abbinamento | Se... WB 10-11
Abbina le frasi della prima colonna con quelle della seconda.

1. Se non ti sbrighi,
2. Se non ha la macchina,
3. Se avrò bisogno di una mano,
4. Se vedi Giulio,
5. Se mia moglie non è troppo stanca,
6. Se riesco a trovare ancora un biglietto,
7. Se avrà di nuovo problemi con il computer,

a. stasera vi veniamo a trovare.
b. La aiuterà un tecnico.
c. digli che lo sto cercando.
d. vengo anch'io al concerto domenica.
e. arrivi di nuovo tardi al lavoro.
f. ti chiamerò.
g. La vengo a prendere io.

11 Esercizio orale | Frasi ipotetiche
Lavora con un compagno. Fai una domanda dalla lista di sinistra (Domande), il tuo compagno deve scegliere la risposta nella lista di destra e rispondere usando il presente o il futuro. Poi scambiatevi i turni: ascolta la domanda del compagno e scegli la risposta dalla lista di destra (Risposte) usando il presente o il futuro.

Domanda	Risposta
Quando venite a trovarci? →	Se non **essere** troppo occupati, **venire** a trovarvi sabato.
	↓
	Se non **siamo** troppo occupati, **veniamo** a trovarvi sabato.

Domande
Quando venite a trovarci?
Cosa farà Rosa stasera?
Quando andate al teatro dell'Opera?
Dove andrete questa estate?
Vengo con l'autobus?
Come farai con il computer rotto?
Quando ci inviti a cena?

Risposte
Se prendere un taxi, arrivare prima.
Se avere ancora problemi, chiamare il tecnico.
Potere venire domani sera, se volere.
Se non essere troppo occupati, venire a trovarvi sabato.
Se non essere troppo stanca, uscire con Carlo.
Se trovare ancora i biglietti, andare domenica.
Andare in Russia, se avere i soldi.

12 Lettura | Il mondo del lavoro oggi
Alla pagina seguente, trovi alcune parti di un articolo. Leggile e abbina ad ogni parte il titolo giusto.

a Uomini e donne al lavoro. Stesso trattamento?

b Orario di lavoro e part-time.

c Vacanze? Prima chiediamo al capo.

LEZIONE 3

egregio Dottor...

1

A favorire lo stress è soprattutto l'eccessiva intensità del ritmo: la metà degli europei passa almeno un quarto d'ora del proprio orario di lavoro sotto pressione, e solo tre lavoratori su cinque possono decidere autonomamente se e quando prendere vacanze e giorni di riposo.
Continua inoltre a salire il numero delle persone che svolge la propria attività tramite computer (dal 39% si è passati al 45%).

In media nella UE l'orario settimanale di lavoro è di 38 ore, con grandi differenze tra i lavoratori dipendenti (36,5 ore) e quelli indipendenti (46 ore alla settimana).
Il 17% delle persone sono impegnate part-time, con una grande differenza tra uomini e donne: in media lavora a tempo parziale il 32% delle donne contro il 6% degli uomini.

2

3

La differenza di trattamento tra uomini e donne è evidente non solo nei ruoli (gli uomini ricoprono ruoli di maggior prestigio e potere), ma anche nella retribuzione (le donne ricevono uno stipendio più basso per svolgere lo stesso impiego). Inoltre, le attività familiari aggravano il carico di lavoro femminile: per più di un'ora al giorno le lavoratrici si dedicano anche alla cura dei figli (41%) e a cucinare (64%). Tra i lavoratori solo il 24% dedica più di un'ora al giorno ai figli, appena il 13% alla cucina e solo il 12% alle faccende di casa.

(adattato da *la Repubblica*)

LEZIONE 3

egregio Dottor...

In quale testo si dice che:

	1	2	3
a I lavoratori non possono andare in vacanza quando vogliono.	☐	☐	☐
b Le donne non occupano le stesse posizioni degli uomini.	☐	☐	☐
c È aumentato il numero di persone che lavora con il computer.	☐	☐	☐
d Gli uomini dedicano meno tempo alla casa e alla famiglia.	☐	☐	☐
e Gli uomini hanno delle posizioni migliori delle donne.	☐	☐	☐
f I lavoratori indipendenti lavorano di più di quelli dipendenti.	☐	☐	☐
g Le donne che lavorano part-time sono più degli uomini.	☐	☐	☐

13 Abbinamento | Espressioni

Abbina le parole in modo da formare alcune espressioni che hai trovato nelle attività precedenti in questa unità. Poi completa le definizioni con le espressioni corrispondenti.

orario	pressione
differenza	part-time
lavoratori	settimanale
lavoro	di trattamento
sotto	dipendenti

1 Essere in questo stato significa sentire molto lo stress. = _____

2 Lavorano per un'azienda e ricevono uno stipendio fisso. = _____

3 Un impiego con un orario di lavoro di 4-5 ore al giorno. = *Lavoro part-time*

4 Squilibrio di compenso tra uomini e donne = _____

5 Tempo da passare al lavoro in sette giorni. = _____

egregio Dottor...

14 Parliamo | Il tuo lavoro

Ordina con un numero da 1 a 8 questi fattori, secondo l'importanza che hanno in riferimento al lavoro che fai o che vuoi fare (1 è il più importante, 8 è il meno importante).

- ☐ stipendio
- ☐ vicinanza da casa
- ☐ rapporto con i colleghi di lavoro/con il capo
- ☐ orari flessibili
- ☐ contatto con le persone/i clienti
- ☐ possibilità di fare carriera
- ☐ contratto a tempo indeterminato
- ☐ possibilità di imparare cose nuove e di esprimere la propria creatività

Confrontati con uno o più compagni.

15 Ascolto | Vivere e lavorare all'estero

Ascolta l'intervista al dottor Marco Benassi e indica se le affermazioni sono vere o false.

	vero	falso
1 Marco Benassi vive a Monaco da oltre 20 anni.	☐	☐
2 Marco Benassi è arrivato in Germania per una ragazza tedesca.	☐	☐
3 Marco Benassi in Germania ha fatto anche l'avvocato.	☐	☐
4 Secondo Marco Benassi in Italia si vive meglio che in Germania.	☐	☐
5 Marco Benassi a Monaco è insegnante in una scuola per traduttori.	☐	☐
6 Secondo Marco Benassi in Germania le istituzioni sono più vicine ai cittadini.	☐	☐
7 Marco Benassi è sposato con una donna bionda tedesca.	☐	☐

16 Esercizio scritto | Lavorare all'estero

Completa lo schema e poi confrontati con un piccolo gruppo di compagni.

	un paese straniero in cui lavorerei/abiterei: _____	un paese straniero in cui non lavorerei/abiterei: _____	il mio Paese: _____
aspetti positivi			
aspetti negativi			

egregio Dottor...

17 Lettura | Curriculum vitae

Qui di seguito hai un modello di curriculum vitae. Completalo con le informazioni che trovi in ordine sparso qui a destra.

CURRICULUM VITAE

DATI PERSONALI

Nome e cognome:

Luogo e data di nascita:

Indirizzo:

Telefono:

E-mail:

STUDI

ESPERIENZE PROFESSIONALI

LINGUE STRANIERE

CONOSCENZE INFORMATICHE

INTERESSI PERSONALI

Luca Roversi

*Via Costantino Beltrami 3/a
00158 Roma*

lroversi@gmail.com

Buona conoscenza del pacchetto Office e dei social network

06 - 57 50 567

2014 Traduttore dall'inglese per la rivista "Internazionale"

2015-2016 Corso di formazione per giornalisti presso la Libera Università Internazionale degli Studi "Luiss" di Roma

Gennaio - Settembre 2017 stage presso "La Repubblica" di Roma

Inglese (livello C1: lingua scritta e parlata)

Cinema, teatro, musica jazz, sport

2009 Diploma di maturità, Liceo Scientifico "Giuseppe Di Vittorio", Cagliari

Cagliari, 28/04/1991

2014 Laurea in scienze della comunicazione Università "La Sapienza", Roma (110 e lode)

glossario

1	capo	head
1	lusso	luxury
1	stella	star
1	requisito	requirement
1	esperienza	experience
1	conoscenza	knowledge
1	ricetta	recipe
1	capacità	ability
1	organizzativo	organizational
1	informatico	IT, computer
1	alloggio	accomodation
1	ufficio del personale	human resources
1	azienda	company
1	inserire	to fill a role
1	inizialmente	initially
1	segreteria	administrative office
1	impiegare	to hire
1	sviluppatore	programmer
1	impiego	job
1	contratto a tempo determinato	fixed term contract
1	periodo determinato	fixed term
2	candidato	candidate
2	selezionare	to select
2	profilo	profile
2	decina	dozen
2	posto	job
2	preferibilmente	preferably
2	fluentemente	fluently
2	selezione	selection
3	opportuno	right
4	settore	field
4	comunicazione	communication
4	annuncio	ad
4	duro	hard
4	bisogna	one needs to, you need to
5	ricco	rich
5	puntuale	punctual
5	creativo	creative
5	affidabile	reliable
5	patente	driver's licence
6	egregio	dear *(very formal)*
6	a disposizione	available
6	presso	at
6	frequentare	to attend
6	ringraziare	to thank
6	ulteriore	further
6	lieto	happy
6	fornire	to give
6	in occasione	in the event
6	eventuale	potential
6	porgere	to offer
9	dottore/-essa	*(Title used for a person who has been awarded an academic degree)*
9	alcuno	no, any
9	contatto con il pubblico	in contact with the public
9	metterci	to take
9	in ogni caso	at any rate
9	se	if
9	pentirsi	to regret
9	disposto	willing
9	prova	trial
9	circa	about, around
9	metà	half
9	non importa	it does not matter
9	Le faremo sapere	we will let you know
10	sbrigarsi	to hurry
10	mano	a hand, some help
12	trattamento	treatment
12	orario	schedule
12	favorire	to favor
12	eccessivo	excessive
12	intensità	intensity
12	ritmo	rythm
12	pressione	pressure
12	lavoratore	worker
12	autonomamente	autonomously
12	giorno di riposo	off day
12	svolgere	to carry out
12	in media	in average
12	settimanale	weekly
12	differenza	difference
12	dipendente	employed
12	indipendente	self-employed
12	evidente	clear
12	ruolo	role
12	ricoprire	to fulfill
12	prestigio	prestige, importance
12	potere	power
12	retribuzione	salary
12	stipendio	salary
12	inoltre	furthermore
12	aggravare	to worsen, to increase
12	carico	load
12	faccende	chores
12	occupare	to fill
12	posizione	position
13	stato	condition
13	fisso	steady, regular
13	squilibrio	imbalance
14	vicinanza	proximity
14	esprimere	to express
14	creatività	creativity
15	istituzione	institution
16	dati personali	personal data
16	data di nascita	date of birth
16	professionale	professional
16	interessi personali	personal interests
16	rivista	magazine
16	formazione	training
16	stage	internship
16	diploma di maturità	high school diploma

grammatica

Il futuro semplice - The simple future

	abitare	vendere	partire	spedire
io	abiterò	venderò	partirò	spedirò
tu	abiterai	venderai	partirai	spedirai
lui/lei	abiterà	venderà	partirà	spedirà
noi	abiteremo	venderemo	partiremo	spediremo
voi	abiterete	venderete	partirete	spedirete
loro	abiteranno	venderanno	partiranno	spediranno

When talking about future actions in Italian, one can use the **futuro semplice** or the **presente indicativo**.

The **futuro semplice** is also used to take guesses.

■ Che cosa **farai/fai** dopo il diploma?
▼ **Andrò/Vado** un anno all'estero.

■ Dove sono i ragazzi?
▼ Mah, **saranno** in giardino!

La o Le

Some Italian verbs are followed by the direct complement while others are followed by the indirect complement.

La ringrazio.
Le telefono domani.

Verbs followed by a direct complement	Verbs followed by an indirect complement
aiutare, ascoltare, ringraziare, seguire	chiedere, domandare, telefonare

Il periodo ipotetico della realtà - Zero conditional

The **periodo ipotetico della realtà** is used when the effect of the condition is certain.

Condition		Consequence
Se non piove	→	usciamo.
Se non ti sbrighi	→	perderai il treno.
Se partirai	→	verrò con te.
Se vedi Carlo	→	digli di chiamarmi.

Il verbo bisogna - The verb bisogna

Bisogna + infinitive is used to express a necessity. **Bisogna** does not inflect for gender or number.

Oggi **bisogna** essere flessibili.

Il verbo metterci (avere bisogno di tempo) - The verb metterci (needing time)

The verb **metterci** is used to express how much time is needed in order to do something.

Quanto tempo **ci metti** per andare a scuola?
Il treno **ci ha messo** tre ore.

caffè culturale

Italia, un paese di "Dottori"...

In Italia la parola "dottore" non si usa solo quando abbiamo a che fare con un medico.
Infatti chi ha una laurea, non soltanto in Medicina, è "Dottore": quindi ci sono Dottori in Lettere, in Psicologia, in Ingegneria, in Giurisprudenza.
Ma anche chi non ha mai studiato all'università può diventare un giorno "Dottore": è così per esempio per Valentino Rossi, nove volte campione del mondo di motociclismo, che nel 2005 ha ricevuto la Laurea Honoris Causa dall'Università di Urbino. Da allora, infatti, per i giornalisti e i suoi tifosi Valentino è diventato "il Dottore". La Laurea Honoris Causa è un riconoscimento che ricevono personaggi particolarmente bravi nel loro campo, dallo sport alla musica, dalla cultura allo spettacolo.

... e avvocati

Facciamo un gioco: inserite nella colonna di destra i numeri degli avvocati, basati sulle statistiche più recenti. Poi continuate a leggere il testo nel riquadro (al contrario per non trovare la soluzione troppo facilmente).

155.000   260.000   125.000   60.000   175.000

Nazione	Abitanti	Numero di avvocati
Germania	81 milioni	
Francia	65 milioni	
Gran Bretagna (Inghilterra, Irlanda, Scozia e Galles)	63 milioni	
Italia	60 milioni	
Spagna	47 milioni	

I dati reali sono sorprendenti: in Gran Bretagna gli avvocati sono poco più di 175 mila, in Germania 155 mila, in Spagna 125 mila. La Francia, che ha 65 milioni di abitanti, ha però il numero più basso di avvocati, circa 60 mila. Ma il Paese degli avvocati è senza dubbio l'Italia, che ne ha ben 260 mila: solo nelle tre regioni più importanti, Lazio, Lombardia e Campania, si arriva a 100 mila avvocati!

Sono molti anche gli ingegneri, quasi 240 mila, mentre un altro mestiere molto diffuso in Italia è quello del dottore, inteso questa volta come medico: i medici in Italia sono infatti oltre 350 mila. Infine, gli insegnanti delle scuole sono oltre 670 mila, ma in questo caso siamo nella media europea.

videocorso

Vai al sito di New Italian Espresso 2
(www.almaedizioni.it/newitalianespresso)
e apri la sezione VIDEO

1 Guarda l'episodio e indica se le frasi sono vere o false.

	vero	falso
1 Federico ha fatto due colloqui di lavoro.	☐	☐
2 Il candidato sa bene le lingue.	☐	☐
3 La candidata ha paura di volare.	☐	☐
4 La candidata vuole portare il suo computer in ufficio.	☐	☐
5 Federico è il capo dell'ufficio.	☐	☐
6 Ai colloqui si è presentato anche un candidato straniero.	☐	☐
7 Federico ha selezionato 8 candidati.	☐	☐

2 Leggi le frasi e completa la tabella con le lettere dei verbi, come nell'esempio.

Mah... Saranno (**A**) tutti ancora in ferie...

Ne parlerò (**B**) con il capo

Quindi userà (**C**) bene i vari programmi gestionali!

Qui avrò (**D**) un computer mio?

Azione futura	Supposizione
avrò (**D**)	

RICORDA

Conosci l'espressione "fare una bella figura"? A un colloquio di lavoro, per esempio, è la cosa più importante! Il contrario è "fare una brutta figura" o "una figuraccia".
Prendi come riferimento il colloquio di lavoro della ragazza: secondo te lei ha fatto una bella figura o una figuraccia?

videocorso

3 Osserva il fotogramma, leggi la frase e indica l'opzione corretta.

> Sembra serio: giacca, camicia chiara. Si vede che ci tiene a dare una buona impressione.

1 Cosa significa questa espressione?
- **a** Per lui è importante
- **b** Per lui è necessario.
- **c** Per lui è logico.

4 Completa i due colloqui di lavoro con le parole della lista (sono in ordine), come nell'esempio.

parla | importanti | l'aereo | treno | esperta | programmi | computer | scrivania | uso

- ◆ … Vedo che Lei ha viaggiato molto, anche _parla_ bene l'inglese e lo spagnolo. Le lingue sono, per noi. Se Lei lavorerà con noi, dovrà viaggiare molto.
- ▼ Viaggiare? Con?
- ◆ Beh sì, anche con l'aereo…
- ▼ È che io… ho viaggiato sempre in; ho paura dell'aereo…

- ◆ A quanto vedo Lei è un' di computer. Quindi userà bene i vari gestionali!
- ▼ … Gestionali…? No, ma imparo in fretta. Qui avrò un mio?
- ◆ Beh, certo. Ognuno qui ha una e un computer…
- ▼ Ah. Perché io non ho mai avuto un computer. quello di mio fratello. Che poi non è proprio un computer, è più piccolo, di quelli… Come si chiama… Va bene lo stesso?

5 Completa con i verbi al presente o al futuro.

Ne ho selezionati solo 8 su 62, pensa. Ne (*parlare*) _____ con il capo, ma alla fine credo che (*prendere*) _____ l'unico che non (*essere*) _____ italiano. Ma (*essere*) _____ quello più preparato. E (*parlare*) _____ anche italiano meglio degli altri!

colloqui di lavoro 3

4 colpo di fulmine

1 Lessico | Cosa significa secondo te...?
Abbina le espressioni alle definizioni giuste (nei cuori).

anima gemella / principe azzurro = _____

colpo di fulmine = _____

Ci sono espressioni simili nella tua lingua?

cuori: l'uomo/la donna ideale — amore a prima vista

2 Lettura | Incontri
Collega i titoli e i disegni.

a b c d e

1. ☐ Per trovare l'anima gemella molti italiani si rivolgono ancora alle agenzie matrimoniali.

2. ☐ *Si incontrano ballando e dopo 50 anni ballano ancora*

3. ☐ **Il principe azzurro? È nel web**

4. ☐ **Colpo di fulmine in treno**

5. ☐ **Lo sport aiuta i timidi**

Vi vengono in mente altri modi per conoscere gente nuova? Parlatene in coppia.

54 LEZIONE 4

colpo di fulmine

3 Ascolto | *Mi è successa una cosa incredibile!* WB 1·2

Ascolta il dialogo una prima volta e indica le opzioni corrette.

1 Stefano è in ritardo perché:
- a ☐ ha dimenticato il cellulare.
- b ☐ ha incontrato un'amica.
- c ☐ è stato alla Polizia.

2 La ragazza:
- a ☐ ha conosciuto Stefano a scuola.
- b ☐ non si è ricordata subito di Stefano.
- c ☐ lavora alla Polizia.

Ascolta di nuovo e verifica le risposte precedenti.

■ Stefano! Finalmente sei arrivato! Ti ho scritto due messaggi, adesso stavo per telefonarti…!
▼ Scusami Tommaso, mi dispiace tanto! Ma mi hanno rubato la giacca quando ero al bar, e in una tasca c'era il cellulare! Sono stato alla stazione di Polizia…
■ Cosa? Un furto? Mi dispiace! Quindi ti hanno preso anche i soldi!
▼ No, no, per fortuna no, almeno in questo ho avuto fortuna: il ladro ha preso la giacca mentre stavo pagando alla cassa…
■ Beh, è andata bene!
▼ Sì, anche perché alla Polizia mi è successa una cosa incredibile!
■ Alla stazione di Polizia? E che cosa ti è successo?
▼ Ti ricordi quella ragazza che ho conosciuto alla conferenza la scorsa settimana?
■ Sì, cioè più che altro ricordo che durante la pausa caffè le hai versato il succo d'arancia sul vestito…
▼ Beh, comunque era lì anche lei.
■ Ma non mi dire!
▼ Sì! Poverina, le hanno rubato la borsa. All'inizio non mi ha riconosciuto, poi per scherzare le ho offerto un succo d'arancia e si è ricordata!
■ Ah, allora avete parlato, bene!
▼ Sì, mentre aspettavamo abbiamo iniziato a parlare. Si chiama Gloria.
■ Bene, bene, e poi? Alla fine l'hai invitata a bere qualcosa?
▼ No, perché mentre stavamo per uscire…

Ha preso la giacca **mentre** stavo pagando alla cassa.
Durante la pausa caffè le hai versato il succo d'arancia.

Finalmente sei arrivato!
All'inizio non mi ha riconosciuto.
Alla fine l'hai invitata?

Indica dove il verbo esprime:

1 un'azione in corso   **2** un'azione non iniziata   **3** un'azione finita

- a ☐ Ti ho scritto due messaggi, adesso **stavo per telefonarti**…!
- b ☐ Ha preso la giacca mentre **stavo pagando** alla cassa…
- c ☐ Mi **hanno rubato** la giacca quando ero al bar.

LEZIONE 4 | 55

colpo di fulmine

4 Abbinamento | *Sta per bere* WB 3·4·5
Abbina le fotografie alle frasi.

1. ☐ Sta bevendo
2. ☐ Sta per bere
3. ☐ Stanno giocando
4. ☐ Stanno per giocare

a

b

c

d

5 Scriviamo | *Allora? Cos'è successo?*
Il racconto di Stefano non è completo: cos'è successo secondo te mentre lui e Gloria stavano per uscire? Con un compagno, scrivi un finale della storia e poi confrontati con il resto della classe.

colpo di fulmine

6 Esercizio orale | *Povera Marina!*

Marina ha avuto una giornata nera. In coppia guardate i disegni e raccontate che cosa le è successo. Usate un po' di fantasia.

a b

c d

7 Riflettiamo | Raccontare WB 6

Cerca nel dialogo del punto 3 le espressioni usate per...

iniziare un racconto

invitare a raccontare/mostrare curiosità verso chi racconta

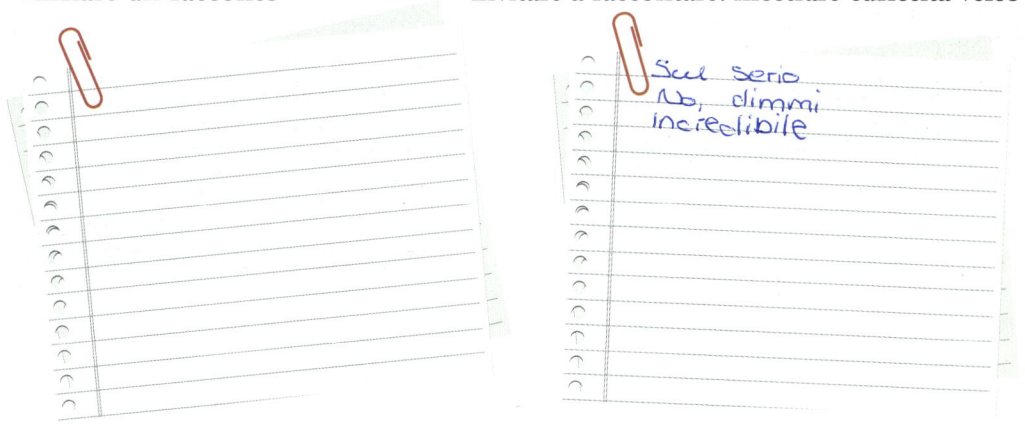

Sul serio
No, dimmi
incredibile

Inserisci le seguenti espressioni nello schema precedente.

1 Sul serio? **2** Beh, allora, la cosa è andata così **3** No, dimmi!

4 Lo sai che mi è successo l'altro giorno? **5** Incredibile! **6** La sai l'ultima?

7 Guarda, non ti immagini cosa mi è successo!

LEZIONE 4 | 57

colpo di fulmine

8 Parliamo | Incontri curiosi
Avete mai conosciuto qualcuno in modo strano, o conoscete qualcuno a cui è successo? Parlatene in piccoli gruppi. Per raccontare o prestare attenzione al racconto degli altri cercate di usare le forme viste al punto 7.

9 Lettura | Come vi siete conosciuti? WB 7·8·9
Leggi i due testi e dai a ognuno un titolo. Scrivilo accanto al nome del protagonista.

a

Eleonora (titolo: avvocatessa)

Lavoravamo in due uffici vicini, ma non eravamo colleghi. Un giorno, era primavera, ho deciso di mangiare un panino in un piccolo parco lì vicino. Mentre mangiavo su una panchina, lui si è avvicinato e ha chiesto se poteva sedersi. Ho detto di sì e per un po' abbiamo mangiato in silenzio, però mi accorgevo che ogni tanto mi osservava. Allora ho iniziato a parlare io: gli ho detto che lavoravo lì vicino e abbiamo scoperto che i nostri uffici erano nello stesso palazzo. Alla fine della pausa pranzo mi ha dato il suo numero di telefono. All'inizio non avevo intenzione di chiamarlo, ma poi ho pensato: "Perché no?" e un giorno ci siamo dati appuntamento dopo il lavoro.
Non è stato un colpo di fulmine, ci siamo innamorati un po' alla volta, giorno dopo giorno, in maniera molto romantica. Ci siamo sposati due anni dopo e oggi abbiamo due meravigliosi bambini.

b

Luca (titolo: Proprietario di negozio)

Io lavoravo ancora nel negozio di strumenti musicali di mio padre. Un giorno - mi ricordo ancora, era il 22 giugno - è entrata questa ragazza molto timida e mi ha chiesto se poteva provare un pianoforte: io ho detto di sì e sono tornato a fare quello che stavo facendo.
Mentre stavo per fare una telefonata ho sentito una musica meravigliosa: ho alzato la testa e ho visto che lei era al pianoforte e suonava in quel modo incredibile. Mi sono innamorato di lei immediatamente. Quando ha finito, ho detto solo "Stupenda". Lei ha sorriso e mi ha guardato, dovevo avere un'espressione davvero strana perché mi ha chiesto: "Che cos'hai?". Io ho risposto che non avevo mai sentito suonare così bene, e lei è arrossita. Davanti al negozio c'era una gelateria e le ho offerto un gelato: lei ha accettato. Tutto è iniziato così.

4

58 LEZIONE 4

colpo di fulmine

Leggi le frasi e indica il nome di chi racconta il fatto.

	Eleonora	Luca	nessuno
1 Ha conosciuto la sua anima gemella in ufficio.	☐	☐	☐
2 È stato un colpo di fulmine.	☐	☐	☐
3 Ha iniziato a parlare.	☐	☐	☐
4 Sono scappati insieme.	☐	☐	☐
5 Si sono dati appuntamento dopo il lavoro.	☐	☐	☐
6 Hanno preso un gelato insieme.	☐	☐	☐

10 Esercizio scritto e orale | La tua storia in 280 caratteri

Conosci Twitter? Prova a raccontare un incontro importante della tua vita (il tuo migliore amico/ la tua migliore amica, fidanzato/fidanzata, ecc.) in 280 caratteri, spazi compresi: scrivi il breve testo in un biglietto e metti il biglietto in una scatola, insieme a quelli dei tuoi compagni. A turno, ogni studente legge un biglietto e immagina i dettagli della storia e la racconta alla classe in un minuto. L'autore del biglietto alla fine conferma o meno se le cose immaginate sono veramente accadute.

11 Ascolto | *Lasciamo stare, che è meglio!*
Ascolta il dialogo e rispondi alle domande.

Di che cosa si lamenta Veronica? **Come si è comportato l'uomo?**

- ■ Allora, Veronica, com'è andato l'incontro? Racconta!
- ▼ Lasciamo stare va', che è meglio! È stato un disastro!
- ■ Perché? Che è successo?
- ▼ Dunque, l'appuntamento era alle sette. Io ho pensato che forse voleva prendere un aperitivo, o fare una passeggiata, e invece niente, è voluto andare subito a mangiare.
- ■ Va be', forse aveva fame!
- ▼ Sì, forse. Comunque sia mi ha portato in una pizzeria…
- ■ E tu immaginavi il localino a lume di candela…
- ▼ No, però neanche una pizzeria! Comunque, appena siamo arrivati si è messo a telefonare.
- ■ Lì? In pizzeria?
- ▼ Sì. E così ha parlato al telefono per mezz'ora e io lì ad aspettare… e tu sai che è una cosa che io non sopporto.
- ■ Eh, sì, anche a me dà fastidio.
- ▼ Beh, per farla breve. Ha parlato tutto il tempo di lavoro, ha mangiato e bevuto per tre e alla fine non mi ha neanche invitato.
- ■ No! Hai dovuto pagare tu?
- ▼ Sì.

> **È voluto andare** subito a mangiare.
> **Ho dovuto pagare** io.

colpo di fulmine

12 Abbinamento | *Ho dovuto...* WB 10·11
Forma delle frasi secondo il modello.

> Paola stava male e così (*dovere*) ho dovuto portarla all'ospedale.

Paola stava male e così (*dovere*) metterli noi a letto.
Carla ha tanti vestiti e così (*dovere*) pagare io al ristorante.
Stefano aveva sonno e quindi (*dovere*) comprarsi un altro armadio.
Leo non aveva il portafoglio e quindi (*dovere*) guidare io.
Ho avuto tantissimo da fare e quindi (*dovere*) portarla all'ospedale.
I bambini erano stanchissimi e così non (*potere*) andare alla festa.

13 Esercizio scritto e orale | *Non sopporto...*
Scrivi cinque cose che non sopporti o ti danno fastidio.
Poi cerca qualcuno a cui danno fastidio le stesse cose.

Non sopporto quando...

Mi dà fastidio quando...

> **Non sopporto**
> **Mi dà fastidio** quando **si fuma** in pubblico.

14 Parliamo | Vivere insieme
Vivere con qualcuno sicuramente non è sempre facile. In coppia fate una lista dei vantaggi e degli svantaggi del vivere insieme. Confrontate poi in plenum.

vantaggi   svantaggi

4

60   LEZIONE 4

colpo di fulmine

15 Ascolto | *Non sopporto quando…!*
Ascolta un paio di volte le interviste e completa la tabella.

	Con chi vive?	Da quanto tempo?	Cosa non sopporta?	Cosa non sopportano gli altri di lui/lei?
Nadia				
Luciano				
Sandra				

16 Esercizio orale e scritto | Un sondaggio
Lavorate in piccoli gruppi. Fate un sondaggio all'interno del vostro gruppo e poi riferite i risultati in plenum.

Chiedete ai compagni…
- con chi vivono / con chi hanno vissuto.
- quali sono le cose che apprezzano e quelle che gli danno fastidio dell'altro.
- quali sono le cose che l'altro apprezza di loro e quelle che gli danno fastidio.

LEZIONE 4

colpo di fulmine

> **Congiunzioni**
> Cosa? Un furto? Mi dispiace! **Quindi** ti hanno preso anche i soldi!
> Ah, **allora** avete parlato, bene!
> No, **però** neanche una pizzeria!
> **Quando** ha finito, ho detto solo "Stupenda".
> Dovevo avere un'espressione davvero strana **perché** mi ha chiesto: "Che cos'hai?".

17 Lettura | Le regole del galateo WB 12
Leggi le frasi nel riquadro qui sopra e completa il testo con le congiunzioni giuste.

Elegante, affascinante: le ricerche confermano che la galanteria non è passata di moda. Vediamo *allora/perché* quali sono i principali gesti e attenzioni che il perfetto galantuomo dovrebbe mettere in pratica.

- **Il baciamano**: può sembrare un'usanza superata e *quindi/però* per questo poco usata ai giorni nostri. Rimane comunque un gesto molto elegante se fatto con stile. Si usa per occasioni e persone particolari.

- **Aprire la porta**: è un gesto molto apprezzato per esempio *quando/quindi* si sta uscendo da un locale e si fa passare per prima la donna. Se *però/perché* un uomo e una donna stanno per entrare in un luogo sconosciuto, l'uomo dovrebbe entrare per primo e tenere poi la porta aperta per la donna.

- **Pagare il conto**: oggi in molti casi si preferisce dividere, *allora/perché* la parità tra uomo e donna elimina le differenze. *Allora/Però* in alcune occasioni è importante dare all'uomo la possibilità di fare questo gesto galante.

- **Aspettare sotto casa e accompagnare a casa**: andare a prenderla e accompagnarla sotto casa è naturalmente una cosa normale nei primi appuntamenti, ma se si vive in città non è necessario farlo tutte le volte. In zone poco sicure però la si deve sempre accompagnare fino alla porta di casa e poi aspettare finché non è entrata.

- **Galanteria a tavola**: il vero galantuomo deve sempre versare acqua e vino nel bicchiere della donna, e secondo il galateo è sempre l'uomo che deve ordinare al ristorante. Non deve *quindi/però* decidere solo lui cosa mangiare!

adattato da www.donna.it

Parla con un compagno per rispondere alla domanda. Se necessario rileggi il testo.

Cosa significa "galanteria"?

Nel tuo Paese cosa significa essere galanti? Ci sono molte differenze con l'Italia? Discutine con tutta la classe.

glossario

1	anima gemella	soulmate
1	principe azzurro	prince charming
1	colpo di fulmine	love at first sight
1	amore a prima vista	love at first sight
2	agenzia matrimoniale	matchmaking agency
3	finalmente	finally
3	telefonare	to phone
3	rubare	to steal
3	tasca	pocket
3	furto	theft
3	quindi	so, therefore
3	successo	(participio passato di *succedere*)
3	succedere	to happen
3	conferenza	conference
3	all'inizio	initially
3	offerto	(participio passato di *offrire*)
3	offrire	to treat, to buy
3	alla fine	in the end
3	mentre	while
7	Sul serio?	Really?
7	La sai l'ultima?	Do you know what happened?
9	accorgersi	to realize
9	scoperto	(participio passato di *scoprire*)
9	scoprire	to find out
9	maniera	way
9	romantico	romantic
9	strumento musicale	musical instrument
9	telefonata	phone call
9	immediatamente	immediatly
9	sorriso	(participio passato di *sorridere*)
9	sorridere	to smile
9	espressione	look
9	davvero	really
9	arrossire	to blush
9	gelateria	ice cream parlor
11	a lume di candele	candlelit
11	neanche	neither
11	sopportare	to stand
11	dare fastidio	to bother
17	galateo	etiquette
17	affascinante	charming
17	galanteria	gallantry
17	passare di moda	to go out of fashion
17	gesto	gesture
17	galantuomo	gentleman
17	baciamano	hand-kissing
17	usanza	custom
17	superato	obsolete
17	dividere	to split
17	parità	equality
17	necessario	essential

grammatica

mentre / durante

Mentre and *durante* share the same meaning. *Mentre* is accompanied by a verb, *durante* is used combined with a noun.

Li ho visti **mentre** aspettavano l'autobus.
Li ho incontrati **durante** il viaggio.

Il passato prossimo dei verbi modali - The passato prossimo of modal verbs

If the modal verb (**dovere**, **potere**, **volere**) is followed by a verb which uses the auxiliary **avere** to form the **passato prossimo**, the **passato prossimo** of the modal verb will also be formed with **avere**.
If the verb which follows the modal uses the auxiliary **essere** to form the **passato prossimo**, then also the modal verb will form it with **essere**.

Ho dovuto accompagnare Pietro in ufficio.
Ha voluto mangiare solo un'insalata.

Sono dovuta andare a lavorare anche di sabato!
È voluto andare in pizzeria.

Stare per + infinito

Stare per precedes an action that is about to take place.

Il treno **sta per partire**, muoviti!
Mio fratello **sta per sposarsi**.

Congiunzioni - Conjunctions

Conjunctions are used in order to link two sentences together.

Di solito mi alzo presto, **però** oggi mi sono alzato tardi.
Ero stanco, **quindi** sono tornato a casa.
Sono tornato a casa **perché** ero stanco.
Mentre aspettavo l'autobus ho letto il giornale.
Quando ho visto Paolo, non l'ho riconosciuto.

'ALMA.tv

Visit www.alma.tv and look for the video "Volevo dirti una cosa": you will learn more ways to begin a conversation and to encourage somebody to talk about something.

VOLEVO DIRTI UNA COSA

caffè culturale

Le regole del primo appuntamento

Il testo dà alcuni consigli su come organizzare il primo appuntamento con una persona che ci piace. Completa con le parole della lista.

| minigonne | sentimentale | messaggi | rivedersi |
| stile | figura | passioni | impegnativi |

PER LEI - Come sempre il look è fondamentale: quando aprite l'armadio fatevi una semplice domanda: "Che _____ voglio trasmettere alla persona che avrò davanti?" La scelta dell'abito diventa la cosa più importante: da evitare _____, scollature e trucco pesante; bene i pantaloni, magari con una camicia e una collana. Perfetti i tacchi, ma non troppo alti. L'importante è stare comode e avere un vestito adatto al posto dove si va.

PER LUI - Forse non ci crederete, ma alle donne piacciono gli uomini che sanno vestirsi, ma con uno _____ personale e non aggressivo. Poco profumo, per favore! Bene jeans, camicia e magari una giacca. Evitate sia la cravatta sia le scarpe da ginnastica. Se vi farete la barba e metterete i capelli a posto, potrete fare un'ottima _____.

LA LOCATION - Non scegliete ristoranti eleganti e costosi, troppo _____ per un primo appuntamento. Meglio un caffè o un pub. Fino ad alcuni anni fa si preferiva invitare a cena, ma ora funziona meglio l'aperitivo.

PER TUTTI - Fondamentale: non parlate degli ex, e non parlare troppo di voi stessi. Meglio ascoltare l'altro e cercare argomenti e _____ in comune. Una risata salva la vita ed è un ottimo modo per iniziare una relazione _____. Altro punto essenziale: non bevete troppo. L'alcool potrebbe farvi dire (o fare) qualcosa di sconveniente o comunque di esagerato per il primo appuntamento, che invece dev'essere un'occasione per conoscersi e magari desiderare di _____ in futuro.

adattato da *www.panorama.it*

Quali sono secondo te i consigli più utili?
Nel tuo Paese ci si comporta nello stesso modo?

videocorso

Vai al sito di New Italian Espresso 2 (www.almaedizioni.it/newitalianespresso) e apri la sezione VIDEO

1 Prima di guardare il video, completa le frasi nei balloon. Poi guarda l'episodio per la verifica.

> **1** b Valentina, scusa tanto, ma ho perso l'autobus e...

> **2** c Tu sai che di solito a me non piace quando qualcuno si siede troppo vicino.

> **3** a Dopo il lavoro, come sempre, sono andata a prendere l'autobus, no?

a E chi vedo dall'altra parte, che aspetta il bus?
b ... diciamo che oggi è stata una giornata un po' strana.
c Però è anche vero che dipende da chi è...

2 Leggi le espressioni e indica quelle presenti nell'episodio.

☐ Sul serio? E poi?
☑ Ma non mi dire!
☐ Sentiamo!
☐ Lo sai che mi è successo l'altro giorno?
☐ Mi è successa una cosa incredibile!
☐ Per farla breve...
☐ Cosa ti è successo?
☐ Ma non è finita!

RICORDA
Hai notato come Laura introduce la fine del suo racconto? Per chiudere un racconto, quando si vuole essere sintetici, si può usare l'espressione "Per farla breve".

3 Indica se le frasi sono vere o false.

	vero	falso
1 Laura è arrivata in ritardo all'appuntamento con Valentina.	☑	☐
2 Quando Laura è arrivata al bar, Valentina stava per andare via.	☐	☑
3 Nella sala d'attesa del dentista Laura ha incontrato un amico.	☐	☑
4 Al lavoro, Laura stava mettendo in ordine dei libri.	☑	☐
5 Mentre aspettava l'autobus, Laura ha visto ancora il bello sconosciuto.	☑	☐
6 Laura non è riuscita a parlare con lo sconosciuto.	☑	☐

videocorso

4 Guarda i fotogrammi e indica la forma corretta delle frasi.

1. Laura *si sta alzando* / sta per alzarsi.
2. Laura sta *entrando* / per entrare nello studio del dentista.
3. Lo sconosciuto sta *per leggere* / leggendo una rivista.
4. Laura sta *per attraversare* / *attraversando* la strada.
5. Laura sta *facendo* / *per fare* le prove mentre attraversa.
6. Laura sta *incontrando* / per incontrare lo sconosciuto.

un giorno per caso... 4

5 Completa le frasi con le forme corrette dei verbi modali al passato.

1. Laura (*dovere*) __ha dovuto__ andare dal dentista per una visita di controllo.
2. In libreria Laura non (*potere*) __ha potuto__ parlare con il cliente.
3. Alla fermata dell'autobus, Laura (*volere*) __ha voluto__ andare dall'altra parte per parlare con il bello sconosciuto.
4. Laura non (*potere*) __ha potuto__ arrivare in orario all'appuntamento con Valentina.

6 Completa il testo inserendo gli elementi giusti.

| perché | perché | mentre | mentre | però | durante | quando | quindi |

Laura è andata dal dentista per una visita. __Mentre__ aspettava, è entrato un bell'uomo e si è seduto vicino a lei. A lei di solito non piace __quando__ qualcuno si siede troppo vicino, __però__ in quel caso era contenta: voleva parlare con quell'uomo, ma non ha potuto __perché__ è arrivato il suo turno ed è dovuta entrare dal dentista.
Laura è commessa in una libreria e quello stesso giorno, __durante__ il lavoro, è entrato ancora quell'uomo e ha iniziato a guardare alcuni libri. Laura aveva intenzione di aiutarlo, ma un collega è arrivato prima di lei: __quindi__ ancora una volta Laura non ha potuto parlare con lo sconosciuto.
Infine, ha visto ancora l'uomo __mentre__ aspettava l'autobus: ha deciso di andare a parlargli, ma anche questa volta non ha potuto __perché__ l'autobus è arrivato prima di lei e l'uomo è salito.

VIDEOCORSO 4 | 67

5 che sport ti piace?

1 Lettura | Come si chiama questo sport? WB 1

a. *Leggi e abbina i testi agli sport corrispondenti.*

| calcio | basket | hockey | football americano | rugby | cricket |

1 _____ Quello più diffuso in Europa è con squadre di 15 giocatori. Lo scopo del gioco è fare la "meta", e ottenere così 5 punti. In Italia non è uno sport molto popolare, ma non per le partite della nazionale italiana: dal 2000 l'Italia partecipa all'importante torneo delle 6 Nazioni e ad ogni partita degli *azzurri* i tifosi riempiono lo stadio.

2 _____ È sicuramente lo sport più seguito e amato dagli italiani. Si gioca in 11 e lo scopo è mandare la palla "in rete", cioè nella porta degli avversari. Il campionato italiano, la Serie A, ha 20 squadre. Chi vince il campionato è campione d'Italia e conquista lo scudetto, mentre le ultime tre squadre in classifica retrocedono in Serie B.

3 _____ È uno degli sport più popolari negli Stati Uniti, dove ha circa 67.000 spettatori a partita. Si gioca 11 contro 11, e lo scopo è fare *touchdown* e ottenere 6 punti. Italia questo sport è entrato con le truppe americane di Liberazione dopo la Seconda Guerra Mondiale, ma poche persone lo praticano e lo seguono.

4 _____ Insieme al football americano, è lo sport più seguito negli Stati Uniti, dove la finale della NBA è uno degli eventi sportivi più importanti dell'anno. In Italia il campionato di club è nato nel 1920; alcune squadre italiane hanno vinto in passato anche competizioni europee e la nazionale italiana ha vinto alcune medaglie in campo internazionale e alle Olimpiadi.

5 _____ È molto popolare in Inghilterra, Australia e in tutti i paesi del Commonwealth. Le squadre sono di undici giocatori e le partite non hanno una durata precisa. Le regole del sono piuttosto complicate, ma il gioco è molto antico, con origini addirittura nel 1500!

6 _____ Ne esistono due tipi: su ghiaccio e su prato. In tutti e due i casi, comunque i giocatori devono tirare un disco con un bastone e segnare gol alla squadra avversaria.
Quello su ghiaccio è molto popolare negli Stati Uniti, mentre quello su prato è più diffuso in Inghilterra e nei paesi del Commonwealth.

LEZIONE 5

che sport ti piace?

2 Combinazioni | Che cos'è?
Abbina le parole alla loro definizione, come nell'esempio.

1. squadra
2. campionato
3. partita
4. avversario
5. retrocedere
6. tifoso
7. finale

a. rivale, chi nella vita o in un gioco è contro di noi.
b. incontro sportivo alla fine di un torneo per decidere il vincitore.
c. gruppo di atleti che partecipa a una competizione sportiva.
d. torneo sportivo tra più squadre o più atleti.
e. sostenitore di un campione o di una squadra sportiva.
f. incontro sportivo tra due persone o squadre.
g. tornare indietro o andare a un livello più basso.

3 Parliamo | Che sport ti piace?
Con un compagno o in piccoli gruppi, parla degli sport più seguiti nel tuo Paese, delle loro caratteristiche e poi parla dello sport e della tua squadra preferiti.

- È uno sport molto popolare?
- Qual è la squadra più forte?
- C'è un campione molto famoso?
- Quale sport ti piace particolarmente?
- C'è una squadra di cui sei tifoso?
- Hai un ricordo particolare legato a questo sport?

4 Ascolto | *Non credo sia un sport popolare...* 13

a. *Riccardo sta per partire per gli Stati Uniti per un anno di studio. Ascolta il dialogo tra Riccardo e la madre e poi indica se le frasi sono vere o false.*

	vero	falso
1. Riccardo partirà presto per gli Stati Uniti.	☐	☐
2. La madre pensa che Riccardo sia malato.	☐	☐
3. Riccardo rimarrà negli Stati Uniti solo per l'inverno.	☐	☐
4. Secondo Riccardo, il calcio è uno sport popolare anche negli USA.	☐	☐
5. Riccardo vuole portare assolutamente la sua maglia di calcio.	☐	☐
6. La madre di Riccardo è un'esperta di calcio.	☐	☐

LEZIONE 5

che sport ti piace?

■ Allora, Riccardo, tutto a posto con il passaporto?
▼ Sì, mamma. Oggi pomeriggio confermo il volo per la settimana prossima…
■ E le medicine? Vuoi che ti compri qualche medicina per il viaggio?
▼ Medicine? Mamma, pensi che a Chicago non esistano le farmacie?
■ Certo, ma non si sa mai, ti possono servire anche durante il viaggio… o appena arrivi…
▼ Ma mamma, l'aereo fa scalo a New York, mi sembra che il volo per Chicago parta dopo tre o quattro ore… quindi in caso avrei tempo di comprare qualche medicina anche all'aeroporto di New York.
■ Sì, ma…
▼ Ok ok, se proprio ci tieni… dammi solo un paio di aspirine, però, non di più!
■ Va bene, va bene… voglio solo che tu abbia qualcosa da prendere in caso di emergenza, tutto qui… Ah, sul tuo letto ti ho già preparato i maglioni e le giacche.
▼ Cosa? Le giacche? Ma no, ne porto solo una.
■ Solo una? Ma ho visto le temperature su Internet, fa molto freddo e prevedono tutto il resto dell'inverno con temperature basse…
▼ Lo so, ma starò a Chicago otto mesi, non posso portare i vestiti per tutte le stagioni…!
■ Che discorsi! E cosa pensi di mettere nella valigia, allora?
▼ Beh, magliette, camicie, maglioni… e ovviamente la mia maglietta di calcio.
■ Cosa? È fondamentale che tu metta proprio quella maglietta? E poi, scusa, ma il calcio? Non penso che in America sia uno sport così popolare come qui in Europa…
▼ Sei rimasta indietro, mamma: è già da anni che il calcio è diventato famoso anche in America, hanno giocato pure alcuni mondiali…
■ Mah, sarà… comunque puoi comprare una maglietta di calcio anche lì, no? Perché devi portare la tua, che è anche vecchia e un po' rovinata?
▼ Ma scherzi? La mia maglia della Juventus, comprata allo Juventus Store!? Si vede che non capisci niente di calcio, eh, mamma!

> se proprio **ci tieni**… = se per te è così importante…

b. *Completa le frasi della madre e di Riccardo con i verbi che hai trovato nel dialogo.*

La madre di Riccardo
■ Vuoi che ti _____ qualche medicina per il viaggio?
■ Voglio solo che tu _____ qualcosa da prendere in caso di emergenza.
■ È fondamentale che tu _____ proprio quella maglietta?
■ Non penso che in America _____ uno sport così popolare come qui in Europa.

Riccardo
▼ Mamma, pensi che a Chicago non _____ le farmacie?
▼ Mi sembra che il volo per Chicago _____ dopo tre o quattro ore.

5 Riflettiamo | Il congiuntivo presente WB 2·3·4·5·6·7·8

a. *Completa la tabella del congiuntivo presente con i verbi del dialogo.*

	comprare	mettere	partire	essere	avere
io		metta	parta	sia	abbia
tu	compri		parta	sia	
lui/lei	compri	metta			abbia
noi	compriamo	mettiamo	partiamo	siamo	abbiamo
voi	compriate	mettiate	partiate	siate	abbiate
loro	comprino	mettano	partano	siano	abbiano

che sport ti piace?

b. *Osserva le frasi del punto 4b e poi leggi le frasi seguenti. Che differenza noti?*

- Ti **compro** qualche medicina per il viaggio?
- Secondo te a Chicago non **esistono** le farmacie?
- Il volo per Chicago **parte** dopo tre o quattro ore.
- Perché **metti** proprio quella maglietta?
- In America il calcio non **è** così popolare come in Europa.

c. *Completa la regola d'uso del congiuntivo con gli esempi del dialogo.*

> Il congiuntivo si usa quasi esclusivamente dopo verbi che esprimono la posizione soggettiva di chi parla, come "_____", "credo", "____ _____", ecc.
> Si usa anche dopo il verbo "volere", "sperare" e alcune espressioni impersonali come "è necessario che", "_____ _____ _____", "è importante che", ecc.
> Con l'espressione *Secondo me/te/lui*, ecc., invece, si deve continuare a usare il modo indicativo.

6 Lettura | *Questo sport è popolare nel tuo Paese?*

Leggi cosa dicono questi tre ragazzi e poi rispondi alle domande.

MARK (Bath, Inghilterra)

Nel mio Paese lo sport più popolare è sicuramente il calcio. Io sono un grande tifoso del Chelsea e quando posso vado allo stadio per vedere le partite più importanti! Anche il rugby è molto seguito, e personalmente penso che a volte il rugby sia più divertente e spettacolare del calcio.
Un altro sport molto diffuso è il cricket: anch'io, come tanti inglesi, ho imparato a giocare a cricket da bambino. Anche l'hockey su prato qui è abbastanza popolare, ma secondo me è meno divertente del calcio o del rugby.

SUSAN (Perth, Australia)

Sicuramente lo sport più popolare qui in Australia è il football australiano: capisco che per uno straniero può sembrare strano, ma andare a vedere una partita di football australiano è un'esperienza veramente speciale…! Anche il rugby piace molto agli australiani, e la nostra nazionale è molto forte!
Poi c'è il cricket, uno sport a cui giocavo anche da bambina, con la mia famiglia.
Il calcio ha iniziato a essere abbastanza famoso da poco, mentre il tennis è da sempre uno sport molto popolare qui in Australia, forse anche più che in Inghilterra!

STEVEN (Boston, U.S.A.)

Io, come molti americani, sono un grande appassionato di hockey su ghiaccio, ma sicuramente in tutti gli Stati Uniti lo sport più popolare è il football americano: la finale del Super Bowl è forse l'evento sportivo più importante dell'anno!
Gli statunitensi amano molto anche il baseball (noi di Boston abbiamo i grandi "Red Socks"!) e il basket, dove la squadra della mia città ha una grande tradizione, con i Boston Celtics.
Il calcio? Da qualche anno è abbastanza popolare anche qui, ma sicuramente meno che in Europa.

1. *Quali sport sono molto popolari sia in Inghilterra che in Australia?*
2. *C'è uno sport che piace molto sia agli americani che agli inglesi? Con quali differenze?*
3. *Quale sport è molto popolare solo in Australia?*
4. *Qual è lo sport più popolare negli Stati Uniti?*

che sport ti piace?

7 Riflettiamo | *Più di.../Più che...* WB 9·10

Lavora con un compagno. Rileggi il testo del punto 6. Poi completa la regola che segue con gli elementi dati.

| le preposizioni | minoranza | i pronomi |

Il comparativo di maggioranza *(più)* e <u>minoranza</u> *(meno)* introduce il secondo termine di paragone con **di** o con **che**.
Si usa **di** con <u>i pronomi</u> e i nomi di cose o persone:
- Paola è più brava **di** <u>me</u>.
- Penso che il rugby sia più divertente e spettacolare **del** <u>calcio</u>.
- Tu sei più alto **di** <u>Alessandro</u>.

Si usa **che** con i verbi e con <u>le preposizioni</u>:
- Leggere un libro è più interessante **che** <u>guardare</u> la tv.
- Il calcio negli Stati Uniti è sicuramente meno popolare **che** <u>in</u> Europa.

8 Esercizio orale | **Opinioni**

Lavora con un compagno: riguardate il testo del punto 1 e scambiatevi opinioni sugli sport dati qui sotto. Potete usare gli aggettivi della lista.

> Esempio:
> Credo che il calcio sia più popolare in Italia che negli Stati Uniti.
> Penso che giocare a tennis sia più divertente che giocare a golf.

calcio	tennis	rugby
football americano	pallavolo
basket	baseball	cricket
atletica leggera	sci	hockey
Formula Uno	ciclismo
nuoto	golf	scherma
beach volley	equitazione

popolare	complicato
violento	divertente
noioso	facile	faticoso

LEZIONE 5

che sport ti piace?

9 Lessico | Le parole dello sport WB 11
Abbina le parole alle immagini corrispondenti. Poi completa le frasi, come nell'esempio.

a ☐ arbitro   **b** ☐ casco   **c** ☐ racchetta   **d** ☒ 1 tiro   **e** ☐ portiere   **f** ☐ campo

1 Ci sono molti sport in cui i giocatori devono indossare il _____: per esempio, il football americano.
2 Gianluigi Buffon è stato un grande _____ della nazionale italiana di calcio.
3 Il giocatore ha fatto un ___tiro___ da tre punti all'ultimo secondo e ha dato la vittoria alla sua squadra.
4 Il _____ da baseball ha una forma molto particolare: è un pentagono.
5 La tennista era così arrabbiata per l'errore che ha rotto la _____.
6 I giocatori hanno protestato molto per la decisione dell'_____, ma lui non ha cambiato idea.

10 Ascolto | Tenniste, non modelle WB 12
Angelo e Daniela sono in soggiorno: Daniela guarda una partita di tennis, Angelo vuole vedere un film. Ascolta e indica le opzioni corrette:

1 Ad Angelo piace
  a ☐ il tennis.
  b ☐ una delle tenniste.

1 Secondo Daniela, gli uomini
  a ☐ danno troppa importanza alla bellezza.
  b ☐ guardano troppo sport.

LEZIONE 5 | 73

che sport ti piace?

11 Riflettiamo | *Un bell'uomo* WB 13

Leggi le frasi che seguono, tratte dall'ascolto al punto 10. Cosa noti?

> I calciatori, i tennisti, giocatori di pallanuoto, sono anche dei **bei** ragazzi, no?
> Quando un atleta, magari un tennista, è anche un **bell'**uomo, apprezzo, ma finisce lì.

L'aggettivo *bello* cambia a seconda della parola a cui si riferisce, seguendo le regole dell'articolo determinativo.
Completa la tabella:

MASCHILE	
articolo determinativo	aggettivo *bello*
il tavolo	**bel** tavolo
lo zaino	**bello** zaino
l'uomo	**bell'** uomo
i ricordi	**bei** ricordi
gli animali	**begli** animali

FEMMINILE	
articolo determinativo	aggettivo *bello*
la casa	**bella** casa
le ragazze	**belle** ragazze
l'isola	**bell'**isola
le attrici	**belle** attrici

12 Esercizio scritto | *Un tennista, una tennista* WB 14

Osserva queste frasi del dialogo al punto 10 e completa la regola:

> Carina quella **tennista**.
> Sono **giocatrici** di tennis.
> Tu i **giocatori** non li guardi? Voglio dire i calciatori, i **tennisti**, i giocatori di pallanuoto...
> Quando un atleta, magari un **tennista**, è anche un bell'uomo, apprezzo...
> Tu sicuramente farai il tifo per la **giocatrice** più carina, giusto?
> Comunque ho detto solo che una delle **tenniste** è carina.

Il femminile dei nomi in **-tore** (giocatore, attore, ecc.) finisce in _____.
Il femminile dei nomi in **-ista** (tennista, musicista, pianista, ecc.) finisce in _____.
Il plurale dei nomi maschili in **-ista** finisce con la _____.
Il plurale dei nomi femminili in **-ista** finisce con la _____.

Completa le tabelle:

Nomi in *-tore*	MASCHILE	FEMMINILE
SINGOLARE	giocatore	
PLURALE		

Nomi in *-ista*	MASCHILE	FEMMINILE
SINGOLARE	tennista	
PLURALE		

13 Parliamo | Atlete e atleti

Nel dialogo al punto 10 si parla di un argomento piuttosto importante: la condizione della donna nello sport e, in generale, nelle attività professionali. Forma un piccolo gruppo con altri compagni e parlate della questione. Se siete tutti d'accordo, alcuni compagni dovranno fare "la parte del diavolo" e trovare argomenti contro l'opinione comune.

LEZIONE 5

glossario

1	giocatore	player
1	meta	try
1	ottenere	to obtain, to gain
1	punto	point
1	nazionale	national team
1	tifoso	fan
1	scopo	objective
1	rete	net
1	porta	goal
1	avversario	opponent
1	campionato	championship
1	campione	champion
1	scudetto	league title
1	classifica	table
1	retrocedere	to be relegated
1	spettatore	spectator
1	truppa	troop
1	liberazione	liberation
1	finale	final
1	evento	event
1	competizione	competition
1	medaglia	medal
1	Olimpiadi	Olympics
1	durata	duration
1	preciso	definite
1	complicato	complex
1	origine	origin
1	ghiaccio	ice
1	tirare	to shoot
1	disco	disk
1	bastone	stick
1	segnare	to score
1	gol	goal
2	rivale	opponent, rival
2	torneo	tournament
2	atleta	athlete
2	sostenitore	supporter
4	esperto	expert
4	volo	flight
4	scalo	layover
4	emergenza	emergency
4	temperatura	temperature
4	resto	rest
4	Che discorsi!	Nonsense!
4	rovinato	worn out
6	personalmente	personally
6	spettacolare	spectacular
6	speciale	unique
6	appassionato	fan
8	atletica leggera	athletics
8	Formula Uno	Formula One
8	scherma	fencing
8	equitazione	riding
8	violento	hard
8	faticoso	tiring, hard
9	arbitro	referee
9	casco	helmet
9	racchetta	racket
9	tiro	shot
9	portiere	goalkeeper
9	campo	field
9	vittoria	victory
9	forma	shape
9	pentagono	pentagon
9	tennista	tennis player
9	protestare	to complain
10	modello/a	model
10	dare importanza	to give importance
10	bellezza	beauty
10	calciatore	football player
10	pallanuoto	water polo
10	apprezzare	to admire

grammatica

Il congiuntivo presente - The subjunctive present

The subjunctive is almost exclusively used in dependent clauses, following verbs describing the subjective position of the speaker.

Credo che
Penso che
Mi sembra che
Suppongo che
} Mauro **giochi** a tennis da molti anni.

Please note: the expressions **secondo me**, **per me**, **sono sicuro che** are followed by the indicative.

Secondo me / Per me / Sono sicuro che Miriam **arriva** alle 7.00.

Subjunctive also follows impersonal forms.

È necessario che
È importante che
È fondamentale che
} la casa **abbia** un giardino.

Subjunctive also follows verbs which express hope.

Spero che tu **venga** a trovarmi.

Verbi regolari - Regular verbs

lavor**are**	prend**ere**	dorm**ire**	cap**ire**
lavor**i**	prend**a**	dorm**a**	cap**isca**
lavor**i**	prend**a**	dorm**a**	cap**isca**
lavor**i**	prend**a**	dorm**a**	cap**isca**
lavor**iamo**	prend**iamo**	dorm**iamo**	cap**iamo**
lavor**iate**	prend**iate**	dorm**iate**	cap**iate**
lavor**ino**	prend**ano**	dorm**ano**	cap**iscano**

Verbi irregolari – Irregular verbs

andare	fare	uscire	venire	volere
vada	faccia	esca	venga	voglia
vada	faccia	esca	venga	voglia
vada	faccia	esca	venga	voglia
andiamo	facciamo	usciamo	veniamo	vogliamo
andiate	facciate	usciate	veniate	vogliate
vadano	facciano	escano	vengano	vogliano

5

Il comparativo - The comparative

The **comparativo di maggioranza (+)** and **minoranza (-)** is formed with **più/meno** + adjective. The second term of the comparison is preceded by **di** or **che**.

Stefania è **più** alta **di** Elena.
Anna è **meno** sportiva **di** Lucrezia.
Nuotare è **più** salutare **che** giocare a calcio.

Di is used if the second element of the comparison is a pronoun or a noun, **che** in all other cases.

Luigi è **più** magro **di** te/**di** Luca.
Correre è **più** faticoso **che** camminare.

Magari

The adverb **magari** means "maybe", "probably", "perhaps" and is followed by an hypothesis, a possibility.

Poi **magari** ne parliamo ancora.
Oggi non posso, **magari** ci vediamo domani.

L'aggettivo bello - The adjective bello

When the adjective **bello** precedes a noun, it works as a definite article.

Un **bel** tiro.   Dei **bei** ragazzi.
Una **bella** partita.   Un **bell'**appartamento.

Nomi in -tore e in -ista - Nouns ending in -tore and in -ista

The feminine version of nouns ending in **-tore** ends in **-trice**.

calcia**tore**/calcia**trice**   at**tore**/at**trice**
nuota**tore**/nuota**trice**   scrit**tore**/scrit**trice**

An exception to this rule is the noun **dottore**.

dot**tore**/dot**toressa**

Nouns ending in -ista do not inflect for gender.

Nadal è un **tennista**. Serena Williams è una **tennista**.

GRAMMATICA 5

caffè culturale

Il calcio storico fiorentino

Il calcio storico fiorentino deriva dall'*Harpastrum*, un antico sport praticato dai guerrieri Romani e diffuso in tutto l'Impero. Nell'*Harpastrum* vinceva quella squadra che riusciva a portare la palla nel campo avversario. Nella seconda metà del Quattrocento, uno sport simile era molto diffuso a Firenze e i giovani lo praticavano nelle strade e nelle piazze della città. Era talmente popolare che nel gennaio del 1490 gli abitanti hanno fatto delle partite anche sull'Arno (il fiume di Firenze), che quell'anno era ghiacciato per un freddo eccezionale. Oggi nel gioco del calcio fiorentino si sfidano i quattro quartieri della città, ognuno associato ad un colore (i bianchi, i verdi, i rossi e gli azzurri). I giocatori indossano i costumi del XVI secolo per rievocare un evento di cui i fiorentini sono molto orgogliosi: nel 1530, mentre Carlo V e le sue truppe cercavano di invadere la città di Firenze, gli abitanti si sono messi a giocare a calcio nella piazza di Santa Croce, per dimostrare che non avevano nessuna paura del nemico alle porte.

Il calcio fiorentino è un gioco duro, violento che ha elementi di tre diversi sport: rugby, pugilato e lotta greco-romana. Le partite durano 50 minuti e si svolgono su un campo rettangolare di sabbia, in Piazza Santa Croce. Sul campo si sfidano due squadre di ventisette giocatori (i "calcianti"). Lo scopo del gioco è quello di portare, con ogni mezzo, la palla fino in fondo al campo degli avversari e metterlo nella rete, segnando così la "caccia" (il goal).

Piazza Santa Croce a Firenze.

Abbina le due parti per formare una frase, come nell'esempio.

- **a** 5 Ogni quartiere di Firenze…
- **b** 3 Nel calcio storico fiorentino per fare punto
- **c** 7 Le squadre del calcio fiorentino…
- **d** 1 L'inverno del 1490 è stato…
- **e** 6 Le partite del calcio storico sono…
- **f** 4 Il calcio storico fiorentino è…
- **g** 2 Nel 1530 i fiorentini hanno fatto…

- **1** molto freddo a Firenze.
- **2** una partita per prendere in giro l'esercito di Carlo V.
- **3** si deve portare il pallone nella rete degli avversari.
- **4** uno sport violento.
- **5** ha un colore che lo identifica.
- **6** più brevi di quelle del calcio "normale".
- **7** sono formate da molti giocatori.

videocorso

Vai al sito di New Italian Espresso 2
(www.almaedizioni.it/newitalianespresso)
e apri la sezione VIDEO

Prima della visione

1 *Cosa significano secondo te queste due esclamazioni? Abbina le espressioni al loro significato. Attenzione, c'è un significato di troppo. Poi guarda il video e controlla.*

1 [c] Boh!
2 [a] Mah!

a Non so se ci credo.
b Mi piace!
c Non lo so.

Dopo la visione

2 *Completa il testo con le parole mancanti. Per verificare, guarda ancora il video.*

| parlato | spalle | delusioni | qualcuno | antico | comunissime | storia | esprimere |

Avete appena sentito due interiezioni _comunissime_ in italiano: e cioè "boh!" e "mah!". La prima significa letteralmente "non lo so!", è tipica del linguaggio _parlato_ e può essere usata esattamente come "non lo so". Quindi se _qualcuno_ vi chiede per esempio: "dov'è il giornale?" voi potete rispondere "boh!" magari alzando un po' le _spalle_ per sottolineare il significato. La seconda invece è più legata alla _storia_ degli italiani: gli italiani sono un popolo _antico_, che ha spesso ricevuto tante _delusioni_ dalla storia. E quindi è diventato un popolo scettico e per _esprimere_ questo scetticismo in un futuro migliore dice "Mah! Vediamo...! Non sono sicuro che succederà!".

3 *Inserisci nelle caselle gli elementi legati alle due espressioni.*

| scetticismo | tu ci credi? | dov'è il giornale? | alzare le spalle | delusioni |

BOH!
- Dov'è il giornale?
- Tu ci credi

MAH!
- Scetticismo
- Alzare le spalle
- Delusioni

videocorso

4 *Abbina le due colonne e ricomponi le frasi.*

1. [b] Federico, che dice il giornale
2. [c] Boh! Guarda, io la politica
3. [e] Guarda: una legge fatta ad hoc
4. [a] Questa è quello
5. [d] Mah! Una legge sulla

a. che ci voleva!
b. proprio contro la corruzione.
c. non la leggo proprio più.
d. corruzione. Tu ci credi?
e. su quella legge contro la corruzione?

5 *Rispondi alle domande con **Boh** o **Mah**.*

1. ▼ Che ore sono? ■ _boh_! Non ne ho idea.
2. ▼ Edoardo è sposato? ■ _Boh_! Perché lo chiedi a me?
3. ▼ Sicuramente il nuovo anno andrà meglio! ■ _Mah_! Lo pensi davvero?
4. ▼ Leo ha detto che metterà tutto in ordine dopo la festa. ■ _Mah_! Dice sempre così ma poi non lo fa mai.
5. ▼ Cos'hai mangiato ieri a pranzo? ■ _Boh_! Non mi ricordo proprio!
6. ▼ Claudio ha detto che ha lasciato Nora definitivamente. ■ _Mah_! È la millesima volta che dice così.

Boh! e Mah!

6 *Lavora in coppia con un compagno: elaborate una piccola scenetta, differente da quella vista nel video, ma sempre basata sulle espressioni **boh!** e **mah!**.*

BOH!

MAH!

6 do you speak Italian?

1 Scriviamo | *Imparare l'italiano è come...*

Rifletti sulle tue conoscenze dell'italiano e segna il numero corrispondente alla tua competenza (1=poco; 5=molto) per ogni abilità collegando poi i punti con una linea.
Infine confronta il tuo schema con quello di un compagno.

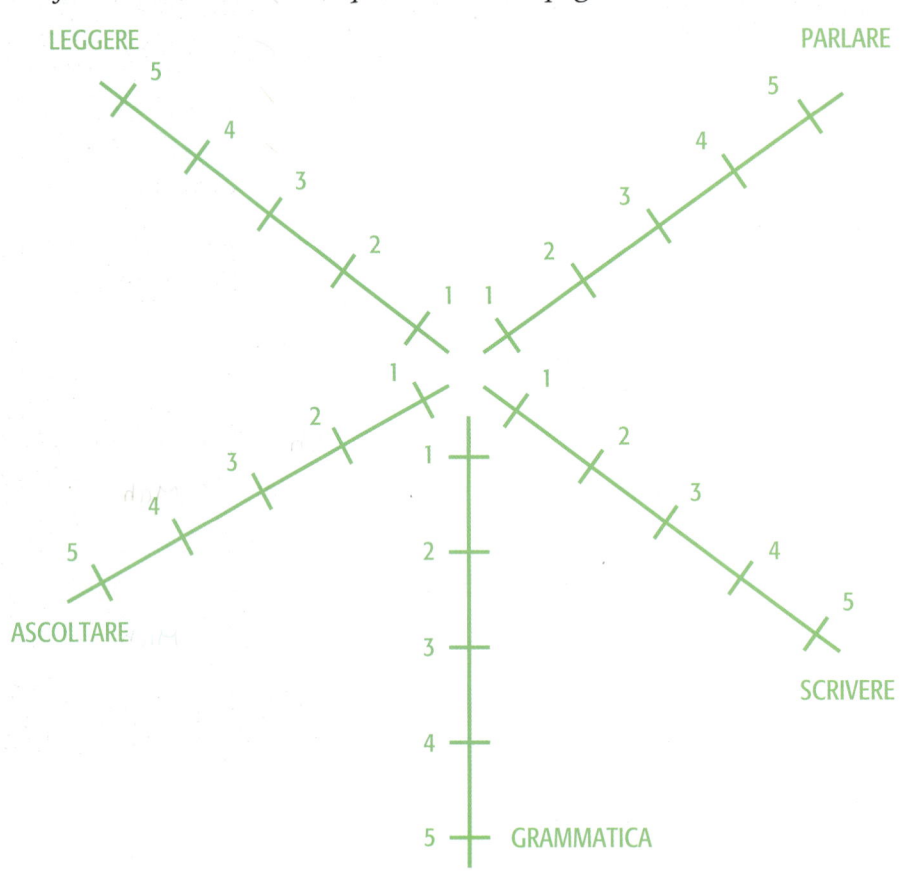

LEGGERE — PARLARE — ASCOLTARE — SCRIVERE — GRAMMATICA

Secondo te, cosa dovresti fare per migliorare i tuoi punti deboli?

- ☐ ascoltare dialoghi "autentici"
- ☐ leggere articoli di giornale
- ☐ leggere testi letterari
- ☐ leggere ad alta voce
- ☐ ascoltare canzoni e cantare
- ☐ guardare video, film, TV, ecc.
- ☐ scrivere in italiano su Facebook
- ☐ imparare parole a memoria
- ☐ parlare il più possibile
- ☐ fare esercizi di grammatica

Ora completa questo testo scegliendo dalla lista le analogie che preferisci e creandone altre nuove.

| entrare in un nuovo mondo | studiare uno strumento musicale | piantare un albero nella mia anima | cucinare |

SCRIVI IL TUO NOME **SCRIVI TRE ANALOGIE**

Per _____ imparare l'italiano è come
1 _____
2 _____
3 _____

LEZIONE 6

do you speak Italian?

Lavora in plenum con tutta la classe. Ognuno legge le proprie analogie. Tu scrivi qui sotto quelle che ti piacciono di più.

Imparare l'italiano è come:

2   Ascolto | *Anche tu qui?!* WB 1
Ascolta il dialogo e rispondi alle domande.

1 Dove si incontrano Mauro e Roberta?
   a In un'agenzia di viaggi.
   b In una scuola di lingue.
   c In un bar.

2 Perché Roberta è lì?
   a Perché vuole fare un viaggio in Cina.
   b Per prendere un caffè.
   c Perché il cinese le serve per lavoro.

3 Perché Mauro è lì?
   a Perché vuole fare un viaggio in Cina.
   b Per prendere un caffè.
   c Perché il cinese gli serve per lavoro.

LEZIONE 6 | 81

do you speak Italian?

Ora riascolta il dialogo e controlla.

▪ Ma… Roberta, anche tu qui?!
▼ Eh già… devo studiare il cinese per lavoro, almeno per riuscire a comunicare qualcosa…
▪ Sì, le lingue diventano sempre più importanti…
▼ Ma a che ora comincia la lezione?
▪ Tra dieci minuti.
▼ Allora andiamo a prendere un caffè al bar qui sotto. Ti va?
▪ Sì, certo.
▼ E tu, perché vuoi studiare il cinese?
▪ Mah, vorrei fare un viaggio in Cina e prima di partire mi piacerebbe imparare un po' la loro lingua.
▪ Bello! E quando parti?
▼ No, no, ancora non lo so. È solo un vecchio progetto. Pensa che mi ero già iscritto lo scorso anno a questo corso, poi però ho fatto due lezioni e ho lasciato.
▪ Oddio, era così noioso?
▼ No, purtroppo il martedì dovevo lavorare fino a tardi, e il corso era proprio quel giorno…
▪ Ma avevi già pagato?
▼ Sì, avevo pagato prima di iniziare, dopo la lezione di prova, ma mi hanno ridato indietro tutti i soldi!
▪ Ah!
▼ Sì, sì, comunque, per quel poco che ho visto, il corso mi era piaciuto. Era divertente, per niente noioso! Per questo ho deciso di riprovare.
▪ Ah, per fortuna!
▼ Ma tu conosci altre lingue?
▪ Beh, conosco l'inglese, bene, per lavoro, e poi un po' lo spagnolo e il francese.
▼ Che brava, io conosco solo il francese perché mia moglie è di Parigi. L'avevo studiato anche a scuola, ma l'ho imparato con lei.
▪ Sì, immagino.
▼ Allora, caffè?
▪ Sì, grazie.
▼ Due caffè per favore.

> Avevo pagato **prima di iniziare**.

3 Riflettiamo | Il trapassato prossimo

Il verbo qui <u>sottolineato</u> è un trapassato prossimo. Rileggi il dialogo e <u>sottolinea</u> tutti i verbi che secondo te sono nello stesso tempo. Verifica poi in plenum.

<u>Mi ero già iscritto</u> lo scorso anno.

Come si forma secondo te il trapassato prossimo? E quando si usa?
Parlane in coppia e poi in plenum.

do you speak Italian?

4 Esercizio scritto | *Avevi già fatto dei corsi?* WB 2·3·4·5
Collega le frasi e coniuga al trapassato prossimo i verbi tra parentesi.

1. Prima di trasferirmi a Parigi
2. Quando siamo arrivati al cinema,
3. No, i ragazzi non li ho visti, quando sono arrivato
4. Quando sono arrivata in classe
5. Quando sono arrivati alla stazione
6. Ieri sera quando sono arrivata a casa
7. Sono andato in biblioteca per restituire i libri
8. Ho guardato l'orologio e ho visto che

a. (*uscire*) __era__ già __uscita__.
b. che (*prendere*) __aveva preso__ in prestito un mese fa.
c. (*fare*) __avevano__ già __fatto__ diversi corsi di francese.
d. (*passare*) ____ già ____ un'ora.
e. la lezione (*finire*) ____ ____ da cinque minuti.
f. il treno (*partire*) ____ già ____.
g. il film purtroppo (*cominciare*) ____ già ____.
h. mio marito (*preparare*) ____ già ____ la cena.

5 Parliamo | Intervista
Parla con un tuo compagno e chiedigli

sull'italiano:
- perché studia l'italiano,
- se l'aveva già imparato a scuola o da un'altra parte,
- se è contento dei suoi progressi,
- se si è mai trovato in situazioni in cui non è riuscito a dire nemmeno una parola.

su un'altra lingua straniera:
- se parla un'altra lingua straniera oltre all'italiano,
- dove l'ha imparata,
- quanto ci ha messo a impararla,
- se è stato più semplice che imparare l'italiano,
- se ha mai sognato in una lingua straniera,
- se si è mai trovato in situazioni in cui non è riuscito a dire nemmeno una parola.

LEZIONE 6

do you speak Italian?

6 Lettura | Incidenti di percorso WB 6
Leggi i testi e abbinali ai tre tipi di incidenti.

a Una volta in Brasile ero in un ristorante, a tavola con amici. Ho starnutito e mi sono soffiato il naso.
I vicini hanno detto alla mia amica Joselia, seduta di fianco a me, se potevo andare in bagno a soffiarmi il naso.
Per i brasiliani soffiarsi il naso in pubblico è una cosa indecente.

b Marc, un mio amico ungherese, era a cena da amici italiani. C'erano molti parenti a questa cena, e ad un certo punto ha chiesto ad un signore: "Allora Lei è il Gennaro!".
"No - ha risposto il signore - io mi chiamo Alberto. Perché Gennaro?". Il mio amico era un po' imbarazzato e ha chiesto: "Non si chiama così il marito della figlia?".*

c Quando io e Valerio, un mio amico di Treviso, ci siamo incontrati, ci siamo abbracciati forte: non ci vedevamo da molto tempo. Camila, un'amica cinese, ha pensato che io e Valerio avevamo una storia d'amore. "In Cina gli uomini non si abbracciano", ci ha detto.

* Il marito della figlia in italiano si chiama "genero".

1 ☐ Incidente culturale   **2** ☐ Incidente culturale   **3** ☐ Incidente linguistico

7 Esercizio orale | Differenze culturali
E tu? Hai mai notato differenze culturali quando sei entrato in contatto con persone di altre culture? Ti sono capitati incidenti culturali? Hai qualche aneddoto linguistico da raccontare (capitato a te o ad altri)?
Pensa per alcuni minuti, poi parlane con un piccolo gruppo di compagni.

8 Ascolto | *Non sono affatto d'accordo* WB 7   16
Ascolta e metti una X sull'affermazione esatta.

		sì	no
a	La donna ha un dubbio su una parola che ha trovato in un testo.	☐	☐
b	La donna non è convinta di una certa forma verbale.	☐	☐
c	Secondo Paolo bisognerebbe rispettare di più le regole di grammatica.	☐	☐
d	Secondo la donna non si dovrebbe essere troppo categorici.	☐	☐

LEZIONE 6

do you speak Italian?

- ■ Scusa, Paolo, posso?
- ▼ Sì, entra, entra.
- ■ Senti, non è che per caso hai una grammatica?
- ▼ Sì, guarda, dovrebbe essere lì, nel primo scaffale in basso.
- ■ Me la presti un attimo?
- ▼ Certo.
- ■ Stavo scrivendo una cosa e mi è venuto un dubbio. Secondo te si dice «l'appuntamento è a piazza Dante» o «in piazza Dante»?
- ▼ «In piazza Dante».
- ■ Hmmm... allora, vediamo... qui c'è scritto che la forma corretta è «in», e che «a» è un regionalismo ormai accettato.
- ▼ Sì, però dai, «a piazza» suona male!
- ■ Perché scusa? Suona male per te, perché non lo dici!
- ▼ No, suona male perché non si dice! E poi io trovo che se le regole ci sono vuol dire che le dobbiamo rispettare.
- ■ Non sono affatto d'accordo. Secondo me è l'uso che fa la regola.
- ▼ Ah, allora per te ognuno può parlare come vuole?
- ■ Non ho detto questo! Anche io penso che le regole servano, però non si può essere nemmeno così rigidi.
- ▼ E certo! Poi però ci sono in giro persone come il nostro direttore, che dicono «a me mi piace»... orribile! Mi sa che prima o poi glielo dico che non si dice.
- ■ Mah, io non sarei così categorica! E poi credo che ormai si possa dire.

> La grammatica **dovrebbe essere** lì.

Ci vediamo in piazza Dante or a piazza Dante?

The **stato in luogo** complement with names of streets or squares is generally preceded by the preposition **in**: *l'appuntamento è alle otto in Via Cavour*. Due to the influence of dialects from Central-Southern Italy, in similar cases it is possible to encounter also the preposition **a**: *ci vediamo alle sette a piazza Dante*.

A me mi piace or a me piace?

Phrases like **a me mi piace**, **a te ti piace**, **a lui gli piace** ecc. are traditionally considered to be grammatically incorrect, because of the repetition of a personal pronoun with the same logical function. The expression **a me mi piace** is actually a construct typical of the colloquial register and the repetition of the pronoun is used to highlight *who* likes something. The choice between the forms **a me mi piace**, **a me piace** or **mi piace** depends on the context (informal or formal) and on the necessity of highlighting the theme of the sentence.

tradotto da *Grammatica Italiana di Base* di P. Trifone e M. Palermo, Zanichelli

do you speak Italian?

9 Esercizio orale | *Me lo presti?* WB 8·9·10·11·12
*In coppia fate dei dialoghi secondo il modello.
Chiedete in prestito o date in prestito i seguenti oggetti (per voi o per una terza persona).*

> la grammatica
> ▼ Me la presti?
> ■ Sì, te la presto volentieri. / No, non te la posso prestare.

le forbici    gli occhiali    il vocabolario    il DVD

la matita    il giornale

> Me lo presti?
> Sì, **te lo** presto volentieri.
> Prima o poi **glielo** dico (al direttore).

10 Riflettiamo | Argomentare WB 13
Cerca nel dialogo del punto 8 le forme usate per:

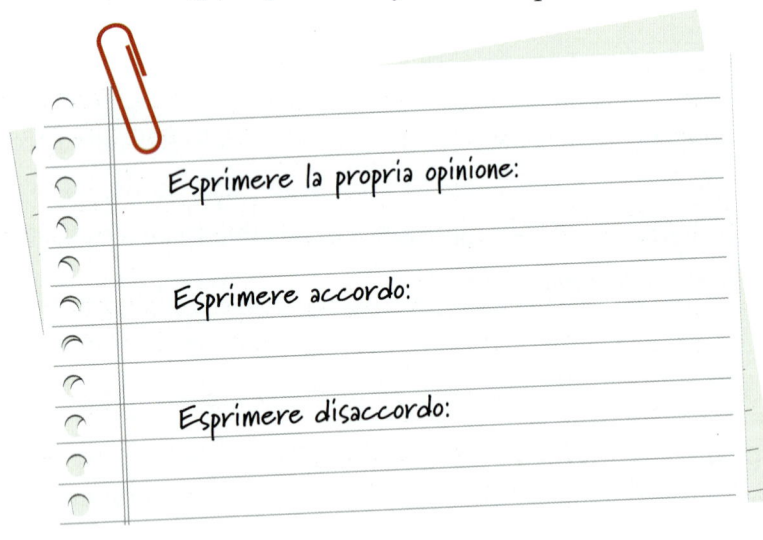

Esprimere la propria opinione:

Esprimere accordo:

Esprimere disaccordo:

> **Secondo me** è l'uso che fa la regola. (*secondo me* + indicativo)
> **Penso che** le regole **servano**. (*penso che* + congiuntivo)
> **Credo che** ormai si **possa** dire. (*credo che* + congiuntivo)

Qui di seguito trovi altre espressioni per esprimere la propria opinione o per esprimere accordo e disaccordo. Inseriscile nello schema precedente al posto giusto.

Io sono del parere che...   Sono d'accordo con te.   A me non sembra proprio!
Io la penso diversamente.   Io sono convinto che...   Hai ragione.
Non direi proprio!   È proprio vero.

86 LEZIONE 6

do you speak Italian?

11 Parliamo | Cosa ne pensi?
Anche nella tua lingua ci sono fenomeni simili a quelli nominati nel dialogo? Parlane in gruppo e poi in plenum.

12 Lettura | Italenglish WB 14·15
Leggi l'articolo del blog e completalo con le parole della lista.

| documenti | posto | pranzo veloce | riunione | servizio clienti | spettacolo | ~~subito~~ |

nuovo e utile nu teorie e pratiche della creatività
a cura di Annamaria Testa

Le parole inglesi in italiano

Sono stata poche settimane fa a New York, dove si usano moltissime parole italiane. Aggiungo che la lingua italiana non è solo la sesta al mondo tra le più parlate (come seconda lingua), ma è anche la quarta lingua più studiata. Tutti buoni motivi per continuare a usarlo, l'italiano.
E ora una premessa a quello che sto per dire: questa non è una guerra irresponsabile contro l'inglese. Parlare bene, non solo l'italiano ma qualsiasi altra lingua, è bellissimo. Ma qualche volta è veramente inutile introdurre certe parole inglesi in un discorso o in un testo in italiano.
Non sto suggerendo di tradurre termini come "marketing" o "sport", "rock", "browser", "smog" (anche perché una traduzione è impossibile), o come "apartheid" o "star system" o "New Deal", che si riferiscono a qualcosa che è successo in un luogo e in un tempo precisi.
Io ho solamente messo insieme una breve lista di parole inglesi che usiamo più o meno correntemente, spesso per abitudine, o perché il corrispondente termine italiano, magari, non ci viene in mente subito. La lista non è definitiva, e per questo vi invitiamo a proporre integrazioni o cambiamenti.
Se fate qualche prova con le parole elencate qui sotto, potreste accorgervi che in molti casi il discorso, anche tornando dal termine inglese all'italiano, non suona strano o antiquato. Anzi: funziona piuttosto bene.
E dunque sì, potete dire in "italenglish": "Giuseppe, facciamo asap un meeting del customer care. Prepara i file, trova la location giusta, organizza un quick lunch e cominciamo lo show".
Ma potreste anche dire in italiano: "Giuseppe, facciamo ___subito___ una _____ del _____. Prepara i _____, trova il _____ giusto, organizza un _____ e cominciamo lo _____".
Magari Giuseppe capisce anche meglio di che si tratta. E, magari, il pranzo veloce risulta più gustoso del quick lunch.

*Per quali parole straniere esiste, secondo l'autrice, un adeguato equivalente in italiano? Per quali invece no? Rileggi il testo e scrivile su un quaderno.
Poi confrontati con un gruppo di compagni.*

utile	→	**in**utile
possibile	→	**im**possibile
responsabile	→	**ir**responsabile

LEZIONE 6 | 87

do you speak Italian?

13 Lessico | È una parola di origine…
Formate due gruppi. Vince il gruppo che riesce a scoprire l'origine delle seguenti parole straniere entrate nella lingua italiana. Potete scegliere tra le seguenti lingue: eschimese, francese, giapponese, indiano, inglese, spagnolo, tedesco, turco.

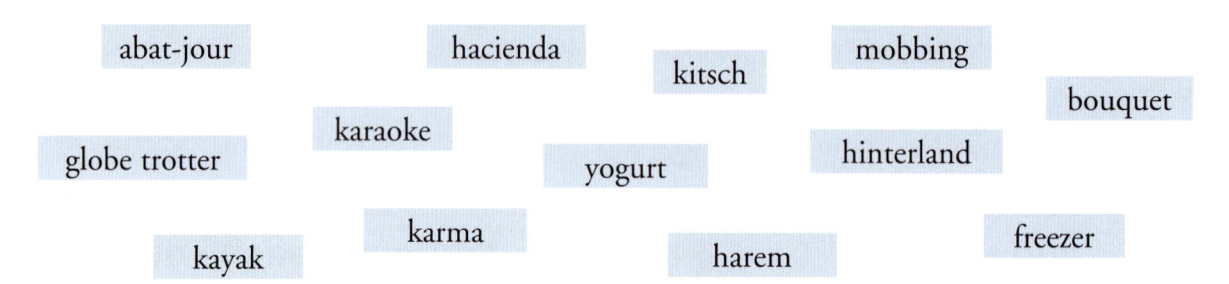

abat-jour   hacienda   kitsch   mobbing   bouquet
karaoke   yogurt   hinterland
globe trotter
kayak   karma   harem   freezer

14 Lessico | Le parole italiane internazionali
Lavora con un gruppo di compagni. Fate una lista delle parole italiane usate nella vostra lingua. Poi fate un unico gruppo con tutta la classe e scrivete un cartellone con le parole italiane internazionali scrivendone anche la traduzione in inglese.

15 Ascolto | ALMA.tv   17
Ascolta l'intervista al direttore di ALMA.tv e metti una X sull'affermazione esatta.

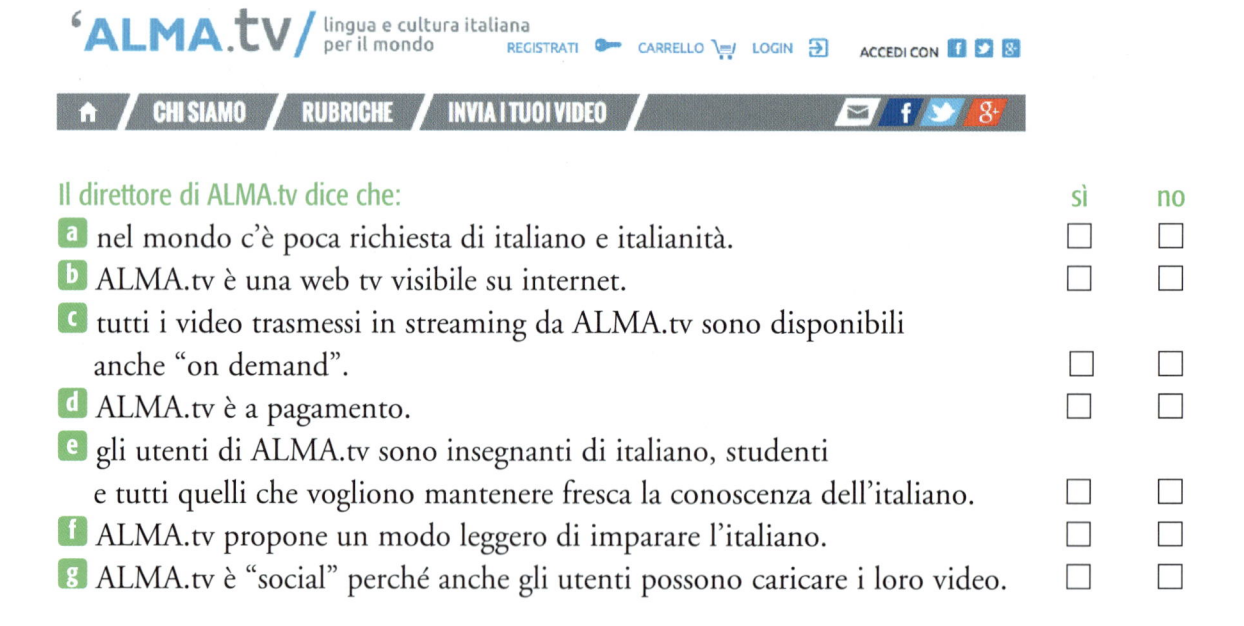

'ALMA.tv / lingua e cultura italiana per il mondo   REGISTRATI   CARRELLO   LOGIN   ACCEDI CON
CHI SIAMO / RUBRICHE / INVIA I TUOI VIDEO

Il direttore di ALMA.tv dice che:	sì	no
a nel mondo c'è poca richiesta di italiano e italianità.	☐	☐
b ALMA.tv è una web tv visibile su internet.	☐	☐
c tutti i video trasmessi in streaming da ALMA.tv sono disponibili anche "on demand".	☐	☐
d ALMA.tv è a pagamento.	☐	☐
e gli utenti di ALMA.tv sono insegnanti di italiano, studenti e tutti quelli che vogliono mantenere fresca la conoscenza dell'italiano.	☐	☐
f ALMA.tv propone un modo leggero di imparare l'italiano.	☐	☐
g ALMA.tv è "social" perché anche gli utenti possono caricare i loro video.	☐	☐

Ora vai all'indirizzo www.alma.tv, scegli una rubrica e guarda qualche video. Poi confrontati su quello che hai visto con un compagno.

glossario

1	dialogo	dialogue
1	articolo	article
1	letterario	literary
1	canzone	song
1	cantare	to sing
1	piantare	to plant
1	anima	soul
2	lingua	language
2	comunicare	to communicate
2	iscritto	(participio passato di iscriversi)
2	iscriversi	to enroll
2	ridare indietro	to give back
4	prendere in prestito	to borrow
4	restituire	to return
5	da un'altra parte	somewhere else
5	contento	happy, satisfied
5	nemmeno	not even
6	incidente di percorso	bump in the road
6	tavola	table
6	starnutire	to sneeze
6	soffiarsi il naso	to blow one's nose
6	indecente	indecent
6	ungherese	Hungarian
6	ad un certo punto	at a certain point
6	imbarazzato	embarrassed
6	abbracciarsi	to hug one another
8	verbale	verbal
8	rispettare	to follow
8	categorico	strict
8	grammatica	grammar
8	scaffale	shelf
8	regionalismo	regionalism
8	suonare male	to sound wrong
8	uso	use
8	ognuno	everyone
8	rigido	strict
8	orribile	horrible
8	ormai	at this point
9	forbici	scissors
9	matita	pencil
10	Io sono del parere che…	My opinion is that…
10	Io la penso diversamente	I have a different opinion
10	Non direi proprio!	I don't think so!
10	Sono d'accordo con te	I agree with you
10	Io sono convinto che…	I am sure that…
10	È proprio	It is true that
10	A me non sembra proprio!	To me it does not look that way!
10	Hai ragione	You are right
12	documento	file
12	riunione	meeting
12	servizio clienti	customer care
12	motivo	reason
12	premessa	foreword
12	irresponsabile	irresponsible
12	qualsiasi	any
12	inutile	useless
12	introdurre	to introduce
12	tradurre	to translate
12	termine	word, term
12	riferirsi	to refer to
12	solamente	just, only
12	lista	list
12	correntemente	normally
12	corrispondente	equivalent
12	venire in mente	to come to mind
12	definitivo	final
12	integrazione	addition
12	caso	occasion
12	antiquato	antiquate, obsolete
12	anzi	on the contrary
12	piuttosto	quite
12	dunque	so
12	risultare	to turn out to be
12	gustoso	tasty
15	visibile	visible
15	trasmesso	broadcast
15	a pagamento	subscription service
15	utente	user
15	mantenere fresco	to keep fresh
15	leggero	easy
15	caricare	to upload

grammatica

Il trapassato prossimo

The **trapassato prossimo** is formed by using the **imperfetto** of the verbs **avere** or **essere** and the past participle of the main verb.

The **trapassato prossimo** is used to talk about an action that took place in the past, which happened before another action in the past.

Già is usually placed between the auxiliary and the past participle.

Quando sono arrivata a casa, mio marito **aveva mangiato**.

Avevo studiato il francese a scuola, ma l'**ho imparato** a Parigi.
   (prima)   (dopo)

Quando sono arrivata, Franco era **già** andato via.

Prima di (+ infinito) - Prima di (+ infinitive)

If the subject of the two clauses is the same, in the secondary temporal clause it is possible to use **prima di** + infinitive.

(io) **Prima di trasferirmi** a Roma, (io) avevo seguito un corso di italiano.

L'uso del verbo *dovere* per esprimere un'ipotesi - The verb *dovere* to make hypothesis

The verb **dovere** is often used to make hypothesis.

La grammatica **dovrebbe essere** lì. (forse è lì)
Lui **deve aver perso** il treno. (forse ha perso il treno).

Pronomi combinati - Combined pronouns

If in a sentence there are two pronouns, the indirect pronoun precedes the direct one. The **-i** of the 1st and 2nd person become **-e**.

Mi presti il vocabolario? **Me lo** presti?
Chi **vi** ha prestato la macchina? **Ve l'**ha prestata lui?
■ **Le** puoi prestare i tuoi libri? ▼ Sì, **glieli** presto volentieri.

	+ lo	+ la	+ li	+ le	+ ne
mi	me lo	me la	me li	me le	me ne
ti	te lo	te la	te li	te le	te ne
gli/le/Le	glielo	gliela	glieli	gliele	gliene
ci	ce lo	ce la	ce li	ce le	ce ne
vi	ve lo	ve la	ve li	ve le	ve ne
gli	glielo	gliela	glieli	gliele	gliene

The negative prefix *in-*

The prefix **in-** confers a negative meaning to the adjective. The prefix **in-** becomes **il-** before an L, **im-** before a B, M or P, and **ir-** before an R.

adatto → inadatto (= non adatto)   utile → inutile (= non utile)
logico → illogico   morale → immorale
possibile → impossibile   probabile → improbabile
ragionevole → irragionevole

caffè culturale

L'italiano nel mondo

Fai delle ipotesi sull'uso e lo studio della lingua italiana nel mondo selezionando le informazioni che ritieni corrette. In alcuni casi sono corrette più ipotesi.

1 L'italiano:
- a è lingua ufficiale solo in Italia. ☐
- b è lingua ufficiale in più Paesi. ☐
- c non ha lo statuto di lingua ufficiale in nessun Paese. ☐

2 Molte persone parlano italiano correntemente:
- a in diverse regioni europee ed extraeuropee. ☐
- b esclusivamente in Europa. ☐
- c in un numero ristretto di regioni italiane. ☐

3 Gli stranieri studiano l'italiano per:
- a passione per l'Italia. ☐
- b parlare con gli italiani residenti all'estero. ☐
- c capire i testi delle canzoni italiane. ☐
- d motivi di lavoro. ☐

4 Ecco alcuni Paesi in cui l'italiano si studia molto:
- a in Giappone ☐
- b negli Stati Uniti ☐
- c in Argentina ☐
- d in Germania ☐
- e nel Regno Unito ☐
- f in Europa dell'est ☐
- g in Svizzera ☐
- h in Australia ☐
- i in Egitto ☐
- l in Francia ☐

> 'ALMA.tv
> Vuoi conoscere alcune espressioni molto usate della lingua parlata?
> Vai su www.alma.tv e visita la divertente rubrica **Vai a quel paese**.

Ora leggi il testo e verifica le tue ipotesi.

L'italofonia

L'area dell'italofonia comprende i Paesi in cui l'italiano:
a. è lingua materna o ufficiale: l'Italia, la Svizzera, San Marino, la Città del Vaticano, la regione istriana in Slovenia;
b. è conosciuto da gran parte della popolazione, anche se non ha lo statuto di lingua ufficiale: Malta, il Principato di Monaco, la regione di Nizza, la Corsica, l'Albania, la Somalia, l'Eritrea e l'Etiopia;
c. è presente presso ampie comunità di emigrati: il Canada, gli Stati Uniti, l'Argentina, l'Uruguay, il Brasile, l'Australia, il Venezuela, la Germania, la Francia, il Belgio, il Regno Unito.

Negli ultimi anni è aumentato il numero di persone che studiano l'italiano come seconda lingua, in particolare nell'est europeo. C'è chi lo fa per riallacciarsi alle proprie origini famigliari, per lavoro o amore, o chi dopo un viaggio scopre la propria passione per il nostro Paese. Non dimentichiamo poi che l'italiano è la lingua della musica, della moda, dell'arte e della religione cattolica. Si stima che, con circa 1,5 milioni di studenti, sia la quarta lingua più studiata al mondo. La Germania è il primo Paese per numero di studenti, seguito da Australia, Stati Uniti, Egitto e Argentina.

videocorso

Vai al sito di New Italian Espresso 2 (www.almaedizioni.it/newitalianespresso) e apri la sezione VIDEO

Video 1: NON DOVEVI!

1 *Osserva i fotogrammi: secondo te quale è la storia? Poi guarda il video per la verifica.*

a Il signore vestito di nero sta comprando una bottiglia di vino costosa. Il commesso gli fa i complimenti per l'ottima scelta.

b Il signore vestito di nero è andato a trovare un amico. Gli ha portato in regalo una bottiglia di vino per ringraziarlo dell'invito a cena.

c Il signore vestito di nero è il cliente di un ristorante. Non è per niente soddisfatto della bottiglia di vino che il cameriere gli ha portato e ha deciso di andare via.

2 *Indica se le frasi sono vere o false.*

		vero	falso
1	Devi sempre portare un piccolo regalo quando vai a cena da un amico.	☐	☐
2	Non devi mai regalare una scatola di cioccolatini a un amico.	☐	☐
3	Devi aprire subito i regali che ricevi.	☐	☐
4	Devi dire che il regalo è bellissimo anche se non ti piace.	☐	☐
5	Non devi accettare i regali degli amici.	☐	☐

3 *Chi dice queste frasi?*

Ma no, figurati! Ma non dovevi! È bellissimo! Un pensiero.

Chissà quanti soldi hai speso. Non ti preoccupare. Grazie!

La persona che riceve il regalo	La persona che dà il regalo

videocorso

Video 2: NON FARE COMPLIMENTI!

1 *Secondo te, in quale di questi dialoghi l'espressione "Non fare complimenti" è usata correttamente? Poi guarda il video per la verifica.*

1 ■ Che bella la tua casa!
▼ Non fare complimenti!

2 ■ Ti posso offrire un caffè?
▼ No, no, grazie.
■ Non fare complimenti!

3 ■ Flavia mi sembra un po' stanca.
▼ Non fare complimenti!

4 ■ Ti va di venire al cinema con me stasera?
▼ Non fare complimenti!

2 *Indica se le frasi sono vere o false.*

	vero	falso
1 Federico e Francesco avevano un appuntamento.	☐	☐
2 Francesco propone di prendere il caffè al bar.	☐	☐
3 Alla fine, Francesco accetta di bere il caffè a casa di Federico.	☐	☐
4 In Italia, se qualcuno ti offre qualcosa, è buona educazione accettarlo subito.	☐	☐

3 *Leggi il dialogo tra Federico e Francesco e rispondi alle domande.*

■ Oh, Francesco! Come stai, bello?
▼ Ciao Federico! **Eh, niente...** passavo di qua e mi son detto: Mah... saluto Federico... **faccio un salutino...**
■ Ma sì, hai fatto benissimo! Vieni, entra! Prendiamo un caffè, dai!
▼ Va be', dai... **magari lo prendiamo fuori**. Non voglio disturbare... adesso magari...
■ **Macché disturbare!** Non fare complimenti, dai vieni! Prendiamo un caffè!
▼ Se insisti... un caffè... volentieri!

1 L'espressione "Eh, niente" serve:
   a per cominciare un discorso.
   b per chiudere un discorso.

2 "Faccio un salutino" significa:
   a faccio una lunga visita.
   b faccio una breve visita.

3 "Magari lo prendiamo fuori" significa:
   a Forse possiamo prenderlo fuori.
   b Non possiamo prenderlo fuori.

4 "Macché disturbare!" significa:
   a Non mi disturbi per niente.
   b Un po' mi disturbi.

non fare complimenti! **6**

VIDEOCORSO 6 | 93

7 vivere in città

1 Parliamo | Città
Osserva le foto. Secondo te quali potrebbero essere i problemi maggiori di una grande città? Parlane con i compagni.

vivere in città

2 Esercizio scritto | Di quale città si parla?
*A quali delle città indicate qui di seguito si riferiscono le seguenti affermazioni?
Alcune sono valide per più di una città ma tu scegliene solamente una.
Poi confronta con un compagno.*

a Torino **b** Milano **c** Venezia **d** Roma **e** Palermo

1 [ ] è una città molto turistica
2 [ ] è il capoluogo del Piemonte
3 [ ] è la capitale d'Italia
4 [ ] è sede di un'importante industria automobilistica
5 [ ] non ha problemi di traffico
6 [ ] si trova su un'isola
7 [ ] ospita un importante Festival del Cinema
8 [ ] è il centro economico e finanziario del Paese
9 [ ] ha enormi problemi di traffico
10 [ ] ha quasi tre milioni di abitanti
11 [ ] è la città della moda

*Immagina di doverti trasferire per un anno in una di queste città.
Quale sceglieresti e perché? Parlane in gruppo.*

3 Parliamo | L'angolo nascosto
*C'è un "angolo nascosto" nella tua città che ti piace particolarmente? Perché?
Parlane con un compagno.*

4 Ascolto | Sarebbe stato meglio! WB 1·2
Ascolta il dialogo e segna con una X l'affermazione esatta. A volte è giusta più di una risposta.

1 La donna va a fare la spesa a piedi perché **a** è più comodo.
   b [X] l'autobus ha cambiato itinerario.

2 La donna si lamenta **a** del rumore.
   b dello smog.
   c delle difficoltà ad attraversare la strada. [X]
   d della sporcizia.

3 Secondo la donna al posto di una banca avrebbero potuto costruire **a** un giardino pubblico. [X]
   b un parcheggio.
   c un asilo.
   d una piscina.
   e un cinema.

4 Secondo il ragazzo nella zona manca/mancano **a** una biblioteca.
   b impianti sportivi.
   c un parco.
   d un teatro.
   e un cinema.

LEZIONE 7 | 95

vivere in città

- ■ Mi scusi! Mi darebbe una mano a portare queste buste fino al portone?
- ▼ Certo, non c'è problema, dia a me!
- ■ Prima al mercato ci andavo in autobus. Era così comodo!
  Dovevo fare una sola fermata, ma da quando ci sono questi lavori,
  l'autobus ha cambiato giro e così mi tocca andare a piedi!
- ▼ Eh, lo so, è un problema...
- ■ Non pensano ai cittadini quando fanno queste cose, no!
  Bisogna fare la gimcana per passare dall'altra parte!
  Per non parlare del rumore poi... mah, speriamo finiscano presto!
- ▼ Eh, sì, speriamo!
- ■ Lei per caso sa che cosa stanno costruendo?
- ▼ Una banca.
- ■ Una banca? E a che ci serve un'altra banca? Ce ne sono già tre!
- ▼ Me lo chiedo anch'io!
- ■ Mah, anziché costruire una banca avrebbero potuto fare un bel parco
  o costruire un asilo nido...
- ▼ Beh, sì, sarebbe stato meglio! In effetti gli asili mancano e non solo gli asili!
  In questa zona mancano parecchie cose. Non ci sono impianti sportivi,
  non c'è un cinema, non c'è una biblioteca...

> **Mi tocca** andare a piedi = **Devo** andare a piedi.

5 Riflettiamo | Il condizionale passato WB 3·4·5

*Nel dialogo sono presenti due verbi al **condizionale passato**. Trovali e scrivili qui sotto. Poi rispondi alla domanda.*

Il **condizionale passato** si forma con
il **condizionale presente** di *essere* o *avere* + il **participio passato**.

☐   ☐

Cosa esprime il condizionale passato?

a Un desiderio o un'azione che dovevano o potevano realizzarsi e infatti si sono realizzati.
b Un desiderio o un'azione che non potevano realizzarsi.
c Un desiderio o un'azione che dovevano o potevano realizzarsi ma non si sono realizzati.

6 Esercizio orale | *E voi che cosa avreste fatto?*

Lavora con un compagno. A turno, unite le frasi della prossima pagina usando il condizionale passato. Seguite l'esempio.

> costruire una banca / costruire un asilo nido
> Anziché costruire una banca, noi avremmo costruito un asilo nido/
> sarebbe stato meglio costruire un asilo nido.

96 LEZIONE 7

vivere in città

- costruire nuovi parcheggi / aggiungere un'altra linea della metropolitana
- aprire un nuovo centro commerciale / ingrandire il mercato
- aprire il centro alle macchine / mettere a disposizione delle biciclette
- costruire una nuova strada / costruire una pista ciclabile
- progettare nuovi uffici / investire nella costruzione di nuove abitazioni
- introdurre il sistema delle targhe alterne / migliorare i trasporti pubblici
- chiudere il centro per gli anziani / costruirne altri due
- aprire una clinica privata / costruire un nuovo ospedale pubblico

7 Lettura | Città o campagna? WB 6-7
Leggi il forum e scegli il finale che ti sembra più logico, nella prossima pagina.

Gino
Ragazzi, mia sorella, che ha vissuto in campagna per 20 anni, la prossima settimana si trasferisce qui a Prato. Mentre io stavo pensando di trasferirmi in campagna per cambiare vita. Che ne pensate? E cosa preferite? Città o campagna?

Francesca
Proprio in questi giorni ci sto pensando seriamente… e ve ne parlo volentieri.
Da ragazza non vedevo l'ora di finire il liceo per scappare nella grande metropoli con la scusa dell'università. Sono nata e cresciuta a Venezia. Senza macchine e senza smog, in una "campana di vetro".
Ma non ci tenevo a rimanere lì! Mia madre non voleva lasciarmi andare via a 18 anni, ma io ero troppo curiosa e l'ho spuntata, anche con l'aiuto di mia zia Carla. Lei lavorava a Milano e mi ha ospitato negli anni dell'università. Durante la settimana studiavo e nei weekend andavo da lei in ufficio, in Via Dante, e la aiutavo a preparare le grandi sfilate che organizzava. Guadagnavo anche qualcosa, e ci pagavo gli studi. Amavo respirare l'aria della moda, delle passerelle, dei personaggi famosi e degli stilisti.
Insomma: ho preso tutto quello che Milano poteva darmi di buono.
Ma poi… mi sono sposata… e poi è nato Roberto. E piano piano, mentre passavano gli anni, nella mia testa qualcosa è cambiato.
Lo scorso weekend poi siamo andati a trovare degli amici in Svizzera.
Anche loro vivevano a Milano, e anche loro sono diventati genitori, poco dopo di noi. I nostri figli sono cresciuti insieme. Ma quando la loro Giada ha compiuto 13 anni si sono trasferiti in campagna, sul lago, a 15 minuti da Losanna. E ora stanno lì da 3 anni.
Appena arrivata ho chiesto alla mia amica: "È stata dura per una come te abituata a vivere in città, venire a vivere in campagna?"
Lei mi ha risposto che per abituarsi ci ha messo un anno e mezzo, ma che ora non tornerebbe più indietro. Mentre ero lì guardavo Roberto giocare con Giada a contatto con la natura… cercare con gli occhi i pesci nel lago…
L'ho abbracciato e gli ho chiesto se era felice.
Lo era, tanto.
"Ti piacerebbe andare a vivere in campagna?", gli ho chiesto.

> Guadagnavo anche qualcosa, e **ci** (= con i soldi guadagnati) pagavo gli studi.
> Che **ne** (= di quello che ho scritto) pensate?
> Ve **ne** (= di città o campagna) parlo volentieri.

LEZIONE 7 | 97

vivere in città

1 Gli si sono illuminati gli occhi e mi ha urlato: "Sììì!"
Poi ho parlato con mio marito e mi ha detto: "Francesca, è meglio che la pianti con i sogni!". Io però ormai non riesco a pensare ad altro. Che devo fare?

2 Mi ha guardato dritto negli occhi e dopo qualche istante mi ha risposto: "No. Qui va bene per un fine settimana. Guarda Giada: sta sempre sola, poverina". Quel giorno ho capito che siamo nati cittadini, e cittadini moriremo.

Confrontati con un compagno. Avete scelto lo stesso finale?

Trova nel testo, insieme allo stesso compagno, tutti gli elementi che ti hanno fatto scegliere il finale. Poi confrontate i risultati in plenum con il resto della classe.

8 Riflettiamo | Alcuni verbi pronominali WB 8-9
Trova nel testo del punto 7 le tre espressioni verbali e abbinale al loro significato.

1. l'ho spuntata → spuntarla
2. la pianti con → piantarla (con)
3. ci tenevo a → tenerci (a)

a. smettere di fare qualcosa
b. volere / desiderare
c. vincere

LEZIONE 7

vivere in città

9 Scriviamo | La risposta
Scrivi la risposta a Francesca. Devi usare almeno quattro dei verbi pronominali della lista.

| andarsene | farcela | spuntarla | metterci | piantarla (con) | tenerci (a) | volerci |

10 Ascolto | *Guardi che è vietato!* WB 10·11·12·13
Prova a ricostruire il dialogo completandolo con le seguenti frasi come nell'esempio.

1. Guardi, non vorrei sembrarLe scortese, ma perché non si fa gli affari Suoi?
2. Perché è vietato, scusi? Veramente io non vedo nessun segnale di divieto.
3. Niente ma, se non è d'accordo chiami un vigile e se lui mi dice che me ne devo andare, allora me ne vado!
4. No, non si è spiegato. E poi, scusi, potrei sapere per chi è riservato?
5. E Lei chi è? Un vigile?
6. Senta, io oggi non sono proprio in vena di discutere. Mi è successo di tutto, quindi è meglio se mi lascia parcheggiare in pace! Va bene?
7. Sì, è mia, perché?

> È Sua questa Punto rossa?
> Sì, è mia.

▼ Scusi, signora, è Sua questa Punto rossa?
■ 7 – Sì, è mia, perché?

▼ Guardi che lì non può parcheggiare, è vietato!
■ _____

▼ Sì, ma glielo dico io che è vietato.
■ _____

▼ No, sono il portiere di questo stabile.
■ _____

▼ Guardi che io lo dico per Lei. Quel posto è riservato e se lascia la macchina lì... insomma, non so se mi sono spiegato.
■ _____

▼ Per l'avvocato Meucci.
■ _____

▼ Sì, ma...
■ _____

Adesso ascolta e verifica.

'ALMA.tv

Il parcheggio è una cosa molto importante nelle grandi città italiane. Vai su *www.alma.tv* e cerca il divertentissimo cortometraggio che parla di questo tema nella rubrica *L'italiano con il cinema*.

| Sotto casa | CERCA |

LEZIONE 7

vivere in città

11 Parliamo | *Vietato...*

*Quali di questi divieti pensi abbiano senso e quali invece no?
Perché? Parlane in gruppo.*

Divieto di
- fumare nei luoghi pubblici
- usare il cellulare nei luoghi pubblici
- fotografare nei musei
- portare a spasso il cane senza guinzaglio
- entrare con un cane in un locale pubblico
- portare il cane in spiaggia
- entrare in una chiesa con i pantaloncini
- ascoltare la musica in cuffia su un mezzo pubblico
- suonare il clacson
- altro: _____

12 Parliamo | *Niente cani nei locali!*
*In coppia scegliete un ruolo e fate un dialogo.
Se volete potete usare anche le espressioni del riquadro.*

> Non vorrei sembrarLe scortese, ma...
> Perché non si fa gli affari Suoi?
> Non so se mi sono spiegato.
> (Non) sono in vena di discutere.

A
Stai tranquillamente mangiando qualcosa in un bar. Improvvisamente ti accorgi della presenza di un grosso cane (tu non ami per niente i cani) che guarda insistentemente il tuo panino. La cosa ti disturba.
Fai presente all'altra persona che è vietato entrare con animali nei luoghi pubblici.

B
Dopo una faticosissima giornata entri in un bar con il tuo cane. Stai prendendo un caffè quando un cliente ti fa notare che è vietato portare animali nei locali pubblici.

LEZIONE 7

vivere in città

13 Lettura | Un'altra città è possibile WB 14-15

Lavora con un compagno. A copre con un foglio la parte B e legge i primi due paragrafi del testo mentre B copre con un foglio la parte A e legge il terzo e il quarto.
Poi si scambiano le informazioni. Quindi rileggono i propri paragrafi.
Dopo un ulteriore scambio di informazioni, possono leggere il testo completo.

A

1 C'è una città della Sicilia che, grazie alla felice intuizione di una coppia di professionisti, oggi è conosciuta dagli amanti dell'arte contemporanea di tutto il mondo: loro sono Florinda Saieva e Antonio Bartoli e la città è Favara, 32.000 abitanti in provincia di Agrigento.

2 Florinda, avvocato, e Andrea, notaio, sono nati e cresciuti in Sicilia, ma hanno deciso di non lamentarsi di ciò che non va e di diventare essi stessi protagonisti del cambiamento. Il loro piccolo miracolo nasce nel 2010, si chiama "Farm Cultural Park" e si trova nel centro storico di Favara: è un luogo incantato, quasi magico, fatto di sette cortili, tutti collegati tra loro e circondati da palazzi bianchi, che nascondono giardini di ispirazione araba. Il bianco delle case contrasta con le coloratissime opere d'arte che escono da muri, finestre e balconi.

B

3 Il programma artistico-culturale è da non credere: mostre di vario genere, incontri con artisti e creativi di tutto il mondo, presentazioni di libri, corsi di architettura, serate musicali e spettacoli di ogni tipo. Il FCP è uno spazio gratuito e aperto a tutti – non solo agli artisti – dove si possono assaggiare anche vini e prodotti tipici e comprare oggetti d'arte e di design, vintage e libri.

4 Oggi Favara è al sesto posto al mondo tra le dieci mete turistiche imperdibili da chi ama l'arte contemporanea – preceduta solo da Firenze, Parigi, Bilbao, Basilea e New York. La loro decisione di non trasferirsi all'estero e restare in Sicilia per trasformare Favara in un vero e proprio museo e restituire alle loro due figlie "un piccolo pezzo di mondo migliore di quello che abbiamo ricevuto" è stata vincente.

Visita la pagina Facebook del Farm Cultural Park. Leggi i post, guarda le foto, scopri gli eventi in programma.
Farm Cultural Park: www.farm-culturalpark.com - farmculturalpark

vivere in città

14 **Parliamo | Il sindaco**
Cosa faresti come sindaco della città dove vivi?
Parlane con un piccolo gruppo di compagni.

15 **Ascolto | La mia regione preferita** WB 16-17
Qui di seguito trovi alcuni aggettivi usati per descrivere una regione.
Ascolta le interviste e segna con una X quelli nominati.

- ☐ sensuale
- ☒ montuosa
- ☒ tipica
- ☐ romantica
- ☒ affascinante
- ☐ vivibile
- ☐ industriale
- ☒ misteriosa
- ☐ pianeggiante

diversa

Riascolta e completa la tabella, dove possibile.

	Gianni	Teresa
Qual è la sua regione preferita?	Trentino	Sicilia
Ci sono altre regioni che gli/le piacciono? Perché?		Val d'Aosta
Di dov'è?	Toscano	
Che cosa pensa della sua regione?		
In quale regione gli/le piacerebbe vivere?	Veneto Trentino	

16 **Esercizio orale | Una regione**
In coppia pensate a una regione italiana che conoscete. Descrivetene la posizione e le caratteristiche più importanti. Gli altri dovranno indovinare di quale regione si tratta.

> È una regione molto piccola e montuosa. Si trova al nord (nell'Italia del nord)...

| Si trova | a nord
a sud
a est
a ovest | sul mare
sulla costa
all'interno | Confina con... |

102 LEZIONE 7

glossario

2	turistico	touristic		10	segnale di divieto	sign forbidding smth.
2	capoluogo	capital city (of province, region, etc.)		10	riservato	reserved, booked
2	sede	seat		10	essere in vena	to be in the mood
2	industria	industry		10	discutere	to argue
2	automobilistico	automotive		10	pace	peace
2	enorme	huge		10	portiere	superintendent
2	milione	million		10	stabile	building
4	itinerario	itinerary		11	museo	museum
4	lamentarsi	to complain		11	guinzaglio	leash
4	sporcizia	dirt		11	cuffia	headphones
4	al posto di	instead of		11	clacson	horn
4	asilo	kindergarten		12	tranquillamente	quietly
4	impianto	facility		12	accorgersi	to notice
4	dare una mano	to help out		12	presenza	presence
4	busta	bag		12	insistentemente	insistently
4	portone	main door		12	disturbare	to bother
4	lavori	roadworks		13	intuizione	intuition
4	giro	route		13	professionista	professional
4	cittadino	citizen		13	amante	enthusiast
4	gimcana	obstacle course		13	contemporaneo	contemporary
4	anziché	rather than		13	notaio	notary
4	asilo nido	kindergarten		13	miracolo	miracle
4	parecchi/parecchie	many		13	centro storico	historic center
6	linea	line		13	incantato	enchanted
6	ingrandire	to make something bigger		13	magico	magical
6	pista ciclabile	bike lane		13	cortile	yard
6	progettare	to design		13	circondato	surrounded
6	sistema	system		13	nascondere	to hide
6	targhe alterne	alternate number plate system		13	ispirazione	inspiration
6	clinica	clinic		13	contrastare	to contrast
7	seriamente	seriously		13	colorato	colored
7	non vedere l'ora	can't wait to		13	artistico	artistic
7	metropoli	metropolis		13	culturale	cultural
7	scusa	excuse		13	genere	kind
7	campana di vetro	bell jar		13	presentazione	presentation
7	spuntarla	to manage to get one's way		13	architettura	architecture
7	sfilata	fashion show		13	serata	evening
7	respirare	breathe		13	musicale	musical
7	passerella	catwalk		13	prodotto	product
7	stilista	fashion designer		13	tipico	traditional
7	piano	slowly		13	oggetto	object, item
7	compiere	to turn		13	imperdibile	not to be missed
7	lago	lake		13	preceduto	preceded
7	abituato	used to		13	vincente	winning
7	indietro	back		14	sindaco	mayor
7	illuminarsi	to lighten up		15	sensuale	sensual
7	urlare	to shout		15	montuoso	mountainous
7	piantarla	to stop		15	vivibile	liveable
7	istante	moment		15	pianeggiante	flat
7	morire	to die		16	nord	north
10	vietato	forbidden		16	sud	south
10	scortese	impolite		16	est	east
10	affari	business		16	ovest	west
				16	confinare	to border

grammatica

Il condizionale passato come desiderio non realizzato – Past conditional as an unattained goal

The **condizionale passato** is formed with the **condizionale presente** of *essere* or *avere* + the past participle of the main verb.

The **condizionale passato** is used to talk about an unattained or unattainable goal, or an action which should have taken place but has not.

Sarebbe stato meglio costruire un parco (ma non l'hanno costruito).
Avrebbero potuto aprire una clinica privata (ma non l'hanno aperta).

Le particelle pronominali *ci* e *ne* – The pronominal particles *ci* and *ne*

Ci can replace complements introduced by the particle **con**.

Ne can be used while referring to a topic in expressions like **pensarne, parlarne, dirne, averne voglia**…

Guadagnavo anche qualcosa e **ci** (= con i soldi guadagnati) pagavo gli studi.

Che **ne** (= di qualcosa che ho detto) pensate?
■ Andiamo al cinema? ◆ No, grazie, non **ne** (= di andare al cinema) ho voglia.

Alcuni verbi pronominali – Some pronominal verbs

Some verbs, when used together with an invariable pronoun (**la**, **ci**, ecc.), change their original meaning.

For example:
tenerci → to wish for,
volerci → to be necessary,
spuntarla → to win,
piantarla/finirla → to stop doing something.

Ci tengo a laurearmi quest'anno!
Per fare questo lavoro **ci vuole** molta esperienza.
La Roma **l'ha spuntata** con un gol all'ultimo minuto.
Finiscila di fare rumore! Sono stanco!

I pronomi e gli aggettivi possessivi – Possessive pronouns and adjectives

È mio, è nostro, è vostro, ecc. are used to express ownership.

The possessive pronoun takes the place of a noun and, unlike the adjective, is always preceded by a definite article or an articulated preposition.

The possessive adjective usually precedes the related noun, though in some standard phrases and exclamations, it follows it.

È Sua questa macchina? Sì, **è mia**.
Di chi è quest'ombrello? **È mio**.

Prestami la tua bicicletta. **La mia** (bicicletta) si è rotta.
Mia sorella non viene domani, e **la tua** (sorella)?

Vieni a casa **mia**?
Ma perché non si fa gli affari **suoi**?
Oh mamma **mia**!

caffè culturale

Città "emblematiche"

Nell'immaginario collettivo alcune città italiane sono spesso associate a specifiche usanze e tradizioni, caratteristiche storiche, artistiche, ecc. o luoghi ed eventi celebri. Leggi le brevi descrizioni e abbinale alle città della lista.

| Napoli | Torino | Firenze | Milano | Roma |

1.

La "città eterna" ospita le principali istituzioni dello Stato, fra cui **Montecitorio**, la sede del Parlamento (nella foto).

2.

Il capoluogo lombardo è il centro dell'alta finanza: qui si trova infatti **Piazza Affari** (nella foto), la sede della Borsa dove si scambiano titoli e azioni.

3.

La **pizza Margherita** è nata in Campania. L'ha creata nel 1889 il cuoco Raffaele Esposito per rappresentare la bandiera italiana e onorare la Regina Margherita di Savoia. Ancora oggi si dice che la pizza migliore è quella napoletana.

4.

È la città del Rinascimento. Qui hanno vissuto e lavorato tre geni assoluti dell'arte universale: Leonardo da Vinci, Michelangelo Buonarroti (suo il **David** nella foto) e Raffaello Sanzio.

5.

Nell'ex capitale italiana si trovano alcune importanti aziende italiane, come la Lavazza e la FIAT, principale costruttore automobilistico del Paese (nella foto: l'ex sede della Fiat, il **Lingotto**, oggi centro polifunzionale).

Quali sono le città "emblematiche" nel tuo Paese? A quale luogo, caratteristica, evento o personalità sono associate?

videocorso

1 Prima di guardare il video, abbina le frasi ai fotogrammi. Poi guarda l'episodio e verifica.

a Eh, non va più.
b Francesco, non abbiamo fretta, perché vai così veloce?
c Pronto, buongiorno. Ho la macchina che…

2 Indica se le frasi sono vere o false.

	vero	falso
1 Francesco va troppo veloce.	☐	☐
2 Francesco si ferma per riposare.	☐	☐
3 Francesco ha portato la macchina dal meccanico prima di partire.	☐	☐
4 Monica e Francesco vorrebbero vivere in campagna.	☐	☐
5 Francesco chiama il soccorso stradale.	☐	☐
6 Monica riesce a riparare il motore.	☐	☐
7 Monica non sa guidare.	☐	☐

> **RICORDA**
>
> Monica dice a Francesco: "Chi va piano, va sano e va lontano". È un famoso proverbio italiano che si usa quando invitiamo qualcuno a non andare troppo veloce. Spesso però ci sono proverbi in contrasto tra di loro. Infatti, un altro proverbio dice: "Chi tardi arriva, male alloggia", e lo usiamo quando vogliamo evitare di essere gli ultimi arrivati. Ma allora, dobbiamo sbrigarci o andare piano?

3 Completa le frasi con l'opzione giusta.

Ma dai, _____ ! Parli come mia madre!

a smettila
b finisci
c ferma

videocorso

2 Forse _____ portarla dal meccanico prima del viaggio, come ti avevo anche detto!

a saresti dovuto
b avresti dovuto
c avevi dovuto

4 Completa le frasi con le parole della lista.

casolare   motori   soccorso stradale   cofano   occhiata   limite

1 Sì, ma qui il _____ è di 90 all'ora.
2 Qual è il numero del _____…?
3 Però guarda che meraviglia qui… E quel _____, laggiù…!
4 Do un'_____, posso?
5 Visto? Dai, chiudi il _____!
6 Cosa vuoi vedere scusa? Per caso sei anche esperta di _____?

I limiti di velocità in Italia:

50 km/h - centri abitati

90 km/h - strade extraurbane secondarie

110 km/h - strade extraurbane principali

130 km/h – autostrade

l'auto in panne 7

made in Italy

8

1 Parliamo | La pizza del Made in Italy

A coppie o a piccoli gruppi, pensate a qualche marchio del Made in Italy e inseritelo in corrispondenza di una delle fette della "pizza" qui sotto.
Poi, insieme agli altri gruppi, scambiatevi opinioni e arricchite la vostra pizza!

(profumi / sport / cibo / moda / auto|moto / altro / bevande / scarpe)

scooter (Vespa)

crema al cioccolato (nutella)

borse (Gucci)

tram (Pininfarina)

LEZIONE 8

made in Italy

2 Lettura | I marchi italiani nel mondo

a. *Completa i testi con i nomi dei prodotti rappresentati in ogni fotografia. Poi scrivi, sotto alle foto, i marchi corrispondenti ad ogni prodotto, come nell'esempio.*

a La _caffettiera_ dal design inconfondibile è naturalmente italiana: ideata e prodotta da **Bialetti**, è presente nel 90% delle case degli italiani, che la usano in media due volte al giorno.

b La **Vespa** è ancora il simbolo dell'Italia "a due ruote": lo _scooter_ più famoso del mondo, anche grazie a film come "Vacanze romane" o "Caro Diario".

c È uno dei nomi più prestigiosi e conosciuti nel mondo quando si parla di accessori: cinture, scarpe, borse di pelle. Le _borse_ di **Gucci** sono sinonimo di eleganza e qualità. → sweet tooths

d Per i golosi di tutto il mondo il suo nome è sinonimo di bontà: la **Nutella** è la _crema al cioccolato_ più famosa del mondo ed è un altro dei prodotti Made in Italy.

e **Pininfarina** è un nome conosciuto per il design di auto come la Ferrari o la Maserati, ma anche per un modello di _tram_ che circola in molte città europee, dal Portogallo alla Grecia.

f Forse i _gioielli_ non hanno un nome, ma hanno un cognome, il suo: **Bulgari** in tutto il mondo significa ricchezza, oro e gioielli dal fascino irresistibile. irresistible charm

g "Dove c'è un bambino", dice la pubblicità di questo marchio, e senza dubbio i bambini di moltissimi paesi del mondo usano i _giocattoli_ della **Chicco**.

h Veste attori, cantanti, politici, sportivi e manager. Lo stile di **Armani** è inconfondibile ed è uno dei simboli del Made in Italy nel campo dell'_abbigliamento_ di alta moda

Quale degli oggetti o marchi, rappresentati nelle immagini di queste due pagine, conoscevi già? C'è un oggetto o marchio presente nella tua casa? E nella tua città?

abbigliamento di alta moda (_armani_)

giocattoli (_cicco_)

gioielli (_bergheri_)

caffettiera (_bialetti_)

un caso di moda
un marchio di moda

LEZIONE 8

made in Italy

b. Adesso con un compagno completa le frasi riguardanti i vari prodotti con le parole della lista, come nell'esempio.

ferro   argento   ~~ruote~~   elegante   plastica   cioccolato

Prodotto (Marchio)	Materiale	A cosa serve/servono?	Altre caratteristiche
1 Scooter (Vespa)	È fatto soprattutto di _____.	A spostarsi, da soli o con un passeggero.	Ha due _ruote_.
2 _____ (_____)	È di metallo.	A preparare il caffè.	Ha una forma molto particolare.
3 _____ (_____)	Sono d'oro o d'_____,	A niente, sono solo belli da indossare.	Hanno varie forme.
4 _____ (_____)	È fatto con tessuti pregiati.	A vestirsi alla moda.	È molto _____.
5 _____ (_____)	È di ferro.	A spostarsi in città.	Si muove su binari.
6 _____ (_____)	Sono di pelle.	A portare oggetti personali.	Sono uno *status symbol*.
7 _____ (_____)	È fatta con le nocciole e il _____.	A rendere più dolce la nostra vita!	Si mangia soprattutto sul pane.
8 _____ (_____)	Sono di materiale vario, ma soprattutto di _____.	A far giocare i bambini.	Sono molto colorati.

8

110 LEZIONE 8

made in Italy

3 Lessico | Come si chiama? WB 1·2

Osserva i disegni e ripeti il nome degli oggetti con la classe.
Se non ne conosci uno, chiedilo all'insegnante.

*Si gioca in coppia, contro un'altra coppia. La coppia **A** sceglie uno dei disegni qui sopra e lo mostra ad uno dei membri della coppia **B**, che deve descriverlo senza nominarlo ma indicandone solo forma, materiale, uso, ecc. L'altro membro della coppia ha trenta secondi per indovinare di quale oggetto si tratta e può sbagliare solo una volta. Se indovina, la coppia **B** può scrivere il nome nella tabella qui sotto. Poi il turno passa alla coppia **B**, e così via. Vince la prima coppia che indovina il nome di sei oggetti.*

È una cosa lunga / corta /..., quadrata / rettangolare /..., di legno / di ferro /..., serve per/a...

4 Ascolto | Una buona occasione

Ascolta il dialogo e indica se le frasi che seguono sono vere o false.

	vero	falso
a Alberto ha accettato un lavoro in Asia.	☐	☐
b Alberto avrà un buono stipendio.	☐	☐
c Alberto ci ha pensato molto prima di accettare.	☐	☐
d Alberto dopo un primo periodo in Asia tornerà sicuramente in Italia.	☐	☐
e Anche l'uomo che parla lavora all'estero.	☐	☐

made in Italy

■ … E quindi Alberto ha trovato lavoro! Beh, sono contento per lui. Però mi dicevi che deve andare all'estero, vero?
▼ Sì, l'azienda è italiana, ma il posto di lavoro no, è in Asia. Infatti credo che abbia fatto il colloquio di lavoro a Hong Kong…
■ Ma se è un'azienda italiana…! Che deve andare a fare, in Asia?
▼ Mah, penso che l'abbiano assunto come responsabile… un manager, insomma. E i manager sicuramente devono essere italiani.
■ Insomma, made in Italy a metà… E lui è contento? Non credo sia facile accettare di andare a vivere così lontano…
▼ Sì, Ludovica - sua sorella, la conosci - mi ha detto che prima di decidere ci ha pensato un po'. Alla fine però non poteva rifiutare: è proprio nel suo campo, lo pagano bene… e poi considera che non ha moglie o figli… senza una famiglia è molto più facile partire così, su due piedi.
■ Beh certo, di questi tempi sono offerte che non si possono rifiutare…
▼ Tra l'altro in questo momento non stava lavorando, quindi…
■ Ma sì, l'importante è che sia soddisfatto.
▼ Sì, credo di sì… e poi sai, può darsi che tra qualche anno torni di nuovo in Italia. Quei lavori sono così: oggi sei in Asia, domani magari in Brasile, o in Europa.
■ Beh, se è così ha fatto bene. Anche io magari, chissà, un giorno potrei andare a lavorare all'estero…
▼ Ma come, tu lavori da tanti anni, non sei in una situazione come la sua…! E poi il tuo lavoro va bene, no?
■ Sì certo… ma non lo so… spesso ho paura che le cose possano peggiorare e…
▼ Ma dai, che discorsi! Guarda, quando dici certe cose mi fai proprio arrabbiare! E poi…

5 Riflettiamo | Il congiuntivo presente e passato
Rileggi il dialogo e completa la tabella: scrivi nella colonna di destra i verbi al congiuntivo dipendenti dai verbi o dalle espressioni della colonna di sinistra, come nell'esempio.

credo che	abbia fatto	Pa
penso che		Pa
Non credo (che)		Pr
l'importante è che		Pr
può darsi che		Pr
ho paura che		Pr

LEZIONE 8

made in Italy

Nella tabella precedente, quattro verbi sono al congiuntivo presente (Pr) e due al congiuntivo passato (Pa).
Hai capito come si forma il congiuntivo passato? Completa la regola con le parole date.

> participio   congiuntivo
>
> _____ presente del verbo *essere/avere* + _____ passato

Ricordi con quali verbi si deve usare il congiuntivo? Inserisci al posto giusto nella tabella seguente i verbi o le espressioni della prima colonna della tabella precedente, come nell'esempio.

verbi che introducono un'opinione o una supposizione	*credo*
verbi che esprimono un'emozione o uno stato d'animo	
verbi o espressioni impersonali	

6 Esercizio scritto | *Può darsi che...* WB 3·4·5·6·7

Completa le frasi formulando due ipotesi diverse, secondo il modello.
Verifica poi in plenum.

La tua collega stranamente non è venuta in ufficio e non ha neanche telefonato per avvertire.

Può darsi che sia malata. / Ho paura che le sia successo qualcosa.

> **Ho paura che** le cose possano peggiorare.
> **Può darsi che** tra qualche anno lui torni di nuovo in Italia.

1 Insieme a un amico aspetti che ne arrivino altri due. Il tuo amico si preoccupa, tu dici:
Può darsi che _____. / Ho paura che _____.

2 È da un po' di tempo che non vedi i tuoi vicini di casa. Le finestre sono chiuse da un po', tu pensi:
Può darsi che _____. / Ho paura che _____.

3 La tua macchina improvvisamente non parte, pensi:
Può darsi che _____. / Ho paura che _____.

4 Come ogni martedì, alle 18 sei in aula per la lezione di italiano, ma non trovi nessuno, nemmeno l'insegnante. Pensi:
Può darsi che _____. / Ho paura che _____.

made in Italy

7 Esercizio orale | Penso che sia andato al cinema

Lavora in un gruppo di tre studenti: A, B e C.
A e B dicono, uno per volta, dieci azioni che pensano C abbia fatto il giorno prima. Ogni volta devono cambiare il verbo o l'espressione della frase principale, come negli esempi, e C conferma se hanno indovinato o meno. Poi ci si scambiano i ruoli.

> A: Penso che sia andato al cinema. / B: Ho paura che non abbia cenato.

8 Lettura | Venticinque buoni motivi per essere italiani

Indica due motivi che secondo te sono nell'elenco. Poi leggi il testo e verifica.

_____   _____

di Beppe Severgnini

Ecco perché, nonostante tutto, siamo felici di essere italiani.

1. Perché siamo intelligenti, quando non diventiamo troppo furbi.
2. Perché non è facile prevedere la nostra prossima mossa (se mai ci sarà).
3. Perché siamo geniali. A condizione che sia una cosa geniale trasformare una crisi in una festa.
4. Perché siamo gentili e capaci di bei gesti (anche di gestacci, purtroppo).
5. Perché, ogni tanto, preferiamo l'estetica all'etica. È sbagliato, ma resta comunque uno spettacolo.
6. Perché non solo una grande città, ma anche il paesetto più sperduto è ricco di storia e di arte.
7. Perché negli aeroporti all'alba sembriamo una nazione ordinata.
8 Perché negli alberghi capiscono subito chi sei, e se lo ricordano.
9. Perché nei ristoranti lavorano uomini e donne, non robot.
10. Perché abbiamo il mare, le montagne, le colline, la pianura, città poetiche, isole profumate, fiumi vivaci e grandi laghi.
11. Perché gli italiani hanno saputo dipingere, scolpire, raccontare, cantare, recitare, arredare e vestire la vita.
12. Perché abbiamo scoperto l'America per caso.
13. Perché l'antica Roma era potente e la nuova Roma può essere divertente. Purché non la prendiate troppo sul serio.
14. Perché le famiglie sono alberghi e ristoranti, banche e assicurazioni, asili e ospizi.
15. Perché a tavola mettiamo pane, amore e fantasia.
16. Perché abbiamo "cappuccinizzato" il pianeta, e in Italia un caffè non si nega a nessuno.
17. Perché abbiamo inventato la pizza, la Vespa, la Fiat 500, l'Olivetti Lettera 22 e la giacca da donna.
18. Perché molti ci criticano, ma tutti ci copiano.
19. Perché sappiamo pensare con le mani.
20. Perché in ogni laboratorio del mondo ci sono un computer, una pianta verde e un italiano.
21. Perché possiamo criticarci tra noi, ma non devono farlo gli altri.
22. Perché ci piacciono le eccezioni, ma ogni tanto ricordiamo anche le regole.
23. Perché siamo quello che gli altri vorrebbero essere, almeno qualche volta.
24. Perché sorridiamo, nonostante tutto.
25. Perché alle feste balliamo anche senza essere ubriachi.

adattato da Il Corriere della sera

> **A condizione** che **sia** una cosa geniale...
> **Purché** non la **prendiate** troppo sul serio.

LEZIONE 8

made in Italy

Scegli i quattro motivi che indicano meglio il carattere degli italiani, poi confrontati con un compagno.

☐ ☐ ☐ ☐

Lavora con tutta la classe. Quali sono i tre motivi che sono stati più scelti?

☐ ☐ ☐

9 Scriviamo | Tre buoni motivi per essere _____

Scrivi la tua nazionalità nel titolo di questa attività. Poi scrivi una lista di 3 motivi relativa al tuo Paese. Poi confronta i tuoi motivi con il resto della classe.

_____
_____
_____

Lavora con i compagni: elaborate un'unica lista con i tre motivi indicati da più studenti e individuate le differenze o le analogie con i motivi scelti all'attività 8.

10 Riflettiamo | Che cos'è un gestaccio? WB 8

Una frase dell'articolo di Severgnini parla di "gestacci". "Gestacci" è la forma alterata della parola "gesto", e ha un valore negativo: significa "brutto gesto".
Come si forma questo tipo di alterato? Ricordi gli altri alterati?

> Siamo gentili e capaci di bei gesti (anche di **gestacci**, purtroppo).

gest**accio** = un brutto gesto
libr**accio** = un libro brutto, vecchio

ragazz**accio** = un ragazzo cattivo
fatt**accio** = un fatto brutto, un incidente

11 Lessico | Modi di dire... in *-accio*

Leggi le espressioni e abbinale al loro significato.

1. Fare una figuraccia.
2. Fare la linguaccia.
3. Passare una nottataccia.
4. Dire una parolaccia.
5. Fare un colpaccio.

a. Mostrare la lingua per scherzare.
b. Fare una cosa difficile con un risultato positivo.
c. Dare un'impressione negativa o sbagliata.
d. Usare una parola volgare.
e. Dormire poco e male durante la notte.

made in Italy

12 **Parliamo | Gli italiani, visti da fuori**
Guarda le fotografie: che immagine offrono dell'Italia e degli italiani?
Nel tuo Paese come vedono gli italiani? Parlane in piccoli gruppi e confronta poi in plenum.

Le immagini raffigurano alcuni stereotipi sugli italiani. Scegline una e spiega ad un compagno se ti sembra efficace per rappresentare l'Italia.
Ci sono stereotipi sugli abitanti del tuo Paese?

116 LEZIONE 8

made in Italy

13 **Ascolto | Un reclamo** WB 9·10·11·12

Ascolta la telefonata e completa le affermazioni.

1 Il signor Alinari parla con
  a la direttrice.
  b la proprietaria del negozio.
  c l'addetta alle spedizioni.

2 Il signor Alinari fa un reclamo perché
  a la lampada che ha ordinato è arrivata rotta.
  b ha ordinato una lampada, ma dopo molto tempo non è ancora arrivata.
  c la lampada che ha ricevuto non è quella che ha comprato.

3 Secondo il signor Alinari, la lampada che ha ricevuto è
  a più costosa di quella che ha ordinato.
  b più brutta di quella che ha comprato lui.
  c più piccola di quella che aveva scelto.

4 L'impiegata di *Compraonline* dice che
  a in estate non si deve acquistare niente.
  b in agosto possono capitare dei ritardi.
  c settembre è un mese poco adatto agli acquisti.

5 L'impiegata di *Compraonline* chiede al signor Alinari
  a il numero di telefono.
  b il numero d'ordine.
  c il numero della carta di credito.

6 Secondo l'impiegata il problema è che
  a il signor Alinari ha sbagliato a fare l'ordine.
  b al reparto spedizioni hanno confuso l'indirizzo.
  c un vicino del signor Alinari ha comprato la stessa lampada.

'ALMA.tv

-ino/-etto
-one
-accio

La lingua italiana è piena di nomi alterati, usati spesso in maniera più "emotiva" che grammaticale.
Vai su *www.alma.tv*, cerca "L'italiano alterato" nella rubrica Grammatica caffè e guarda il video del professor Tartaglione che, prima del suo "caffettino", spiega come usarli.

L'italiano alterato | **CERCA**

Eh, sì, **effettivamente** è strano!
Insomma, **probabilmente** hanno confuso il numero 3 con il 3a.
A spese nostre, **naturalmente**.

LEZIONE 8 | 117

made in Italy

E adesso riascolta il dialogo e metti una X sulle espressioni usate per protestare, scusarsi o giustificarsi.

protestare / reclamare

☐ Senta, io avrei un problema.
☐ L'errore però è vostro.
☐ Voglio parlare con un responsabile!
☐ Per fortuna che...
☐ Le pare il modo di lavorare questo?
☐ Ma come sarebbe a dire?
☐ Questa è buona!
☐ Giuro che è l'ultima volta che...
☐ Ho capito, ma...

scusarsi / giustificarsi

☐ Lei ha ragione.
☐ Mi dispiace tanto.
☐ È la prima volta che succede una cosa del genere.
☐ Sono spiacente, ma...
☐ Eh, sì, ma sa...
☐ Sì capisco...
☐ Ci scusi tanto.
☐ Non so cosa sia successo.
☐ Le assicuro che...

14 Parliamo | Una telefonata

In coppia dividetevi i ruoli (cliente e impiegato) e improvvisate una telefonata basandovi sulle seguenti situazioni.

1 Situazione

A Un tuo amico, che vive in un'altra città, si sposa e per i regali ha indicato un negozio di accessori per la casa. Telefoni al negozio e chiedi quali sono i regali possibili, come sono fatti e quanto costano.

B Hai un negozio di accessori per la casa. Ti chiama un cliente per la lista di nozze di un suo amico: gli descrivi i regali possibili (lampade, bicchieri artistici, caffettiere di design, eccetera) e gli dici il prezzo di ogni articolo.

2 Situazione

A Il colore del prodotto che hai ordinato via Internet non ti piace per niente.

B Un cliente reclama perché il colore del prodotto che ha ordinato non gli piace per niente. Spiegagli che non è colpa tua e che la merce non si può cambiare.

3 Situazione

A La merce ordinata ti arriva in un pacco rotto, per cui il prodotto risulta rovinato.

B Un cliente ti chiama perché il prodotto che ha ordinato è arrivato in un pacco rotto e risulta danneggiato. Spiegagli che incidenti simili possono succedere, scusati e fai in modo che resti tuo cliente.

glossario

1	profumo	fragrance, smell		8	furbo	shrewd
1	bevanda	drink		8	prevedere	to foresee
2	marchio	brand		8	mossa	move
2	inconfondibile	unmistakable		8	geniale	brilliant
2	ideato	designed		8	a condizione che	provided that
2	simbolo	symbol		8	crisi	crisis
2	ruota	wheel		8	gestaccio	rude gesture
2	prestigioso	prestigious		8	estetica	aesthetics
2	accessorio	accessory		8	etica	ethics
2	sinonimo	synonym		8	sperduto	isolated
2	eleganza	elegance		8	alba	dawn
2	qualità	quality		8	collina	hill
2	goloso	glutton		8	pianura	plain
2	bontà	good quality		8	poetico	poetic
2	circolare	to circulate		8	profumato	fragrant
2	ricchezza	richness		8	scolpire	to sculpt
2	oro	gold		8	arredare	to furnish
2	gioiello	jewel		8	potente	powerful
2	pubblicità	commercial		8	purché	as long as
2	politico	politician		8	prendere sul serio	to take something seriously
2	giocattolo	toy		8	ospizio	nursing home
2	caffettiera	coffee maker		8	fantasia	imagination
2	ferro	iron		8	pianeta	planet
2	argento	silver		8	negare	to deny
2	plastica	plastic		8	criticare	to criticize
2	materiale	material		8	copiare	to copy
2	caratteristica	feature		8	laboratorio	laboratory
2	spostarsi	to move		8	eccezione	exception
2	passeggero	passenger		8	ubriaco	drunk
2	metallo	metal		11	lingua	tongue
2	vario	various		11	positivo	positive
2	tessuto	fabric		11	impressione	impression
2	pregiato	precious		11	negativo	negative
2	binario	rail		11	volgare	vulgar
2	oggetto personale	personal item		13	reclamo	complaint
2	nocciola	hazelnut		13	addetto	person in charge
2	rendere	to make		13	spedizione	shipment
3	quadrato	square		13	ordinare	to order
3	rettangolare	rectangular		13	acquistare	to buy
3	legno	wood		13	numero d'ordine	order number
4	occasione	opportunity		13	scusarsi	to apologize
4	assunto (participio passato di assumere)	hired		13	giustificarsi	to excuse
				13	Questa è buona!	That's a good one!
4	rifiutare	to refuse		13	giurare	to swear
4	su due piedi	right away, at a moment's notice		13	spiacente	sorry
				13	assicurare	to assure
4	tra l'altro	furthermore		14	regalo	gift
4	può darsi che	it is possible that		14	lista di nozze	wedding list
4	peggiorare	to get worse		14	descrivere	to describe
6	stranamente	strangely		14	merce	goods
6	avvertire	to warn		14	rovinato	ruined
6	malato	sick, ill		14	simile	similar
6	aula	classroom				
8	nonostante	despite				

GLOSSARIO 8

grammatica

Il congiuntivo passato

The **congiuntivo passato** is formed using the subjunctive present of **essere** or **avere** + the past participle of the main verb.

Credo che **sia partito**.
Penso che l'**abbiano assunto** come responsabile.

Ripasso del congiuntivo - Subjunctive review

The subjunctive is used with:
- verbs used to state an opinion or hypothesize

Penso che Francesca **abbia** due figli.
Credo che Roberto **sia andato** in Cina.

- verbs used to express a feeling or an emotion

Ho l'impressione che tu **sia** un po' stanco.
Ho paura che questo documento **sia** sbagliato.

- impersonal verbs or phrases

L'importante è che tu **sia** soddisfatto.

La concordanza dei tempi e dei modi - Tense relationship (1)

A principal clause with a verb at the present is followed by the **congiuntivo passato** in the subordinate clause when talking about an action that took place before the one in the principal clause.

Ho paura che le cose **possano peggiorare**. (= in the near future)
Può darsi che sia **già partito**. (= before, in the past)

A patto che, purché, a condizione che + congiuntivo

Some phrases require the use of the subjunctive because they have a conditional meaning: **a patto che**, **purché**, **a condizione che**, etc.

È molto bello, { a patto che / purché / a condizione che } ti **piaccia** il genere.

Il suffisso -accio - The suffix -accio

The suffix **-accio** changes the meaning of a noun and adds a sense of negativity, ugliness, vulgarity or difficulty to it.

Luigi mi ha fatto un gest**accio**!
Ho passato una nottat**accia**.
Non dire le parol**acce**!

Avverbi in -mente - Adverbs in -mente

The suffix **-mente** changes the feminine form of an adjective into an adverb.

Effettivamente è strano!
(effettiva → effettivamente)
Probabilmente hai confuso il numero.
(probabile → probabilmente)

caffè culturale

Stile italiano
La moda italiana è famosa in tutto il mondo. Leggi le descrizioni dello stile di alcuni creatori e associale alle immagini corrispondenti, come nell'esempio.

Valentino
È diventato celebre per il cosiddetto "rosso Valentino", una tonalità molto accesa.

Roberto Cavalli
La sua è una donna aggressiva, spregiudicata, glamour.

Dolce e Gabbana
I due stilisti propongono un universo sensuale tipicamente mediterraneo.

Miuccia Prada
Il suo successo è dovuto ad accessori ricercati e a una sapiente unione di contrasti: retrò e innovazione, chic e minimalismo.

Salvatore Ferragamo
Il marchio fiorentino si contraddistingue per uno stile senza tempo e forti contrasti cromatici.

Moschino
Uno dei marchi italiani più ironici, stravaganti e dissacranti.

1.
2. 
3. 
4. 
5. 
6. Miuccia Prada

videocorso

Vai al sito di New Italian Espresso 2 (www.almaedizioni.it/newitalianespresso) e apri la sezione VIDEO

1 Prima della visione, osserva l'immagine e indica una delle opzioni. Poi guarda il video e verifica.

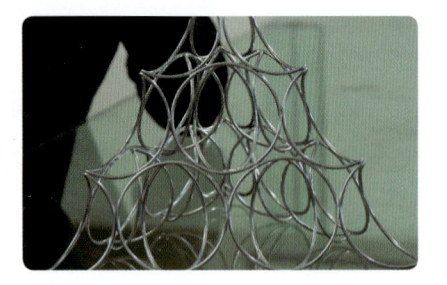

L'oggetto misterioso di cui si parla nell'episodio è quello della foto. Secondo te:
- **a** è un'opera d'arte contemporanea.
- **b** serve per mettere i bicchieri.
- **c** serve per mettere la frutta.
- **d** serve per mettere le candele.
- **e** serve per mettere i cappelli.

2 Completa le frasi con l'opzione corretta.

1 L'oggetto sul tavolo
- **a** è un regalo dei genitori per Valeria.
- **b** è un regalo di Valeria per Paolo.
- **c** viene dalla casa dei genitori di Valeria.

2 Secondo Paolo, l'oggetto
- **a** è inutile.
- **b** deve servire a qualcosa.
- **c** serve per mettere le candele.

3 Valeria pensa
- **a** che l'oggetto sia semplicemente carino.
- **b** che sia un oggetto utile per molte cose.
- **c** che sia stato un errore portarlo a casa.

4 La mamma di Valeria telefona
- **a** per sapere come sta.
- **b** per dirle a cosa serve veramente l'oggetto.
- **c** perché non trova l'oggetto a casa sua.

3 Leggi le frasi nei balloon e scegli l'opzione giusta.

1 Credo che l'ha regalato/abbia regalato zio Fulvio a mia madre...

2 Beh certo, purché una cosa sia/è gratis, non ti importa se poi ti serve/serva veramente o no...

3 Magari è/sia una di quelle cose d'arte contemporanea, no?

4 Sì, ma può darsi che invece è/sia qualcosa di utile... La forma sia/è strana, e poi non so... Secondo me serva/serve per metterci degli oggetti dentro...

5 No guarda, non penso proprio che sia stato/sia per i bicchieri.

videocorso

l'oggetto misterioso 8

4 Osserva il fotogramma, leggi il testo nel balloon e indica l'opzione giusta.

> Ok, te lo riporto. Dai, quante storie per un portafrutta!

Con l'espressione evidenziata Valeria vuole dire che:
a la madre racconta una storia poco interessante.
b la madre dà troppa importanza all'oggetto.

5 Leggi le frasi che dice Valeria e immagina cosa può aver detto sua madre.

▼ Pronto! Ah, ciao mamma!
◆ _____
▼ Sì, tutto bene, tu?
◆ _____
▼ Cosa?
◆ _____
▼ Il portafrutta? Quale…
◆ _____
▼ Sì… Sì, l'ho preso io…
◆ _____
▼ L'ho visto da voi in soggiorno, mi piaceva e…
◆ _____
▼ Sì, hai ragione, scusami.
◆ _____
▼ Ok, te lo riporto.
◆ _____
▼ Dai, quante storie per un… un portafrutta.
◆ _____
▼ Va bene, va bene, ciao.

RICORDA

Valeria dice che il portafrutta vale "parecchio": si tratta di un avverbio che significa "molto", "tanto" e può essere usato anche come aggettivo (per esempio: "Vale parecchi soldi").

6 Sostituisci le espressioni evidenziate nelle frasi con gli elementi della lista. Attenzione, ci sono due espressioni di troppo!

| ho capito | magari | interessa | sono sicuro |
| mi piace | un punto nascosto | a tutti i costi |

1 Bello, no? Era lì, in **un angoletto** del soggiorno dei miei genitori.
2 Beh certo, purché una cosa sia gratis, non ti **importa** se poi ti serve veramente o no…
3 Aspetta aspetta, **ho trovato**!
4 Non lo so… non **mi convince**…
5 Un articolo di design, vale anche parecchio; mamma lo vuole **assolutamente**.

VIDEOCORSO 8 | 123

9 parole, parole, parole...

1 Parliamo | Comunicare
Guarda queste fotografie. A cosa ti fanno pensare? Parlane con un compagno.

*Quali dei seguenti mezzi di comunicazione usi?
Con quale frequenza? Confrontati con un compagno.*

	sempre	quasi sempre	spesso	qualche volta	raramente	quasi mai	mai
telefono fisso							
telefono cellulare							
SMS							
WhatsApp							
mail							
Facebook							
lettera							
altro: _____							

124 | LEZIONE 9

parole, parole, parole...

2 Lettura | Media e testi WB 1
Abbina i testi ai media corrispondenti, come nell'esempio.

1 ☐ telefono **2** ☐ mail **3** B SMS **4** ☐ Facebook **5** ☐ lettera

a ● Andrea, ma dove sei?
  ■ Sono arrivato, sto parcheggiando, arrivo tra cinque minuti.
  ● Ok, ti aspetto.

b Scusa, ho visto solo ora il tuo mess. Non posso venire in pizzeria domani perché sono al verde! Magari ci sentiamo la prox settimana.

c Ciao, scusami se ti rispondo solo adesso, ma negli ultimi giorni non ho avuto tempo di controllare la posta. Per sabato comunque siamo d'accordo, ti chiamo quando stiamo per arrivare. Ti abbraccio. Marina

d Gentile signora Torcello, è con piacere che Le inviamo il programma dei corsi di francese presso il nostro Istituto, come da Lei richiesto.

e Finalmente oggi cominciano le vacanze! Sono sul traghetto per la Sardegna e tra qualche ora sarò al mare, sulla mia isola preferita. Ecco, volevo solo condividere con voi questa gioia! Appena arrivo, posto qualche foto! Aspetto i vostri like!!!

Confronta i tuoi abbinamenti con quelli di un compagno. Che cosa caratterizza, secondo voi, i diversi tipi di comunicazione? Parlatene insieme.

'ALMA.tv

Sai cosa significa l'espressione "Sono al verde"?
Sai quando si usa?
Vai su *www.alma.tv*, cerca "Sono al verde" nella rubrica **Vai a quel paese** e guarda la divertente spiegazione di Federico Idiomatico.

| Sono al verde | CERCA |

3 Lettura | L'italiano si impara con Facebook
Questa è una "nuvola" (tag-cloud) dell'articolo che leggerai. Le parole più frequenti sono più grandi. Prova a discutere con uno o più compagni sui possibili contenuti del testo.

LEZIONE 9 | 125

parole, parole, parole...

Ora leggi l'articolo. Quanto siete andati vicino al contenuto? Continua a lavorare con gli studenti di prima e indicate una percentuale da 0% a 100%.

L'italiano s'impara con Facebook
di Alex Corlazzoli

1 L'italiano ai tempi di Facebook è promosso. Anche l'*Accademia della Crusca* infatti ritiene che il linguaggio scritto, usato sul pc, sia una nuova risorsa da esplorare.

2 Forse fino ad oggi alcuni insegnanti avevano paura che la lingua del web fosse troppo "impura" per proporla in classe, ma dopo le affermazioni della più importante istituzione italiana sulla lingua, ma dopo le affermazioni della più importante istituzione italiana sulla lingua, possiamo sicuramente considerare anche quello dei Social Network "italiano" a tutti gli effetti. Si invita quindi a lavorare con gli studenti utilizzando proprio *Twitter* o *Facebook*, ovvero gli strumenti che loro usano nella vita quotidiana.

3 Il tema divide gli esperti. Un recente libro di Manfred Spitzer, *Demenza digitale*, boccia le nuove tecnologie a scuola.

4 Ora: io sono un insegnante, e la maggior parte dei miei alunni non ha a casa un libro ma ha un profilo *Facebook*. I miei ragazzi non scriveranno mai lettere usando la penna ma invieranno mail e *post* per trovare lavoro, per conquistare una ragazza, per creare un evento. Io stesso tempo fa pensavo che questo rappresentasse un pericolo, per loro e per l'evoluzione della lingua italiana, temevo che la velocità dei *Social Network* creasse una lingua povera e nello stesso tempo rallentasse la capacità di apprendimento dei ragazzi. Ma poi, guardando in faccia la realtà, ho cambiato idea.

5 Però... c'è un però: da insegnante cerco anche di far capire ai miei studenti che l'esercizio della scrittura e della lettura *non social*, molto più lento, riflessivo e impegnativo, li continuerà ad aiutare a fermarsi sul significato delle parole. La verità è che abbiamo ancora bisogno della matita ma non possiamo fare a meno dei *tablet*.
Anche per scrivere e leggere!

adattato da *ilfattoquotidiano.it*

| 0 % | 25 % | 50 % | 75 % | 100 % |

Rimetti al posto giusto queste due citazioni. Vanno alla fine di due paragrafi. Quali?

a "*Internet* ha aperto diversi spazi di scrittura rispetto a quelli già conosciuti, che si usavano prima dell'arrivo del pc. *Twitter* obbliga a un testo breve, che sia però chiaro e diretto: un esercizio alla sintesi estrema, pressoché inesistente nelle scuole. Mentre *Facebook* o la posta elettronica lasciano più spazio all'espressione, spesso spontanea".

b "Alla luce della grande diffusione degli strumenti di scrittura digitali, non sorprende che sempre più spesso i bambini abbiano il loro primo contatto con la lingua scritta in questo modo (...). I risultati dei primi studi su questo argomento indicano che una maggiore digitalizzazione della scrittura ha conseguenze negative sulla capacità di lettura di bambini e adulti".

parole, parole, parole...

4 Esercizio scritto | In un tweet
Scrivi un tweet (280 caratteri, spazi compresi) che riassuma l'articolo del punto 3.

```
Scrivi un Tweet                                    ✕
┌─────────────────────────────────────────────────┐
│                                                 │
│                                                 │
│                                                 │
└─────────────────────────────────────────────────┘
  📷 Aggiungi foto      📍 Localizzazione    280   [ Tweet ]
```

5 Parliamo | E tu?
Qual è il tuo rapporto con Internet? Cancella le parole che non riflettono le tue abitudini. Poi confrontati con un compagno.

Twitter	App	Facebook	Wikipedia	Blog	Download	Mail
Linkedin	Google	WhatsApp	I-Tunes	Youtube	TV streaming	Forum

6 Riflettiamo | Il congiuntivo imperfetto WB 2
*Il verbo evidenziato nella frase del riquadro qui sotto è un **congiuntivo imperfetto**. Trova nel paragrafo 4 del testo del punto 3 altri tre verbi in questo tempo e scrivili nella tabella qui sotto.*

> Alcuni insegnanti avevano paura che la lingua del web **fosse** troppo "impura".

congiuntivo imperfetto	infinito

Ora completa la coniugazione del congiuntivo imperfetto.

parl**are**	prend**ere**	ven**ire**	**essere**	**fare**
parl**assi**	prend**essi**	ven**issi**	fossi	facessi
parl**assi**	prend**essi**	ven**issi**	fossi	facessi
_____	_____	_____	_____	_____
parl**assimo**	prend**essimo**	ven**issimo**	fossimo	facessimo
parl**aste**	prend**este**	ven**iste**	foste	faceste
parl**assero**	prend**essero**	ven**issero**	fossero	facessero

LEZIONE 9

parole, parole, parole...

7 Esercizio scritto | Chi lo dice? WB 3·4·5
Osserva e completa le frasi con la forma adeguata del congiuntivo imperfetto dei verbi tra parentesi.

a Finalmente! Temevo che non (*arrivare*) _____ più.

b Ah, non sapevo che ti (*piacere*) _____ i libri gialli.

c Però! Non sapevo che (*parlare*) _____ il giapponese.

d Scusami! Non immaginavo che (*dormire*) _____ già.

e Buonissimo! Non pensavo che (*sapere*) _____ cucinare così bene.

f Ah, meno male! Avevo paura che non (*chiamare*) _____ più.

8 Ascolto | Che significa?
Ascolta il dialogo e rispondi alle domande sull'espressione dialettale usata. Poi confrontati con un compagno.

Qual è l'espressione?	Di quale zona è l'espressione?	Cosa significa l'espressione?

Ora leggi e verifica.

▼ Certo, Giulio, che ti sei proprio arrabbiato in quella discussione su Facebook.
■ Quale?
▼ Dai, quella dove Francesco appoggiava la riforma della scuola.
■ Ah, sì, sì, ma non me la sono presa davvero. È che Francesco a volte è troppo suscettibile, non si può fare una critica che subito la mette sul personale.
▼ Sì, ma tu gli hai imbruttito però.

128 LEZIONE 9

parole, parole, parole...

- Cosa ho fatto io?
- ▼ Gli hai imbruttito, dai, non puoi dire di no.
- Sì ho sentito la parola, ma che significa?
- ▼ Che sei stato aggressivo… che hai esagerato… ma davvero non sai cosa significa?
- Guarda che quando usi questi modi di dire romani… per me è come se parlassi arabo.
- ▼ Mah… non credo che sia romano.
- Certo che è romano! Di certo comunque non è toscano!
- ▼ Boh.
- E comunque… non sono stato per niente aggressivo.
- ▼ Se lo dici tu…

9 Esercizio scritto | Come se... WB 6

*Collega le frasi e coniuga al **congiuntivo imperfetto** i verbi indicati tra parentesi.*

stare
stessi
stessi
stesse
stessimo
steste
stessero

Per me è **come se parlassi** arabo.

1. Non parla con nessuno! Si comporta come se
2. Mi spiega sempre le cose mille volte, come se
3. Ma insomma, vi comportate come se
4. Accomodati, fa' come se
5. Mia madre cucina ancora come se
6. Quei due si comportano come se
7. Non lo so, mi ha guardato come se

a. (essere) _____ a casa tua!
b. (volere) _____ dirmi qualcosa di importante.
c. (stare) _____ insieme! Si abbracciano, si tengono per mano…
d. (essere) _____ arrabbiato con tutti!
e. (avere) _____ 10 anni!
f. (noi - essere) _____ in 8!
g. non (io - capire) _____ niente!

10 Ascolto | Driiiiin! WB 7   24

a. Ascolta tutte le volte necessarie e segna accanto alle seguenti affermazioni la telefonata o le telefonate a cui si riferiscono.

	1	2	3	4
a La persona desiderata non può andare al telefono.				
b La persona desiderata non è presente.				
c La persona che telefona ha sbagliato numero.				
d La persona che risponde non conosce la persona che telefona.				
e La persona che chiama lascia un messaggio.				

LEZIONE 9

parole, parole, parole...

b. Riascolta le telefonate e scrivi le forme che si usano per

chiedere di una persona: _____
presentarsi: _____
chiedere chi è che telefona: _____
rispondere che la persona cercata non c'è: _____
segnalare un errore: _____
rispondere che si comunicherà un messaggio: _____

11 Esercizio scritto | Il discorso indiretto WB 8·9

Ecco alcuni messaggi che si riferiscono alle telefonate che hai ascoltato.
Riascolta e indica a quali telefonate in particolare si riferiscono.

a

Ha chiamato l'Ingegner Magistri. Ha detto che oggi non si sente bene, quindi non può venire all'appuntamento. Ha detto anche che se vuole però può andare Lei a casa sua: è libero dalle cinque alle sette.

b

Ha telefonato papà, ha detto che farà tardi. Se può ti richiama prima della riunione.
Laura
PS Anch'io non ceno a casa!

Rileggi i biglietti e completa le frasi con il discorso diretto.
Poi ascolta e verifica.

Discorso diretto
a *L'ingegner Magistri dice alla segretaria:* Oggi non _____ _____ bene, quindi non _____ _____ all'appuntamento. Se per il Dottore va bene, però, _____ _____ lui a casa _____: _____ libero dalle cinque alle sette.
b *Il papà dice alla figlia:* Stasera probabilmente _____ tardi. E comunque se _____ _____ _____ prima che inizi riunione.

> L'Ingegner Magistri non può **venire** all'appuntamento.
> L'Ingegner Magistri ha detto anche che se vuole però può **andare** Lei a casa sua.

130 LEZIONE 9

parole, parole, parole...

12 Esercizio scritto | Messaggi
*Completa i messaggi modificando gli elementi **evidenziati** nei discorsi indiretti.*

Discorso indiretto

1 Giulio ha scritto a Roberto che oggi non **può andare** a giocare a tennis con **lui**. Poi gli ha scritto che se **vuole**, Roberto **lo può** richiamare, così **si mettono** d'accordo per martedì prossimo.

SMS →

Discorso diretto

Ciao Roberto,
Oggi non _____ _____ a giocare a tennis con _____. Se _____ _____ _____ richiamare così _____ _____ _____ d'accordo per martedì prossimo.

2 Pierluigi ha creato un gruppo su una chat e ha scritto un messaggio a Elena per dirle che non **riesce** a **telefonarle** perché il **suo** telefono non prende. Voleva avvertirla che stasera **lui** e Paola **vanno** da Federica. Anche Federica ha scritto a Elena. Le ha detto che se vuole **andare** a cena a casa **sua**, **la deve** chiamare entro le 7.

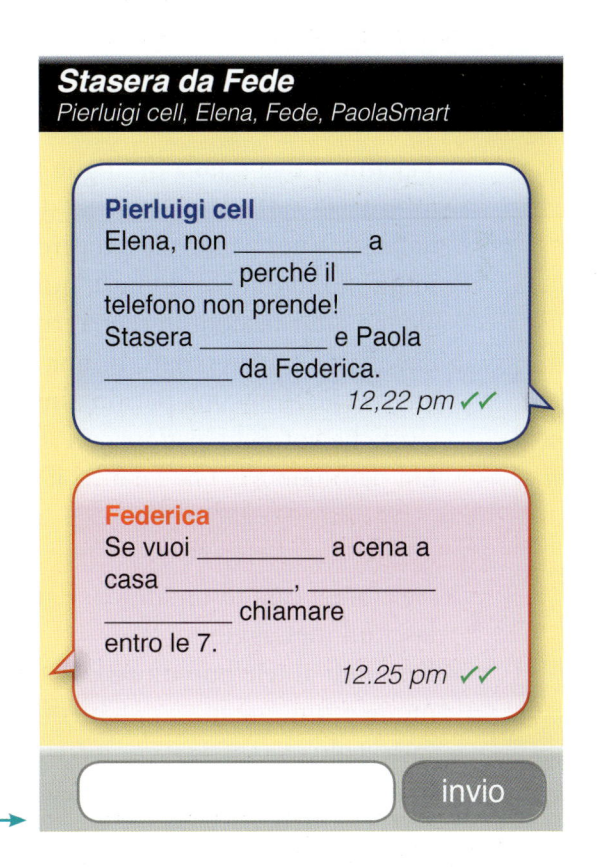

Chat →

Stasera da Fede
Pierluigi cell, Elena, Fede, PaolaSmart

Pierluigi cell
Elena, non _____ a _____ perché il _____ telefono non prende!
Stasera _____ e Paola _____ da Federica.
12,22 pm ✓✓

Federica
Se vuoi _____ a cena a casa _____, _____ _____ chiamare entro le 7.
12.25 pm ✓✓

invio

3 Anna **ha** letto su *Facebook* che Carlo **va** a Napoli per lavoro la prossima settimana. Così gli ha scritto una mail per dirgli che, se **le** telefona, **prendono** un caffè insieme.

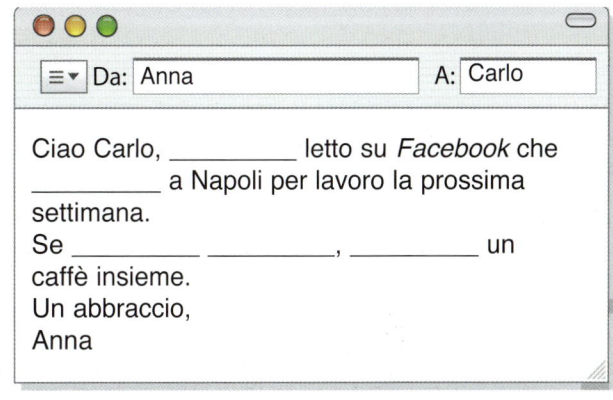

Mail →

Da: Anna   A: Carlo

Ciao Carlo, _____ letto su *Facebook* che _____ a Napoli per lavoro la prossima settimana.
Se _____ _____, _____ un caffè insieme.
Un abbraccio,
Anna

LEZIONE 9 | 131

parole, parole, parole...

13 Esercizio scritto e orale | Messaggi per la classe

In coppia scrivete un messaggio a un compagno. Il messaggio sarà poi dato a un altro compagno il quale dovrà riferirlo al destinatario originario.
Potete scrivere un invito, un'informazione interessante, un consiglio, ecc.

> Per Linda
> Da parte di Gianni e Barbara
> Noi sabato sera andiamo in pizzeria. Vuoi venire con noi?

14 Parliamo | *Pronto?*

In coppia scegliete un ruolo e improvvisate le seguenti telefonate.

A Telefoni a una scuola di lingue per informarti sulle date e i prezzi dei corsi di italiano. Vuoi parlare con il direttore, ma in questo momento non c'è, quindi chiedi alcune informazioni in segreteria.
B Lavori come segretaria/o in una scuola di lingue. Telefona una persona interessata ai corsi che vorrebbe parlare con il direttore. Lui però non c'è. Gli/Le offri il tuo aiuto.

A Telefoni a casa di un amico. Parli con sua moglie perché lui non è in casa. Gli lasci un messaggio.
B Rispondi al telefono di casa. A chiamare è un amico di tuo marito che al momento non è in casa. Chiedi alla persona che ha chiamato se vuole lasciare un messaggio.

A Vuoi parlare con l'avvocato Panucci, ma sbagli numero. Ti scusi e ti congedi.
B Ti chiama una persona che ha sbagliato numero. Glielo fai presente.

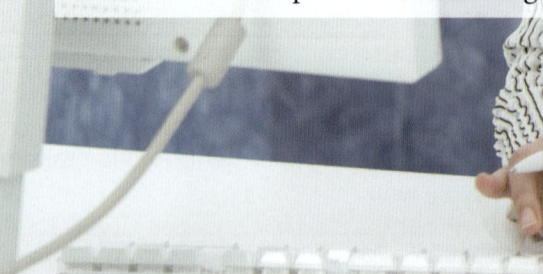

glossario

2	controllare	to check
2	istituto	institute
2	condividere	to share
2	postare	to post
3	promuovere	to promote
3	ritenere	to believe
3	risorsa	resource
3	impuro	impure
3	affermazione	statement
3	ovvero	that is
3	strumento	tool
3	quotidiano	daily
3	tema	topic
3	demenza	madness
3	digitale	digital
3	bocciare	to reject
3	tecnologia	technology
3	rappresentare	to represent
3	pericolo	danger
3	evoluzione	evolution
3	temere	to fear
3	rallentare	to slow down
3	guardare in faccia	to face
3	realtà	reality
3	scrittura	writing
3	lettura	reading
3	riflessivo	reflective
3	impegnativo	demanding
3	fare a meno	to do without
3	rispetto a	in comparison to
3	arrivo	arrival
3	obbligare	to force
3	sintesi	synthesis
3	pressoché	almost
3	inesistente	non-existent
3	posta elettronica	e-mail
3	spontaneo	instinctive
3	alla luce di	in light of
3	diffusione	diffusion
3	sorprendere	to surprise
3	studio	study
3	argomento	subject
3	indicare	to indicate
3	digitalizzazione	digitalization
7	libro giallo	mystery novel
7	Però!	Wow!
7	Meno male!	Thank God!
8	discussione	argument
8	appoggiare	to support
8	riforma	reform
8	prendersela	to get upset
8	suscettibile	touchy
8	critica	critique
8	metterla sul personale	to make something personal
8	aggressivo	aggressive
8	modo di dire	phrase
9	comportarsi	to behave
12	prendere	to have signal
14	informarsi	to inform oneself

grammatica

Il congiuntivo imperfetto

*The first and second person of the singular are the same (**io parlassi**, **tu parlassi**). In order to avoid any ambiguity, the personal pronoun is often stated.*

*Usually the **congiuntivo imperfetto** is used in subordinate clauses when in the principal is used a verb at the **imperfetto indicativo** requiring the subjunctive.*

Chiara pensava che **io fossi** in ritardo.
Aveva paura che **tu** non **arrivassi** in tempo.

Non sapevo che ti **piacessero** i libri gialli.
Credevo che **fossi** troppo stanco.

Verbi regolari - Regular verbs

abit**are**: abit**assi**, abit**assi**, abit**asse**, abit**assimo**, abit**aste**, abit**assero**
cred**ere**: cred**essi**, cred**essi**, cred**esse**, cred**essimo**, cred**este**, cred**essero**
dorm**ire**: dorm**issi**, dorm**issi**, dorm**isse**, dorm**issimo**, dorm**iste**, dorm**issero**

Verbi irregolari - Irregular verbs

bere: bevessi, bevessi, bevesse, bevessimo, beveste, bevessero
dare: dessi, dessi, desse, dessimo, deste, dessero
dire: dicessi, dicessi, dicesse, dicessimo, diceste, dicessero
essere: fossi, fossi, fosse, fossimo, foste, fossero
fare: facessi, facessi, facesse, facessimo, faceste, facessero
stare: stessi, stessi, stesse, stessimo, steste, stessero

Come se + congiuntivo - *Come se* + subjunctive

*The expression **come se** is always followed by the subjunctive. In the case of a simultaneous action, the expression is followed by the **congiuntivo imperfetto**.*

Parli **come se fossi** sordo.
Per me è **come se parlassi** arabo.

Discorso indiretto - Indirect speech

*Indirect speech is introduced by verbs like **dire**, **affermare**, ecc. If the principal clause introducing indirect speech is in the present tense (or in the past with a present sense), the verb tense and mode remain the same, though the person can change. When there is a switch from direct to indirect speech, some elements of the discourse can change, like personal pronouns, possessive adjectives and pronouns: **io → lui**, **mio → suo**.*

Emma: "(io) Non mi sento bene."
Emma **dice/ha detto che** (lei) non **si sente** bene.

Leone: "Stasera mio padre farà tardi".
Leone **dice/ha detto che** stasera **suo** padre **farà** tardi.

I verbi *andare* e *venire* al discorso indiretto - The verbs *andare* and *venire* in indirect speech

***Andare**, used in indirect speech, means to go to a place, while **venire** means to go to the place where the speaker or the listener is, is about to go to or will go to in the future.*

L'avvocato ha detto che **andrà** a Roma per lavoro.

Buongiorno Architetto, l'Ingegner Marini ha detto che non può **venire** all'appuntamento. (*meaning where the architect is now*).

caffè culturale

Gli stranieri in Italia
Guarda il grafico e leggi i dati.

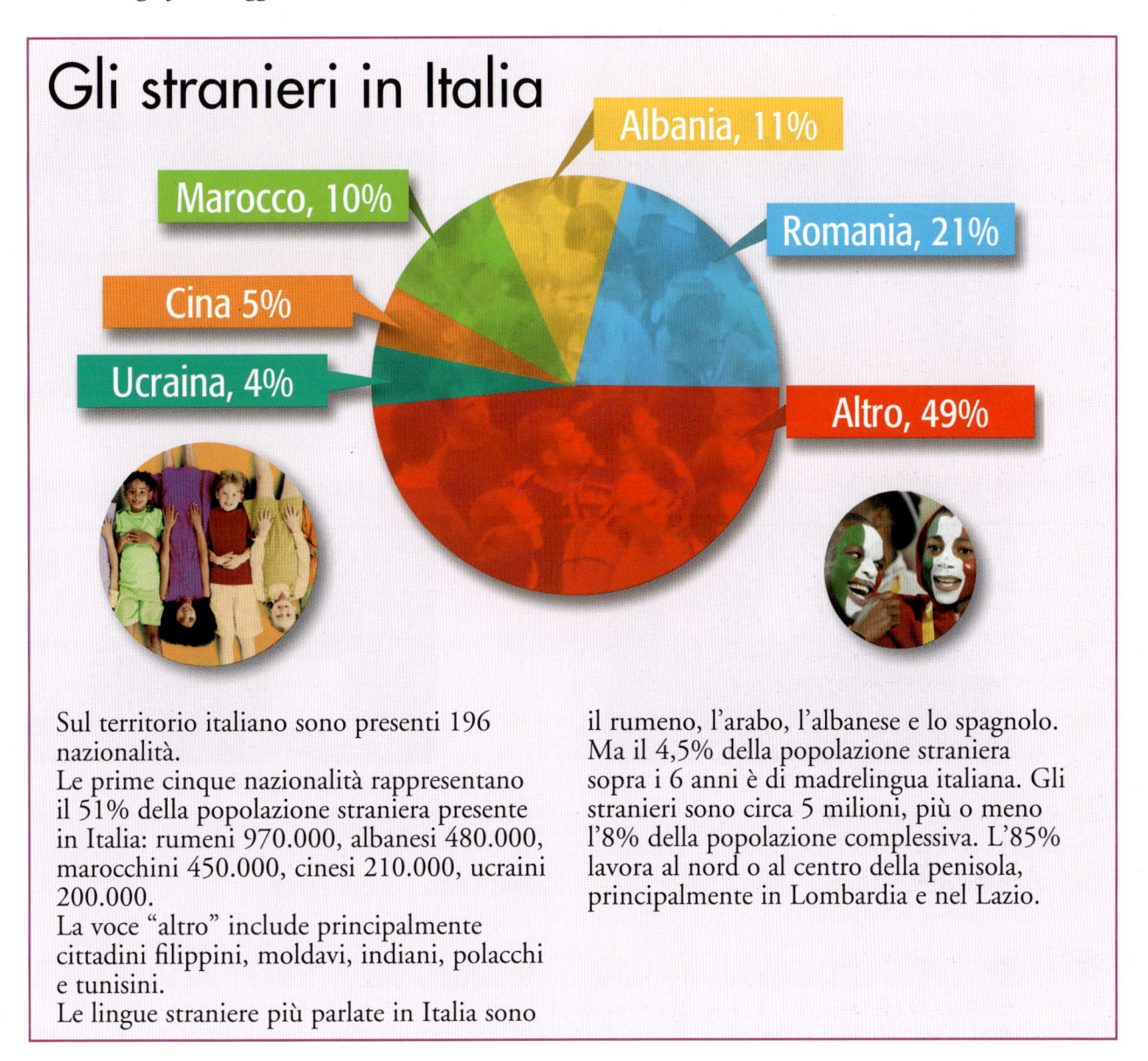

Gli stranieri in Italia

- Albania, 11%
- Romania, 21%
- Marocco, 10%
- Cina 5%
- Ucraina, 4%
- Altro, 49%

Sul territorio italiano sono presenti 196 nazionalità.
Le prime cinque nazionalità rappresentano il 51% della popolazione straniera presente in Italia: rumeni 970.000, albanesi 480.000, marocchini 450.000, cinesi 210.000, ucraini 200.000.
La voce "altro" include principalmente cittadini filippini, moldavi, indiani, polacchi e tunisini.
Le lingue straniere più parlate in Italia sono il rumeno, l'arabo, l'albanese e lo spagnolo. Ma il 4,5% della popolazione straniera sopra i 6 anni è di madrelingua italiana. Gli stranieri sono circa 5 milioni, più o meno l'8% della popolazione complessiva. L'85% lavora al nord o al centro della penisola, principalmente in Lombardia e nel Lazio.

Ora indica se le affermazioni seguenti sono vere o false.

	vero	falso
1 In Italia è presente un numero ristretto di comunità straniere.	☐	☐
2 Il gruppo più ampio di stranieri residenti in Italia proviene da un piccolo numero di Paesi.	☐	☐
3 La comunità marocchina è meno numerosa di quella cinese.	☐	☐
4 L'italiano è la lingua materna di una parte degli stranieri che abitano in Italia.	☐	☐
5 Gli stranieri sono distribuiti in modo disomogeneo sul territorio nazionale.	☐	☐

E nel vostro Paese quali sono le principali comunità straniere e dove si concentrano?

videocorso

1 Conosci i gesti italiani? Prima di guardare il video abbina le immagini alle frasi corrispondenti.

Non mi interessa!   Andiamo via!   Ma cosa dici?   Ma sei matto?

2 Guarda il video e indica se le affermazioni sono vere o false.

	vero	falso
1 Valeria e Paolo hanno un appuntamento con degli amici.	☐	☐
2 Fabio, un loro amico, è malato e non può venire.	☐	☐
3 Paolo vuole andare a mangiare una pizza da solo con Valeria.	☐	☐
4 Valeria preferisce uscire con gli amici.	☐	☐
5 Paolo deve passare in banca prima di andare in pizzeria.	☐	☐
6 La pizzeria dove si sono conosciuti non c'è più: ora c'è una banca.	☐	☐

3 Leggi le frasi al discorso diretto e scrivile al discorso indiretto.

a Fabio dice:
"Sono guarito e voglio venire con voi!"

Aspetta. Ha chiamato Fabio: dice
_____
_____
16:22

videocorso

Senti, a loro cosa diciamo, però?

b Valeria e Paolo dicono agli amici: "Fabio è guarito, ma si è ammalato Paolo!"

Beh, gli diciamo che _____ _____!

4 Completa il dialogo con le forme del verbo *essere* al congiuntivo imperfetto.

VALERIA   Non pensavo che _____ così romantico… Nella pizzeria dove ci siamo conosciuti!…. Ti ricordi? Quanti anni sono passati… Era qui vicino, no?

PAOLO   Sì, infatti. Mi pare proprio che _____ proprio qui.

VALERIA   Sei sicuro? In effetti anche io la ricordavo qui…

PAOLO   Ma sì, lo ricordo benissimo. Come se _____ ieri…

VALERIA   Eh, ma purtroppo non era proprio ieri…

5 Leggi le due frasi e indica le opzioni corrette.

Perché non andiamo noi due soli per i fatti nostri?
16:28

1 Con l'espressione evidenziata Paolo vuole dire:
   a senza considerare nessun altro.
   b dobbiamo fare cose importanti.

Ma quando ce l'hanno messa, 'sta banca?

2 Cosa intende dire veramente Paolo, con questa frase?
   a In che anno è stata costruita la banca?
   b Accidenti, ma qui non c'era la nostra pizzeria?
   c Non conoscevo questa banca!

comunicare a distanza   **9**

RICORDA
Il primo messaggio dell'episodio è "Ma dove 6"? In italiano si usano spesso numeri o altri elementi per scrivere più in fretta. Capita anche nella tua lingua? Conosci forme simili in italiano?

VIDEOCORSO 9 | 137

invito alla lettura

1 Parliamo | Leggere
Completa il questionario.

a Che cosa leggi di solito e con che frequenza?

quotidiani	☐	riviste	☐
fumetti	☐	racconti	☐
romanzi d'amore	☐	romanzi d'avventura	☐
romanzi storici	☐	gialli	☐
libri di fantascienza	☐	poesie	☐
saggi	☐	guide turistiche	☐
libri di cucina	☐	altro: _____	

b Dove leggi di solito?

a letto	☐	a tavola	☐
in treno / in metropolitana / in autobus	☐	dal medico/dal parrucchiere	☐
sul divano	☐	altro: _____	

c Come leggi?

su e-reader o tablet	☐	su carta e in digitale	☐
sul computer	☐	altro: _____	
solo su carta	☐		

d Come scegli le tue letture?

a caso ☐   sulla base di recensioni lette ☐   su consiglio di altre persone ☐

Confronta le tue risposte con quelle di un compagno e, dove possibile, motivale.

Immagina di dover fare un lungo viaggio. Che tipo di letture porteresti con te durante il viaggio?

2 Lettura e ascolto | *Di che parla?* WB 1·2·3
Leggi le quattro recensioni nella prossima pagina e prova a indovinare a quali dei tre libri qui sotto si riferiscono. Attenzione c'è una recensione in più.

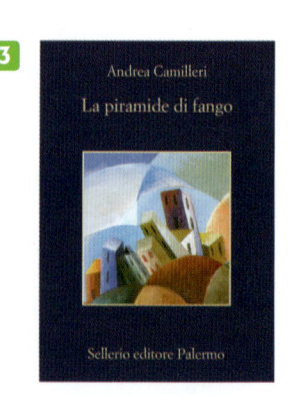

1 Chiara Gamberale – *Per dieci minuti* (Feltrinelli)

2 Marco Malvaldi – *La briscola in cinque* (Sellerio editore Palermo)

3 Andrea Camilleri – *La piramide di fango* (Sellerio editore Palermo)

LEZIONE 10

invito alla lettura

a Massimo è il proprietario del bar della piazza di un piccolo paese della Toscana: il tipico bar dove vanno soprattutto gli anziani, a giocare a carte e soprattutto chiacchierare, commentare i fatti e le persone. Ma un giorno in paese avviene un omicidio. La Polizia trova tra i rifiuti il corpo di una giovane ragazza e capisce che dietro ci sono brutte storie di droga e sesso. Il barista Massimo, su suggerimento dei suoi anziani clienti, inizia a indagare a modo suo sull'omicidio: a poco a poco scoprirà molte verità a cui la Polizia non può arrivare...

c Vittorio è un killer professionista. Nessuno l'ha mai visto perché è abilissimo nei travestimenti ed è possibile contattarlo solo via Internet. Quando non uccide, passa il proprio tempo a guidare. Grazia è una poliziotta che passa le sue giornate libere con un ragazzo cieco, di cui forse è davvero innamorata. Alex è uno studente che lavora part time in un provider. Quando non controlla la chat, passa il suo tempo ad ascoltare una triste canzone di Luigi Tenco.

b Il matrimonio di Chiara è fallito, il suo lavoro non va bene e nello stesso tempo deve trasferirsi dal suo piccolo paese in una grande città. In un momento così difficile della propria vita, Chiara va dall'analista, che le propone un gioco: "Per un mese", dice la sua dottoressa, "e solo per dieci minuti al giorno, faccia una nuova esperienza. Anche piccola, ma dev'essere una cosa che non ha mai fatto prima". Chiara accetta e per un mese sperimenta cose nuove: cucina dolci, balla l'hip-hop, ascolta i problemi della madre. Così scopre una nuova se stessa e una nuova vita.

d Sono giorni di pioggia a Vigàta, la città del commissario Montalbano. È in una di queste giornate che trovano un uomo morto in un cantiere, colpito alle spalle. L'indagine di Montalbano entra nel mondo dei cantieri e degli appalti pubblici, dove il fango della pioggia è solo uno degli ostacoli che il commissario trova nella scoperta della verità.

*Adesso ascolta il dialogo e verifica.
Poi riascolta e metti una X sull'affermazione corretta.*

L'uomo che chiede consiglio
acquista un libro sui giochi di carte. ☐
pensa di regalare un romanzo poliziesco al padre. ☐
compra un romanzo d'amore. ☐
vorrebbe leggere un libro di letteratura italiana. ☐

L'amica gli consiglia
un libro in parte comico. ☐
un libro di un autore che a lei piace molto. ☐

invito alla lettura

◆ Nadia, questo lo conosci?
▲ Sì, l'ho letto qualche anno fa, è un giallo divertente.
◆ Ah, è un giallo? Che titolo strano: "La briscola in cinque". Non so nemmeno che gioco è… Di che parla?
▲ Si intitola così perché alcuni dei protagonisti sono dei vecchietti che passano il tempo in un bar a chiacchierare e giocare a carte. Non è un giallo vero e proprio, è soprattutto una storia veramente divertente…
◆ Ah! Quasi quasi lo regalo a mio padre!
▲ Tu potresti comprarti questo, guarda.
◆ Fa' vedere… "Per dieci minuti"…
▲ Sì, si intitola così perché la protagonista - che si chiama Chiara - ogni giorno deve fare per 10 minuti una cosa che non ha mai fatto in vita sua.
◆ Ma dai! E perché?
▲ Beh, questa Chiara sta passando un brutto momento della sua vita e l'analista le propone questa specie di gioco… ma non voglio dirti di più!
◆ Molto interessante! Credo che lo prenderò! Invece, cosa mi dici di questo? È di Camilleri… È quello del commissario Montalbano, no? Che io sappia, è uno scrittore molto bravo.
▲ Sì, ma scrive anche storie di genere diverso. E poi è sempre molto spiritoso, ironico, intelligente…
◆ Ah, io credevo che scrivesse solo gialli… Qui vedo due libri: "Donne" e "La piramide di fango".
▲ Ecco, appunto: "Donne" non è un giallo, ma descrive una serie di personaggi femminili della storia e della fantasia; mentre "La piramide di fango" sì, è un altro giallo con Montalbano. Però se davvero non ne hai mai letto uno, potresti cominciare con questo. Vedrai, ti piacerà: Camilleri non delude mai!

> **Che io sappia**, è uno scrittore molto bravo.

Quale di questi libri ti interesserebbe leggere e quale compreresti per fare un regalo?

invito alla lettura

3 Riflettiamo | *Credevo che...* WB 4·5
Osserva queste due frasi e completa la regola con gli elementi della lista, come nell'esempio.

| ~~indicativo presente~~ | congiuntivo imperfetto | congiuntivo presente | indicativo imperfetto |

1 Credo che — scriva solo gialli.
indicativo presente — _____

2 Credevo che — scrivesse solo gialli.
_____ — _____

*Lavora in coppia e scrivi quattro frasi sulle tue abitudini: possono essere vere o false.
Il tuo compagno fa lo stesso. Poi a turno ognuno legge le frasi all'altro, come nell'esempio.*

> ■ "Di solito prendo in prestito i libri in biblioteca". Secondo me è falso.
> ▼ No, è vero.
> ■ Credevo preferissi comprarli in libreria. / Credevo che non ti piacesse andare in biblioteca.

4 Parliamo | *Vorrei regalare un libro*
In coppia scegliete un ruolo e improvvisate un dialogo.

A
È il compleanno di un tuo caro amico e hai deciso di regalargli un libro, ma non sai ancora quale. Vai in una libreria e ti fai consigliare.

B
Lavori in una libreria. Un cliente ti chiede un consiglio per fare un regalo ad un amico.

5 Lettura | *Per una biblioteca globale* WB 6
Leggi questo titolo di un articolo di giornale e fai delle ipotesi con un compagno su quale potrebbe essere il contenuto del testo, presente nella prossima pagina.

**Lascia un libro dove vuoi: qualcuno lo leggerà!
Grazie al web, la biblioteca diventa globale.**

invito alla lettura

Ora leggi l'articolo e verifica le tue ipotesi.

Lascia un libro dove vuoi: qualcuno lo leggerà! Grazie al web, la biblioteca diventa globale.

Un sito Usa organizza un sistema di scambio internazionale.
A ogni volume viene associato un numero di riconoscimento.

1 Quando, alcuni anni fa, Judy Andrews trovò un libro abbandonato su una sedia dell'aeroporto di Los Angeles, pensò a un colpo di fortuna. Dopo tutto si trattava di uno degli ultimi successi di John Grisham, uno dei suoi autori preferiti. Ma quello che la giovane Judy non sapeva è che si trattava di un incontro non casuale.

2 E infatti guardando più accuratamente vide una piccola nota sulla copertina. Diceva: «Per favore leggimi. Non sono stato perduto. Sto girando il mondo in cerca di amici». Superata la sorpresa, Judy capì che si trattava di qualcosa di più di un semplice libro. Era un invito a partecipare ad un esperimento sociologico globale, organizzato da un sito Internet chiamato *bookcrossing.com*, che ha come scopo trasformare il nostro mondo in un'enorme biblioteca.

3 L'idea è quasi banale, e forse proprio per questo rivoluzionaria. Sul sito si chiede a tutti i lettori che amano la letteratura di registrare loro e i loro libri on line e cominciare poi a distribuirli nei bar, sulle sedie dei cinema, sui tavoli dei ristoranti. Insomma, ovunque.

4 A ogni libro registrato su bookcrossing viene assegnato un numero di identificazione e un'etichetta di registrazione che viene stampata e attaccata sul volume. La nota spiega brevemente il funzionamento del gioco e chiede a chi ritrova il libro di andare sul sito per indicare dove l'ha trovato e di quale volume si tratta.
In questo modo il nuovo proprietario temporaneo può leggerlo e poi rimetterlo in circolo, mentre quello originario può sempre tenerlo sott'occhio e sapere se finisce in buone mani.

5 Sono stati letti finora più di 3 milioni i libri: i generi variano molto e vanno dalle ricette ai racconti, dai saggi ai romanzi. In Italia il fenomeno conta oltre 30 mila iscritti e l'interesse è in crescita.
Chiaramente non tutti i libri arrivano a destinazione. Al momento solo un 10 o un 15% dei volumi "liberati" viene trovato da una persona che si aggiunge alla catena.

adattato da *la Repubblica*

Abbina i paragrafi ai seguenti titoli.

a ☐ I risultati dell'esperimento.
b ☐ Libri dispersi nel mondo.
c ☐ Un ritrovamento non del tutto casuale.
d ☐ Come funziona la biblioteca globale.
e ☐ L'esperimento di *bookcrossing.com*

invito alla lettura

Trova per ogni significato l'espressione corrispondente nel testo, come nell'esempio.

n° paragrafo	significato	espressione del testo
1	lasciato	abbandonato
1	programmato	
2	con molta attenzione	
2	obiettivo	
4	controllare	
5	sono diversi	

6 Riflettiamo | Il passivo

Nell'articolo che hai letto ci sono alcuni esempi di verbi coniugati al passivo.
In coppia con un compagno cercali e completa la tabella.

[paragrafo] forma passiva	tempo	ausiliare	verbo principale
viene associato	presente	venire	associare
[2] _____	passato prossimo		perdere
[4] _____		venire	
[4] _____			stampare
[4] _____			attaccare
[5] _____	passato prossimo		
[5] _____	presente		

Osserva la tabella e completa la regola sugli ausiliari della forma passiva con i verbi della lista.

essere   venire

Nella forma passiva generalmente si usa l'ausiliare _____ con i tempi semplici e l'ausiliare _____ con i tempi composti.

LEZIONE 10 | 143

invito alla lettura

7 Esercizio scritto | **Notizie, notizie...** WB 7·8·9·10
Ecco alcune brevi notizie tratte da un giornale. Trasformale al passivo secondo l'esempio.

> Solo un 15% dei volumi "liberati" **viene trovato** da una persona.
> **Sono stati letti** oltre 3 milioni di libri.
> Il libro **verrà pubblicato** la prossima estate.

La prossima settimana il Governo presenterà la nuova legge sulla maternità.
La nuova legge sulla maternità sarà/verrà presentata dal Governo la prossima settimana.

a Ogni anno la giuria assegna il premio al film migliore.
b Ogni anno più di 300.000 persone visitano la Biennale di Venezia.
c Gli antichi Romani usavano il vino e la lana per curare il raffreddore.
d Gli italiani in media bevono tre tazzine di caffè ogni giorno.
e La radio ha confermato la notizia dello sciopero nazionale.
f Tutto il Paese ha ascoltato il discorso del Presidente in TV.
g La prossima settimana il sindaco inaugurerà la mostra sugli Etruschi.

8 Parliamo | **Viva i libri!**

> «La biblioteca globale» è una proposta un po' «curiosa» per stimolare la lettura.
> Secondo voi che cosa si potrebbe fare per far leggere di più la gente? Lavorate in piccoli gruppi, fate alcune proposte per stimolare la lettura ed esponetele poi in plenum.

invito alla lettura

9 Lettura | La traversata dei vecchietti WB 11
Leggi il racconto di Stefano Benni e ordina i disegni nella la giusta sequenza.

lago → laghetto
vecchio → vecchietto

C'erano due vecchietti che dovevano attraversare la strada. Avevano saputo che dall'altra parte c'era un giardino pubblico con un laghetto. Ai vecchietti, che si chiamavano Aldo e Alberto, sarebbe piaciuto molto andarci.
Così cercarono di attraversare la strada, ma era l'ora di punta e c'era un flusso continuo di macchine.
– Cerchiamo un semaforo – disse Aldo.
– Buon'idea – disse Alberto.
Camminarono finché ne trovarono uno, ma l'ingorgo era tale che le auto erano ferme anche sulle strisce pedonali.
Aldo cercò di avanzare di qualche metro, ma fu subito respinto indietro a suon di clacson e parolacce. Allora disse: proviamo a passare in un momento in cui tutti sono fermi. Ma l'ingorgo era tale che, anche se i vecchietti erano magri come acciughe, non riuscirono a passare. (...)
Era quasi sera quando a Aldo venne un'altra idea.
– Mi sdraio in mezzo alla strada e faccio finta di essere morto – disse – quando le auto si fermano tu attraversi veloce, poi mi alzo e passo io.
– Non possiamo fallire – disse Alberto.
Allora Aldo si sdraiò in mezzo alla strada, ma arrivò un'auto nera e non frenò, gli diede una gran botta e lo mandò quasi dall'altra parte della strada.
– Forza che ce la fai! – gridò Alberto.
Ma passò una grossa moto e con una gran botta rispedì Aldo dalla parte sbagliata. Il vecchietto rimbalzò in tal modo tre o quattro volte e alla fine si ritrovò tutto acciaccato al punto di partenza.
– Che facciamo? chiese. (...)

da Il bar sotto il mare di Stefano Benni, Feltrinelli, 1987

invito alla lettura

10 **Esercizio scritto | Il passato remoto**
Nel testo Stefano Benni, invece di dire i vecchietti «hanno cercato» di attraversare la strada, scrive «cercarono» di attraversare la strada. Usa cioè un passato remoto, il tempo che nella letteratura sostituisce il passato prossimo. <u>Sottolinea</u> nel testo tutti i verbi che secondo te sono al passato remoto e verifica poi in plenum.

11 **Scriviamo | Come continua la storia?**
*Lavorate a coppie. Ogni coppia immagina come continua la storia e scrive un piccolo testo.
Il testo può essere al presente.
Ogni coppia poi espone in plenum la propria versione. Se vuole può drammatizzarla.*

12 **Scriviamo | Raccontiamo!**
*Lavora in coppia.
Ognuno rilegge i testi del punto 2 sceglie tre parole con cui inventare una breve storia.
Ha dieci minuti di tempo. Poi legge la storia al compagno che deve trovare le tre parole "nascoste" (ad ogni parola indovinata corrisponde un punto).*

13 **Ascolto | Parliamo di libri**   27
Ascolta e poi metti una X sull'affermazione corretta.

1 *Novecento* di Alessandro Baricco è
- a un romanzo.
- b un saggio storico.
- c un testo teatrale.

2 La storia del libro si svolge
- a in una nave.
- b in una città.
- c in un cassa di limoni.

3 Il bambino di nome *Novecento* diventa
- a un pittore.
- b un musicista.
- c un marinaio.

4 *Novecento* in tutta la sua vita
- a non vedrà la terra.
- b non scenderà mai dalla nave.
- c non suonerà mai in pubblico.

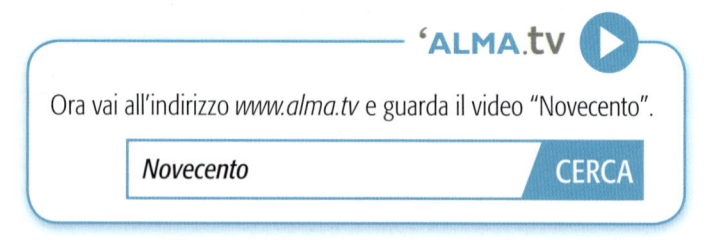

'ALMA.tv
Ora vai all'indirizzo www.alma.tv e guarda il video "Novecento".
Novecento — CERCA

14 **Parliamo | Informarsi**
Intervista un compagno. Chiedigli:

- se e quali giornali o riviste legge abitualmente.
- se preferisce leggere su carta o consultare i siti online.
- se ha mai letto, su carta o nel web, un giornale o una rivista italiani (se sì, cosa ne pensa).
- se hai mai scritto una lettera o un articolo per un giornale o una rivista.
- se ha qualche amico che fa il giornalista.

glossario

1	quotidiano	newspaper		5	etichetta	label
1	romanzo	novel		5	stampare	to print
1	saggio	essay		5	attaccare	to paste
1	racconto	short story		5	brevemente	briefly
1	poesia	poem		5	funzionamento	rules
1	carta	paper		5	temporaneo	temporary
1	a caso	randomly		5	tenere sott'occhio	to keep an eye on
1	sulla base di	on the basis of		5	finire in buone mani	to end up in good hands
1	recensione	review		5	finora	until now
2	briscola	*Italian card game*		5	fenomeno	phenomenon
2	fango	mud		5	iscritto	participant
2	proprietario	owner		5	interesse	interest
2	omicidio	murder		5	crescita	growth
2	rifiuti	garbage		5	destinazione	destination
2	droga	drug		5	liberare	to free
2	sesso	sex		5	catena	chain
2	indagare	to investigate		5	disperso	dispersed
2	fallire	to fail		5	ritrovamento	finding
2	analista	therapist		5	obiettivo	objective
2	abile	skilled		7	governo	government
2	travestimento	disguise		7	legge	law
2	contattare	to contact		7	maternità	motherhood
2	poliziotto/a	policeman/police woman		7	giuria	jury
2	cieco	blind		7	premio	prize
2	commissario	commissioner		7	curare	to cure
2	cantiere	construction site		7	sciopero	strike
2	colpire	to hit		7	presidente	president
2	appalto	tender		7	inaugurare	to inaugurate
2	poliziesco	detective story		8	viva	hooray for
2	intitolarsi	to be titled		9	traversata	crossing
2	che io sappia	as far as I know		9	ora di punta	rush hour
2	ironico	ironic		9	flusso	flow
2	serie	series		9	ingorgo	traffic jam
5	globale	global		9	strisce pedonali	zebra crossing
5	sito	website		9	avanzare	to move forward
5	volume	volume		9	respingere	to drive back
5	associare	to associate		9	a suon di	with
5	riconoscimento	identification		9	fermo	still
5	abbandonare	to abandon		9	acciuga	anchovy
5	successo	success		9	fare finta di	to pretend
5	casuale	fortuitous		9	frenare	to brake
5	accuratamente	accurately		9	botta	hit, blow
5	nota	note		9	rimbalzare	to bounce
5	copertina	cover		9	acciaccato	battered
5	sorpresa	surprise		13	teatrale	theatrical
5	sociologico	sociological		13	cassa	crate
5	trasformare	to transform		13	marinaio	sailor
5	rivoluzionario	revolutionary		14	abitualmente	usually
5	letteratura	literature		14	consultare	to consult
5	registrare	to register				
5	distribuire	to distribute				
5	ovunque	anywhere				
5	assegnare	to assign				
5	identificazione	identification				

GLOSSARIO 10

grammatica

L'espressione *che io sappia* - The expression *che io sappia*

The expression **che io sappia** means "in my opinion", "based on my knowledge". It can be used, as a question, also in the expressions **che tu sappia**, **che voi sappiate**.

> **Che io sappia**, è uno scrittore molto bravo.
> **Che tu sappia**, Carlo viene alla festa?
> **Che voi sappiate**, domani piove?

La concordanza dei tempi e dei modi - Tense relationship (2)

A principal clause with a verb at the **presente indicativo** is followed by a subordinate with the **congiuntivo presente** when talking about a simultaneous o future action, by a subordinate with the **congiuntivo passato** to talk about something that already happened.
A principal clause with a verb in a past tense is followed by the **congiuntivo imperfetto** for an action that took place in the past, at the same time.

> **Ho** paura che lui non **arrivi** in tempo.
> *(now)   (now or in the near future)*
>
> **Ho** paura che lui **abbia perso** il treno.
> *(now)   (before)*
>
> **Avevo** paura che tu non **arrivassi** in tempo.
> *(in the past)   (at the same time)*

La forma passiva con *essere* e con *venire* - The passive voice with *essere* or *venire*

To form the passive voice one can use the verb **essere** + the past participle of the principal verb. The past participle agrees with the noun to which it refers.

The person or the thing that acts (**agente**) is preceded by the preposition **da**.

To form the passive one can also use the verb **venire** + the past participle of the principal verb. **Venire** can be used only in simple tenses, not compound ones.

> La biblioteca **è illuminata** da cinque finestre.
> **Sono stati letti** oltre 3 milioni di libri.
>
> Oggi la posta elettronica **è usata** da milioni di persone.
>
> La nuova legge **verrà** presentata domani.
> La notizia **venne** confermata.

Il passato remoto

The **passato remoto** is generally used in literary texts, when talking about an historic event or about an action that took place in the far past.
In the spoken language, the **passato remoto** is used only in some regions of Central-Southern Italy. In other regions the **passato prossimo** is more commonly used.

> Aldò **cerco** di avanzare di qualche metro, ma **fu** subito respinto indietro a suon di clacson e parolacce. Allora **disse**…
>
> Dormivo da un paio d'ore, quando **squillò** (= è squillato) il telefono.

Verbi regolari - Regular verbs

*abit**are***: abit**ai**, abit**asti**, abit**ò**, abit**ammo**, abit**aste**, abit**arono**
*cred**ere***: cred**ei**/cred**etti**, cred**esti**, cred**é**/cred**ette**, cred**emmo**, cred**este**, cred**erono**/cred**ettero**
*dorm**ire***: dorm**ii**, dorm**isti**, dorm**ì**, dorm**immo**, dorm**iste**, dorm**irono**

Il presente storico - Historical present

Historical present can be used in place of the **passato remoto** when narrating. The whole description will have to be in the present tense.

> Aldo **cerca** di avanzare di qualche metro, ma **è** subito respinto indietro a suon di clacson e parolacce. Allora **dice**…

caffè culturale

Itinerario letterario del Novecento
Ecco alcuni grandi capolavori della narrativa italiana contemporanea. Leggi i testi.

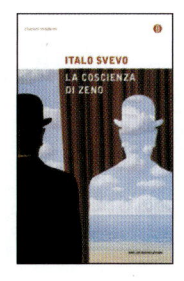

La coscienza di Zeno, Italo Svevo (1923)
Zeno Cosini prova un costante senso di inadeguatezza, che interpreta come sintomi di una malattia. Scoprirà che non è lui a essere malato, bensì la società in cui vive. Uno dei primi romanzi psicoanalitici della letteratura mondiale, scritto sull'onda del successo delle teorie di Freud.

Gli indifferenti, Alberto Moravia (1929)
I giovani fratelli Carla e Michele, indifferenti verso tutto e tutti, si lasciano trascinare in intrighi amorosi che coinvolgono anche la madre e il suo amante Leo. Un romanzo trasgressivo e nichilista non aderente alla morale fascista.

Il barone rampante, Italo Calvino (1957)
Durante la rivoluzione francese il giovane Cosimo sale su un albero, da cui non scenderà più per il resto della vita. Il suo diventa un percorso di formazione e maturazione. Uno dei più famosi e apprezzati romanzi di Italo Calvino.

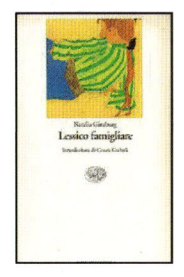

Lessico famigliare, Natalia Ginzburg (1963)
La storia di una famiglia ebraica, i Levi, a Torino tra gli anni Trenta e i Cinquanta del Novecento. Il "lessico" è quello che permette all'autrice di ricostruire le memorie e gli affetti attraverso il ricordo di frasi e modi di dire tipici della sua famiglia.

La storia, Elsa Morante (1974)
Il romanzo segue le drammatiche esperienze di Ida Ramundo, timida maestra elementare, in una Roma devastata dalla Seconda Guerra Mondiale. Un'opera sugli umili, ignorati e maltrattati dalla Storia.

Il nome della rosa, Umberto Eco (1980)
Nel 1327 il frate francescano Guglielmo da Baskerville indaga su un mistero racchiuso nella biblioteca di un monastero del Nord Italia. Scoprirà che qui è nascosta l'ultima copia esistente di uno scritto di Aristotele. Best seller internazionale, da cui è stato tratto un film di grande successo.

Sostiene Pereira, Antonio Tabucchi (1994)
Lisbona, 1938: Pereira è un anziano giornalista, tranquillo e pigro, che vive e lavora durante il regime del dittatore fascista Salazar. Un giorno incontra un giovane scrittore, attivo politicamente, Francesco Monteiro Rossi e quell'incontro cambia per sempre la sua vita.

Quale di questi romanzi ti sembra interessante? Parlane con un compagno.

videocorso

Vai al sito di New Italian Espresso 2 (www.almaedizioni.it/newitalianespresso) e apri la sezione VIDEO

Video 1: parli bene l'italiano!

1 Prima di guardare il video, abbina i fotogrammi alle frasi.

- **a** ☐ Sì, Nabil, sali: terzo piano!
- **b** ☐ Ma è bellissima! Non dovevi!
- **c** ☐ Ecco fatto… La pasta è pronta! Proprio in tempo!

> **RICORDA**
> L'ospite straniero dei nostri amici conosce molto bene le nostre abitudini: infatti regala a Monica una pianta, una scelta perfetta per l'occasione. Altre opzioni? Una bottiglia di vino, un gelato, o dei dolci.
> Anche nel tuo Paese si usa così?

2 Indica se le frasi sono vere o false.

	vero	falso
1 Nabil è un collega di lavoro di Francesco.	☐	☐
2 Monica conosce Nabil da tempo.	☐	☐
3 Nabil porta come regalo un gelato.	☐	☐
4 Secondo Monica è meglio fare ricerca scientifica all'estero.	☐	☐
5 Nabil resterà in Italia a lavorare.	☐	☐
6 A Nabil non piacciono i romanzi italiani.	☐	☐
7 Nabil ha trovato un sito web molto utile per la lingua italiana.	☐	☐
8 Secondo Francesco, Nabil sa l'italiano meglio di lui e di Monica.	☐	☐

3 Leggi il testo nel balloon e indica l'opzione corretta.

> Davvero? Ma tu pensa…!

Cosa significa l'espressione evidenziata?
- **a** Tu non lo sapevi!
- **b** Non lo immaginavo!
- **c** Devi pensare!

videocorso

Vai al sito di New Italian Espresso 2 (www.almaedizioni.it/newitalianespresso) e apri la sezione VIDEO

Video 2: il tempo non basta mai

1 Leggi la trascrizione della prima parte del video e abbina ogni parola evidenziata al suo significato, come nell'esempio.

> "Fa quel che può. Quel che non può non fa". Questo recitava il **timbro** che Alberto Manzi utilizzava sulle **pagelle** dei suoi **allievi** per evitare **giudizi** che invece in ministero prevedeva.

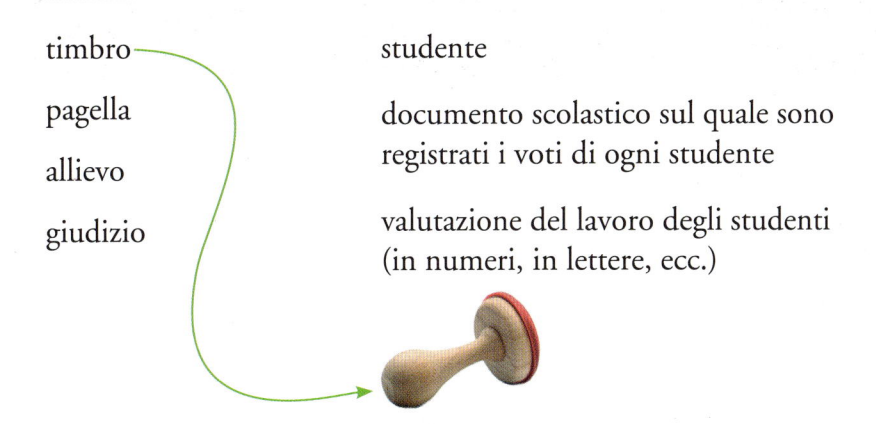

timbro — studente

pagella — documento scolastico sul quale sono registrati i voti di ogni studente

allievo

giudizio — valutazione del lavoro degli studenti (in numeri, in lettere, ecc.)

2 Che cosa succede in questo arco di tempo?

1960   1968

3 Indica se le frasi sono vere o false

                                                                                                               vero   falso

1. "Non è mai troppo tardi" fu un programma televisivo ideato da Alberto Manzi. ☐ ☐
2. Milioni di italiani impararono a scrivere grazie alle lezioni da Alberto Manzi. ☐ ☐
3. Negli anni '60 quasi tutti gli italiani sapevano parlare italiano. ☐ ☐
4. Giulia Manzi è la moglie di Alberto Manzi. ☐ ☐
5. Alberto Manzi insegnò anche in carcere. ☐ ☐
6. Alberto Manzi fu sindaco di Firenze. ☐ ☐
7. Alberto Manzi è ancora vivo. ☐ ☐

il tempo non basta mai

10

VIDEOCORSO 10 | 151

11 | la famiglia cambia faccia

1 Parliamo | La famiglia per me

Indica da 1 a 10 quanto ognuno di questi disegni esprime per te il concetto di famiglia.

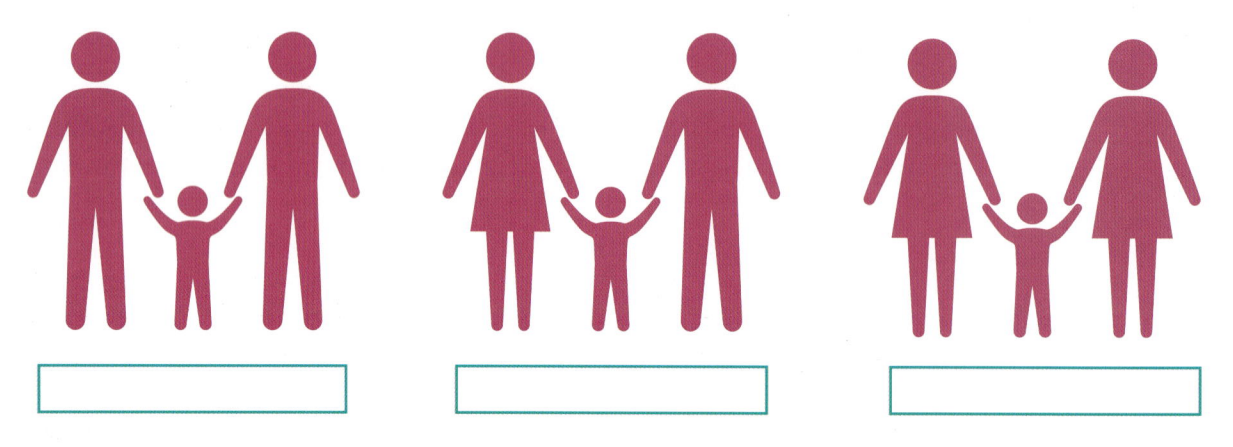

Quali delle seguenti parole associ all'idea di famiglia? Ne aggiungeresti altre? Parlane con un gruppo di compagni e trovate insiemi di tre parole che hanno qualcosa in comune.

tradizione — solidarietà — sicurezza — competitività — controllo — disponibilità — bambini — severità — sincerità — coppia — calore — nido — amicizia — conflitti

LEZIONE 11

la famiglia cambia faccia

2 Lettura e ascolto | La famiglia in Italia WB 1

Qui di seguito trovi alcuni passaggi tratti da articoli di giornale. Leggili e abbinali alle foto.

1 In Italia i nonni sono il 38% della popolazione. La metà ha uno o due nipoti. C'è da dire però che oggi, rispetto a dieci anni fa, sono molti di più i nonni che vanno in viaggio con gli amici, passano la sera al cinema o al ristorante, e hanno meno tempo e pazienza. Per i nipotini resta poco spazio, sebbene proprio i nonni siano figure centrali nello sviluppo del bambino.

2 Si è riaperto nuovamente il dibattito politico per riconoscere legalmente i diritti delle coppie conviventi. Come sempre accade quando si parla di diritti civili, la legge italiana rimane un passo indietro rispetto a molti altri Paesi.

3 Si è tenuta ieri a Roma, in piazza San Giovanni, il *Family Day*, una manifestazione che chiedeva la rivalutazione del matrimonio e della famiglia tradizionale come nucleo della società. Secondo gli organizzatori era presente un milione di persone, anche se la Polizia parla di un massimo di 20.000 partecipanti.

4 Il calo delle nascite in Italia registra record negativi da diverso tempo: la crisi economica, i diversi stili di vita… sono tutti fattori che influenzano la decisione di non avere figli, di averne età avanzata o di averne soltanto uno. Oltre a questo si deve anche considerare il diffondersi dell'infertilità, che colpisce sempre più individui.

Ora ascolta il dialogo e di' a quale notizia si riferisce la discussione. Poi confrontati con un compagno.

la famiglia cambia faccia

Leggi e verifica.

▲ Hai saputo che Corrado e Paola si sposano?
◆ Davvero? Dopo tutto questo tempo?
▲ Eh sì. Ormai sono vent'anni che stanno insieme.
◆ Eh, infatti! E perché lo fanno?
▲ Mah, Corrado vorrebbe chiedere un trasferimento sul lavoro, e, se non sono sposati, Paola non può chiedere di essere trasferita dove va lui.
◆ Ah, il ricongiungimento familiare.
▲ Sì, ecco, quello.
◆ Certo, comunque, è assurdo.
▲ Cosa, che si sposino?
◆ Ma no, è assurdo il fatto che per ottenere un diritto devono sposarsi, nonostante vivano insieme da vent'anni e abbiano due figli insieme. Che poi sono anche grandi, no?
▲ Sì sì, Flavio ha dodici anni e Valerio sette.
◆ Ecco, appunto.

3 Riflettiamo | *Nonostante* WB 2·3

Le congiunzioni qui sotto hanno lo stesso significato. Scrivi tre frasi, una per ogni congiunzione, per dire qualcosa sulla famiglia nel tuo Paese.
Segui gli esempi del riquadro per capire quale modo verbale devi usare dopo ogni congiunzione, poi confrontati con un compagno.

Anche se	
Nonostante	
Sebbene	

> **Nonostante vivano** insieme da vent'anni e **abbiano** due figli insieme, devono sposarsi per ottenere un diritto.
> **Sebbene siano** figure centrali nello sviluppo del bambino, i nonni non hanno più molto tempo per i nipotini.
> **Anche se** la Polizia **parla** di un massimo di 20.000 partecipanti, per gli organizzatori era presente un milione di persone.

4 Lessico | *Davvero?* WB 4

Rileggi il dialogo del punto 2, cerca le espressioni della colonna destra e abbinale alla loro funzione nella colonna sinistra, come nell'esempio.

Funzione

1. Introdurre un nuovo argomento con una domanda.
2. Esprimere sorpresa su qualcosa che ha detto l'interlocutore.
3. Confermare.
4. Argomentare e chiedere conferma.
5. Evidenziare che la risposta dell'altro è esattamente quello che si voleva dire.

Espressione

a. Che poi… no?
b. Davvero?
c. Eh, infatti!
d. Sì, ecco, quello.
e. Hai saputo che…?

la famiglia cambia faccia

5 Lettura | La nuova famiglia WB 5

Leggi il seguente articolo e indica con una X i temi che tratta.

☐ Divorzi e separazioni in Italia
☐ Natalità in Italia e nel mondo
☐ Aumento delle coppie di fatto
☐ Politiche familiari dello Stato
☐ Individualismo e struttura della famiglia
☐ Aumento degli anziani
☐ Il ruolo dei nonni
☐ Migrazioni e nuove strutture familiari

Nei giorni di sole, le nonne del quartiere Testaccio, a Roma, accompagnano i nipoti ai giardinetti per farli giocare con altri bambini. Maria Ceccani osserva con attenzione il nipotino Fabrizio di tre anni, mentre litiga con un compagno. «Non ha né fratelli, né sorelle. E nemmeno cugini» spiega con dispiacere. «Hanno sbagliato ad avere solo un figlio. Lo ripeto continuamente a mio figlio: fanne un altro, fanne un altro». Ma il figlio della signora Ceccani e sua moglie non vogliono un altro bimbo. «Una volta le famiglie italiane avevano molti bambini», continua la signora Ceccani, «ma oggi le mamme lavorano e non hanno tempo per una famiglia numerosa. È una vergogna». Quella della signora non è la semplice preoccupazione di una nonna. L'Italia, con una media di 1,18 bambini per donna, occupa il posto più in basso della classifica mondiale della natalità. Chi l'avrebbe mai detto? Trenta anni fa si temeva che l'aumento della popolazione mondiale consumasse troppo velocemente le risorse della Terra. Oggi nel mondo siamo 6 miliardi ma il tasso di crescita è sceso all'1,2 per cento. Sono molti i fattori che hanno fatto abbassare il numero delle nascite: la diffusione della contraccezione, le maternità in età sempre più avanzata, un numero maggiore di donne nel mondo del lavoro e una diffusa migrazione dalle campagne alle città. C'è però anche un'altra ragione perché nascono meno bambini, anche se gli stressati genitori non lo ammettono: con un solo figlio tutto è più semplice e più economico.

Il sociologo francese Jean-Claude Kaufman attribuisce l'aumento delle famiglie con un figlio unico alla «crescita dell'individualismo». Con un figlio solo è più facile portare la famiglia in un albergo a quattro stelle o in un safari in Tanzania. Vivere in un piccolo appartamento di una metropoli è più facile e se parliamo poi di educazione non c'è confronto: i figli unici hanno molte più possibilità dei loro amici con fratelli di frequentare prestigiose scuole private.

Anche l'età della popolazione mondiale aumenta rapidamente: il numero di ultrasessantenni nei prossimi 50 anni triplicherà e gli over 80 saranno cinque volte di più.

adattato da *Newsweek/la Repubblica*

Il tema dell'articolo è il calo delle nascite. Segna qui sotto le ragioni di cui si parla nell'articolo e scambia le informazioni con un compagno.

> un numero **maggiore** = più grande
> i figli **minori** = più piccoli

la famiglia cambia faccia

6 Parliamo | La famiglia oggi
Lavorate in gruppo. Partecipate a un talk show televisivo. Il tema è "la famiglia oggi". Dividetevi i ruoli.

- il presentatore televisivo
- il figlio della signora Ceccani
- il sociologo francese Jean-Claude Kaufman
- la signora Ceccani
- la moglie del figlio della signora Ceccani

7 Esercizio scritto | *Ti faccio sentire una cosa!* WB 6-7
Con l'aiuto degli immagini, completa le frasi usando la forma adeguata di fare + *infinito.*

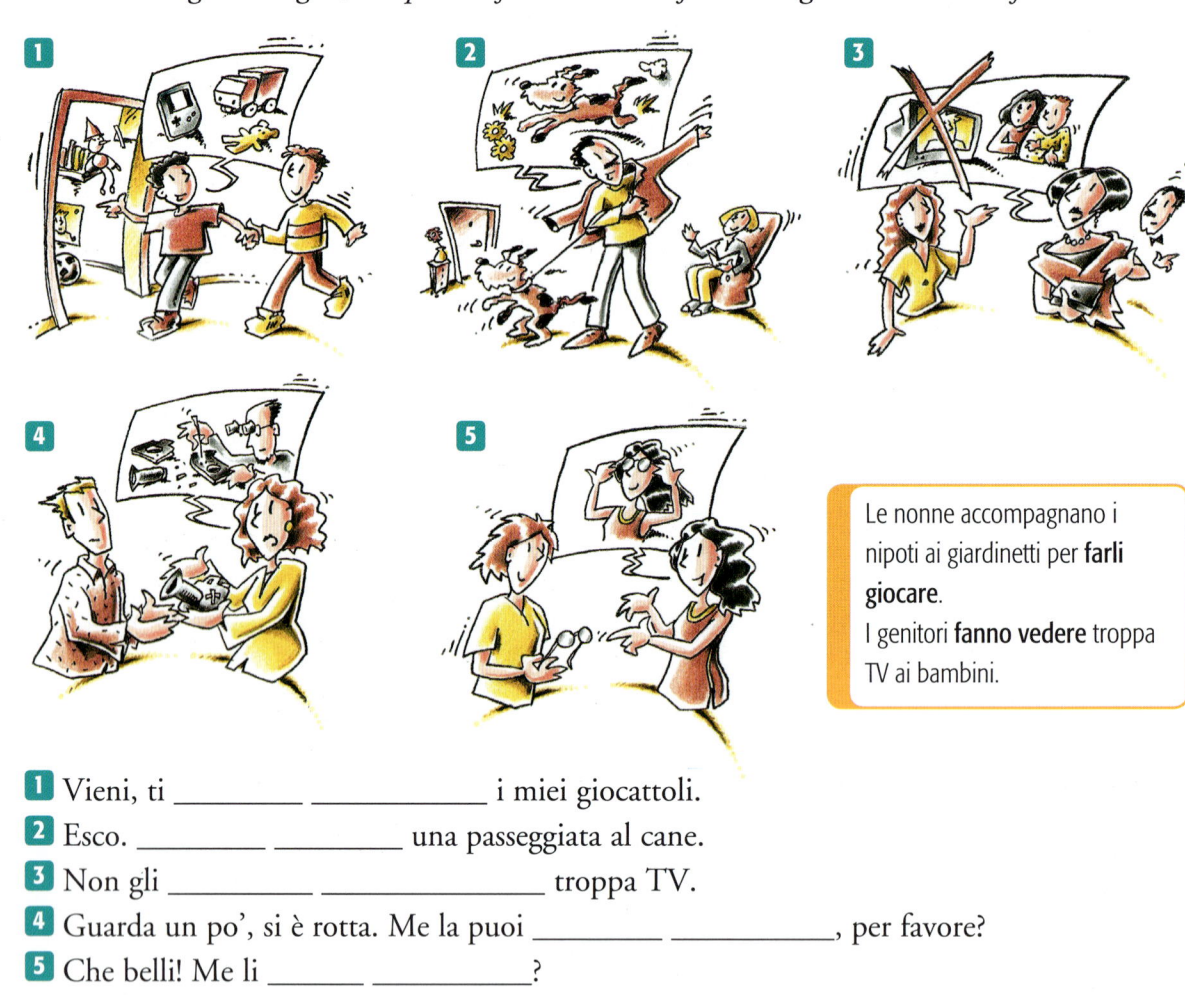

> Le nonne accompagnano i nipoti ai giardinetti per **farli giocare**.
> I genitori **fanno vedere** troppa TV ai bambini.

1. Vieni, ti _____ _____ i miei giocattoli.
2. Esco. _____ _____ una passeggiata al cane.
3. Non gli _____ _____ troppa TV.
4. Guarda un po', si è rotta. Me la puoi _____ _____, per favore?
5. Che belli! Me li _____ _____?

'ALMA.tv

Io faccio scrivere uno studente.

La costruzione *fare* + infinito crea spesso problemi nell'uso delle preposizioni e dei pronomi. Vai su www.alma.tv, cerca "Hai fatto mangiare il bambino?" nella rubrica Grammatica caffè e guarda il video del professor Tartaglione che spiega come usare in modo appropriato questa costruzione.

Hai fatto mangiare il bambino? | CERCA

156 LEZIONE 11

la famiglia cambia faccia

8 Parliamo | Una statistica WB 8·9
Leggi la seguente statistica e discutine con i compagni.
Anche nel tuo Paese si assiste a un fenomeno simile?
Quali ne sono, secondo te, i motivi?

In Italia ci si sposa sempre meno e ci si separa di più

Matrimoni, separazioni e divorzi negli anni 1988–2014

	1988	2005	2014
Matrimoni	338.296	250.000	207.138
Separazioni	37.224	82.291	88.288
Divorzi	30.778	47.036	51.319

Fonte Istat 2014

> **Ci si sposa** sempre meno e **ci si separa** di più.

9 Esercizio orale | Gioco a catena
La classe si divide in due o più squadre. Ogni squadra deve scrivere quante più conclusioni possibili per queste due frasi: "Quando ci si separa…" e "Quando ci si sposa…". Vince la squadra che ha più frasi corrette.

> Quando ci si separa i figli soffrono…

10 Parliamo | E i piatti chi li lava?
Quali delle seguenti faccende domestiche ti piace fare? Quali no?

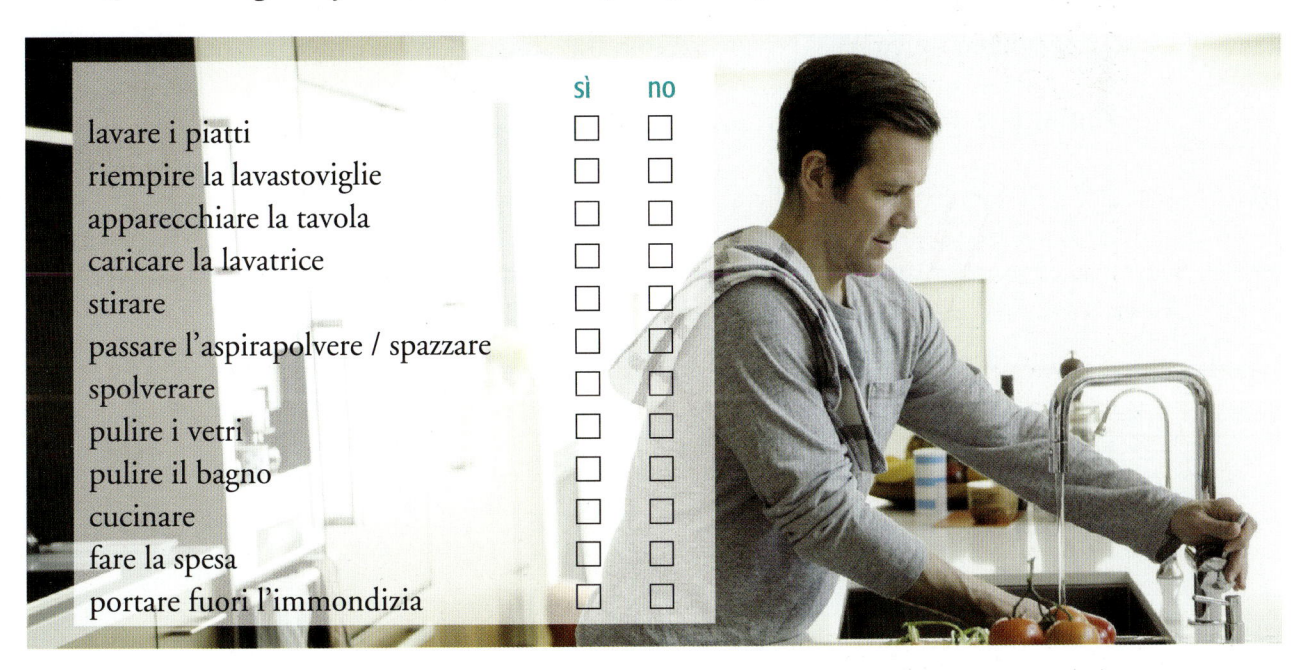

	sì	no
lavare i piatti	☐	☐
riempire la lavastoviglie	☐	☐
apparecchiare la tavola	☐	☐
caricare la lavatrice	☐	☐
stirare	☐	☐
passare l'aspirapolvere / spazzare	☐	☐
spolverare	☐	☐
pulire i vetri	☐	☐
pulire il bagno	☐	☐
cucinare	☐	☐
fare la spesa	☐	☐
portare fuori l'immondizia	☐	☐

Confronta, se possibile, i tuoi risultati con persone di sesso opposto al tuo e prova a cercare delle analogie. Poi discutine in plenum.

la famiglia cambia faccia

11 Ascolto | Una donna racconta
Ascolta l'intervista e completa la tabella.

Dati personali:
Lavoro:
Organizzazione vita familiare:
Cosa pensa del contributo che gli uomini danno in casa?
Cosa pensa delle politiche familiari dello Stato?

Secondo te la situazione descritta dalla donna rispecchia quella del tuo Paese?
Le donne di solito lavorano? Che tipo di aiuti ci sono per le coppie che hanno figli?
Parlane in gruppo e poi in plenum.

12 Scriviamo | Vantaggi e svantaggi
Completa il titolo qui sotto con una delle opzioni della lista. Poi scrivi un testo presentando i vantaggi e gli svantaggi della situazione scelta. Infine scrivi le conclusioni.

| essere figlio unico | avere un solo fratello | vivere in una famiglia numerosa |

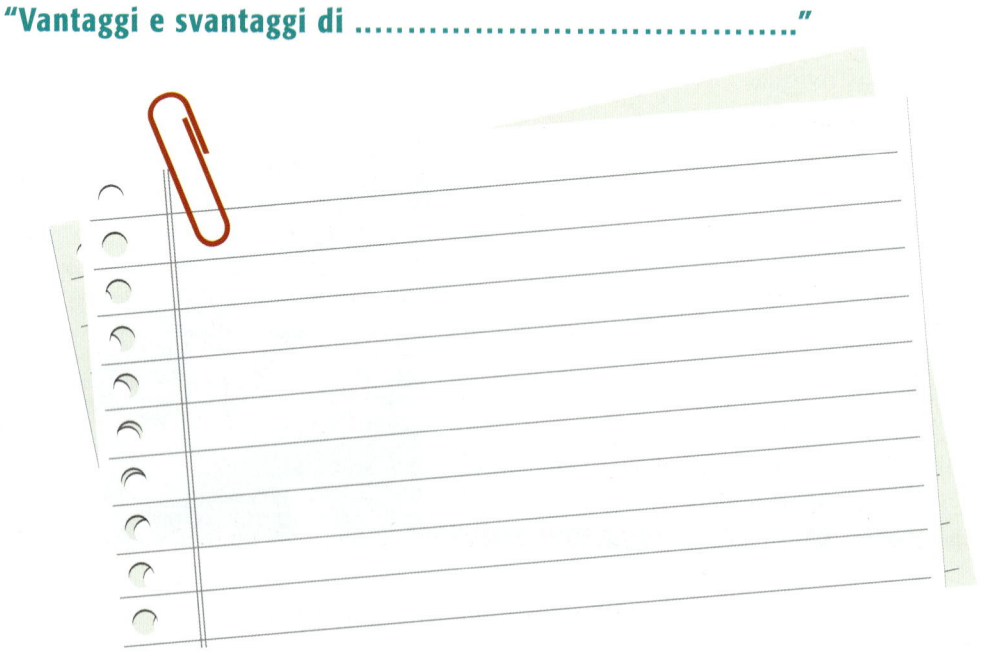

"Vantaggi e svantaggi di ...."

158 LEZIONE 11

glossario

1	solidarietà	solidarity		5	con dispiacere	sadly
1	sicurezza	safety		5	numeroso	numerous
1	competitività	competitivity		5	vergogna	shame
1	controllo	control		5	preoccupazione	worry
1	disponibilità	availability		5	consumare	to consume
1	severità	strictness		5	Terra	Earth
1	sincerità	sincerity		5	miliardo	billion
1	nido	nest		5	tasso	rate
1	conflitto	conflict		5	abbassare	to lower
1	amicizia	friendship		5	contraccezione	birth control
2	c'è da dire	it has to be said		5	ammettere	to admit
2	figura	figure		5	attribuire	to attribute
2	sviluppo	development		5	figlio unico	only son
2	dibattito	debate		5	educazione	education
2	legalmente	legally		5	confronto	comparison
2	diritto	right		5	privato	private
2	convivente	cohabitant		5	ultrasessantenne	over sixty years old
2	accadere	to happen		5	triplicare	to triple
2	passo	step		5	presentatore	TV host
2	manifestazione	demonstration		5	televisivo	television
2	rivalutazione	appreciation		10	apparecchiare	to set the table
2	nucleo	core		10	caricare	to load
2	società	society		10	stirare	to iron
2	organizzatore	promoter		10	passare l'aspirapolvere	to vacuum
2	calo	drop				
2	economico	economic		10	spazzare	to sweep
2	fattore	factor		10	spolverare	to dust
2	influenzare	to influence		10	immondizia	garbage
2	tarda età	old age		11	contributo	contribution
2	infertilità	infertility				
2	individuo	individual				
2	trasferimento	transfer				
2	ricongiungimento familiare	family reunification				
2	assurdo	absurd				
3	sebbene	although				
4	Che poi… no?	I mean… dont' you think?				
4	Eh, infatti!	Exactly!				
4	Sì, ecco, quello.	Exactly what I meant to say.				
4	Hai saputo che…?	Did you know that…?				
5	divorzio	divorce				
5	separazione	separation				
5	natalità	natality				
5	aumento	increase				
5	coppia di fatto	registered partnership				
5	politiche familiari	family policies				
5	Stato	nation				
5	individualismo	individualism				
5	migrazione	migration				
5	struttura	structure				

grammatica

Sebbene, nonostante, malgrado, benché + congiuntivo; anche se + indicativo

The concessive conjunctions **sebbene**, **nonostante**, **malgrado**, **benché** always require the subjunctive.	**Sebbene** ieri **facesse** freddo, sono uscito. **Malgrado piova**, vorrei andare al parco. **Nonostante vivano** insieme da vent'anni, devono sposarsi per ottenere un diritto.
Anche se always requires the indicative.	**Anche se vivono** insieme da vent'anni, devono sposarsi per avere un diritto.

Comparativi e superlativi particolari - Irregular comparative and superlative forms

Some adjectives have two forms of comparative and superlative: one is regular and the other irregular.

	comparative	relative superlative	absolute superlative
buono	migliore / più buono	il migliore / il più buono	ottimo / buonissimo
cattivo	peggiore / più cattivo	il peggiore / il più cattivo	pessimo / cattivissimo
grande	maggiore / più grande	il maggiore / il più grande	massimo / grandissimo
piccolo	minore / più piccolo	il minore / il più piccolo	minimo / piccolissimo

'ALMA.tv ▶

Mettiti alla prova. Vai su *alma.tv* nella rubrica Linguaquiz e fai il videoquiz "Meglio o migliore"?

Fare + infinito - Fare + infinitive

Fare + infinitive can assume three different meanings in Italian: "lasciare", "fare in modo che", "permettere".	Non disturbare il gatto! **Fallo dormire** in pace! (*Don't bother the cat! Let him sleep!*) Hai **fatto riparare** il computer? (*Have you had the computer repaired?*) I genitori **fanno vedere** troppa TV a bambini. (*Parents **allow** their kids **to watch** too much TV.*)

La forma impersonale di un verbo riflessivo - The impersonal form of a reflexive verb

The impersonal form of a reflexive verb is formed by **ci** + **si** + third person singular of the verb.	**Ci si sposa** sempre di meno e **ci si separa** sempre di più.

caffè culturale

"Tu" o "Lei"? Istruzioni per l'uso

Capire se dover dare del tu o del Lei a qualcuno non è sempre facilissimo. Anche per gli italiani a volte questa decisione comporta qualche istante di esitazione. Ecco una guida all'uso, ma attenzione: si tratta di regole generali!

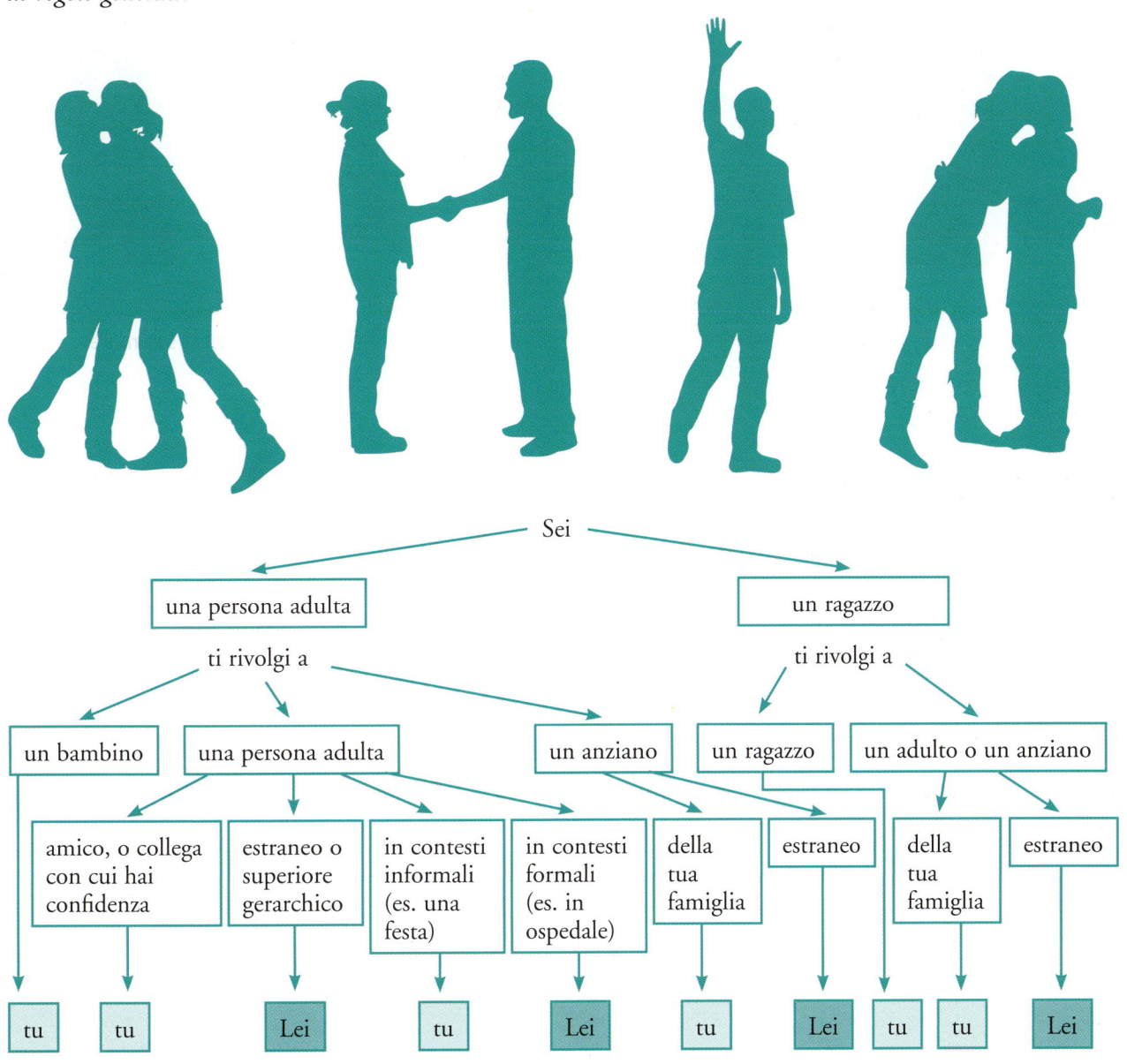

Sei → una persona adulta / un ragazzo

Una persona adulta ti rivolgi a:
- un bambino → **tu**
- una persona adulta:
  - amico, o collega con cui hai confidenza → **tu**
  - estraneo o superiore gerarchico → **Lei**
  - in contesti informali (es. una festa) → **tu**
  - in contesti formali (es. in ospedale) → **Lei**
- un anziano → **Lei**

Un ragazzo ti rivolgi a:
- un ragazzo → **tu**
- un adulto o un anziano:
  - della tua famiglia → **tu**
  - estraneo → **Lei**
  - della tua famiglia → **tu**
  - estraneo → **Lei**

In italiano il "tu" è frequente nelle istruzioni rivolte a utenti generici, per esempio nei comandi del computer o su Internet. Ecco alcuni esempi:

- stampa
- scrivi
- cerca
- aggiorna
- elimina
- clicca

Nella tua lingua esiste una forma di cortesia e/o un registro informale?
Come funziona e come/con chi si usa?

videocorso

Vai al sito di New Italian Espresso 2 (www.almaedizioni.it/newitalianespresso) e apri la sezione VIDEO

1 Prima della visione, leggi le frasi della lista: secondo te, quali sono di Paolo (P) e quali di Valeria (V)? Poi guarda il video e verifica.

P   **V**

a ☐ No! Allora… sarò padre!
b ☐ È… è una cosa bellissima! E poi, dai, sarai la migliore mamma del mondo!
c ☐ Ma sì, è che… insomma, proprio adesso… Lo sai con i bambini, no? Le notti in bianco e tutto il resto…
d ☐ Eh, divertente per te, che non devi allattare!
e ☐ … Sono sicuro che ce la caveremo benissimo!

2 Indica l'opzione giusta.

1 Paolo arriva all'appuntamento
 a in macchina.   b a piedi.   c in autobus.

2 Valeria dice a Paolo che
 a è incinta.   b è malata.   c è stanca di lui.

3 Secondo Valeria non è il momento adatto per
 a cambiare casa.   b avere un figlio.   c trovare un nuovo lavoro.

4 Paolo pensa che
 a Valeria sarà una pessima mamma.   b un figlio è un problema.   c fare il padre sarà divertente.

5 Valeria preferisce
 a non dire ancora niente a nessuno.   b chiedere consiglio ai genitori.   c non avere il figlio.

3 Leggi la frase evidenziata e indica l'opzione giusta.

> Ci faremo aiutare un po' dai miei; e anche i tuoi genitori **ci daranno una mano**, no?

1 Cosa significa l'espressione evidenziata?
 a daranno dei consigli.
 b saluteranno.
 c aiuteranno.

videocorso

> Ma sì, è che... insomma, proprio adesso... Lo sai con i bambini, no? Le notti in bianco e tutto il resto...

2 Cosa significa l'espressione evidenziata?
- a passare la notte al freddo, come sulla neve.
- b passare la notte svegli, senza dormire.
- c passare la notte da soli.

> Nonostante il momento non sia effettivamente quello più adatto, sono sicuro che ce la caveremo benissimo.

3 Cosa significa l'espressione evidenziata?
- a non ce la faremo.
- b faticheremo moltissimo.
- c saremo bravissimi.

4 Completa le frasi con gli elementi della lista. Attenzione, c'è un elemento in più.

farò   farlo   faremo   fai

1 Ok Valeria, però dai, per la casa ci si adatta: per il resto, ci _____ aiutare un po' dai miei; e poi anche i tuoi genitori, ci daranno una mano, no?

2 Ma no, dai! Secondo me è proprio il contrario! Anzi, sai che ti dico? Sarà divertente! Lo _____ giocare, gli canterò canzoni per _____ dormire…

5 Scegli l'opzione giusta per completare correttamente le frasi.

1 E poi, dai, sarai la *buonissima/migliore* mamma del mondo!

2 … La mia preoccupazione è che non sia il momento *migliore/ottimo*… E poi, casa nostra è troppo piccola…

3 Per l'uomo è sempre più facile! Anche se ha sei figli, non dà il *piccolissimo/minimo* aiuto in casa!

RICORDA

In questo episodio troviamo espressioni molto frequenti nella lingua parlata che usiamo quando vogliamo mettere in rilievo il nostro disaccordo con l'altro ("Come sarebbe a dire?"), o precisare il nostro pensiero ("Io non dico questo") o dare più enfasi a ciò che diremo ("Sai che ti dico?").

uno in più

11

12 feste e regali

1 Parliamo | Feste

Guarda le seguenti foto. Sai di quali feste si tratta? Si festeggiano anche nel tuo Paese? E a te piace festeggiarle? Parlane in plenum.

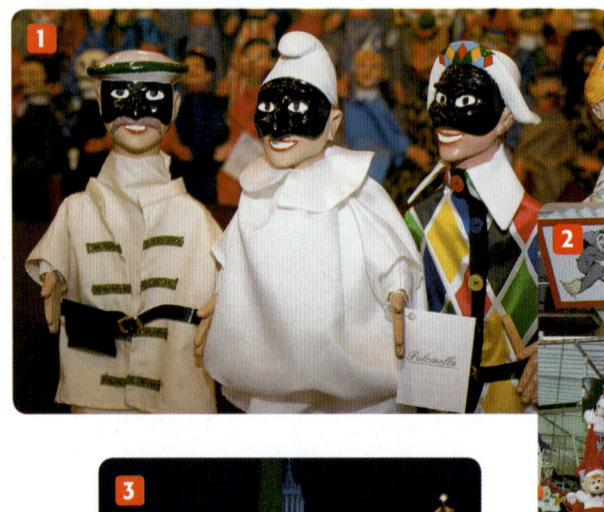

feste e regali

2 Esercizio scritto | In Italia spesso si fa... WB 1

Ecco una serie di «usi» legati ad alcune feste. Abbinali alle feste lavorando prima in coppia, poi in plenum.

Natale (25 dicembre)	Capodanno (1° gennaio)	Epifania (6 gennaio)	Carnevale	Festa della Donna (8 marzo)	Pasqua

1. fare il presepio
2. regalare un mazzetto di mimosa
3. mangiare il panettone
4. riempire le calze dei bambini di dolci e carbone di zucchero
5. fare scherzi
6. giocare a tombola
7. regalare uova di cioccolata
8. aspettare la mezzanotte per brindare con lo spumante
9. mangiare un dolce a forma di colomba
10. addobbare l'albero
11. mangiare il cotechino con le lenticchie
12. mascherarsi

Quali di questi usi ci sono anche nel tuo Paese? Quali no? Parlane in plenum.

3 Parliamo | Viva la tradizione?

Tra le feste di cui si parla ce n'è una che ti piace particolarmente o una che non ti piace per niente? Perché? Conosci dei modi di festeggiarle in maniera «diversa» da quella nota a tutti? Ti sembra importante rispettare le tradizioni? Perché? Parlane in gruppo.

feste e regali

4 Ascolto | *No, per carità!* WB 2·3

*Ascolta il dialogo (senza leggere). Perché i due discutono? Parlane con un compagno.
Poi continua a lavorare con lo stesso compagno e completate il dialogo con le espressioni della lista.*

| ci tengono | dai | mica | per carità | sia chiaro | ti sbrighi |

- ◆ Allora, Gianni, _____? Siamo già in ritardo! Non mi va di arrivare in ritardo al pranzo di Natale!
- ▲ Ma se non è ancora mezzogiorno!
- ◆ Ma… mi prendi in giro?
- ▲ Perché?
- ◆ Guarda che non sei _____ simpatico! Dai, che all'una mamma comincia con gli antipasti.
- ▲ Non credo che sia un dramma se li saltiamo, no?
- ◆ Siamo un po' ironici questa mattina, o sbaglio?
- ▲ No, no, _____!
- ◆ Senti, lo so che non ti va di venire. L'ho già sentita la storia del Natale in famiglia che non ti piace, ma i miei _____. È possibile che ogni anno dobbiamo fare le stesse discussioni?
- ▲ No, va bene, è solo che pensavo che stavolta avremmo festeggiato in maniera diversa!
- ◆ Ma è Natale!
- ▲ Io ricordo perfettamente che l'anno scorso, dopo quel terribile pranzo di 10 ore, mi avevi promesso che quest'anno saremmo andati a sciare!
- ◆ Sì, lo so, l'ho detto. Ma non me la sento di lasciare i miei da soli a Natale. _____!
- ▲ Ho capito, ho capito… Però dopo pranzo andiamo via, eh! Va bene il pranzo, ma poi torniamo a casa!
- ◆ Ma come si fa? Ci sono i bambini, i tuoi nipotini, che ti adorano.
- ▲ Oddio, che incubo! Il panettone, il torrone… a tombola però non ci gioco eh! _____!
- ◆ Sei un mostro!

'ALMA.tv

Sai cosa significa l'espressione "Prendere in giro"? E sai come e perché gli italiani lo fanno?
Vai su *www.alma.tv*, cerca "Prendere in giro" nella rubrica **Vai a quel paese** e guarda l'interessante spiegazione di Federico Idiomatico.

| Prendere in giro | CERCA |

In Italia a Natale si gioca a tombola, che è la versione italiana del bingo. E tu a cosa giochi durante le feste? Parlane con un compagno.

> Non sei **mica** simpatico!

12

166 LEZIONE 12

feste e regali

5 Riflettiamo | Il condizionale passato
Rileggi le due frasi del dialogo e completa la regola sull'uso del condizionale passato.

Pensavo che stavolta <u>avremmo festeggiato</u> in maniera diversa!
(frase principale)   (frase secondaria)

Mi **avevi promesso** che quest'anno <u>saremmo andati</u> a sciare!
(frase principale)   (frase secondaria)

> Il <u>condizionale passato</u> esprime un'azione che si svolge ***prima di / dopo*** un'altra azione ambientata nel passato.

6 Esercizio scritto | *Ma...* WB 4
*Cosa diresti in queste situazioni? In coppia scrivete delle frasi usando il **condizionale passato** come nell'esempio.*

> mi avevi / aveva detto che… / mi avevi / aveva promesso che… / pensavo che…

1. Un tuo amico ti chiama per dirti che non potrà venire alla tua festa di compleanno (è già la seconda volta che succede).
   Mi avevi promesso che quest'anno saresti venuto!

2. Vai dal tecnico, ma il tuo computer dopo una settimana non è ancora stato riparato.
   ___

3. Un tuo amico arriva per l'ennesima volta in ritardo.
   ___

4. Una tua amica si dimentica di portarti un libro di cui hai assolutamente bisogno.
   ___

5. Il tuo migliore amico arriva anche questa volta da solo all'appuntamento (è da tanto che vuoi conoscere il suo partner).
   ___

6. Il negozio dove fai di solito la spesa ha rimandato di nuovo l'apertura (è chiuso da un mese per lavori di ristrutturazione).
   ___

feste e regali

7 Parliamo | *E se invece...*
In coppia dividetevi i ruoli e fate un dialogo.

A Si avvicina Natale. Finalmente il pranzo tradizionale, i regali, i giochi in famiglia. Non vedi l'ora che arrivi il giorno in cui festeggerai insieme a tutta la famiglia, come ogni anno. Tuo fratello però...

B Sei stanco del solito Natale. Quest'anno hai proprio voglia di festeggiare in maniera originale. In famiglia, sì, ma in modo diverso. Tuo fratello però...

8 Lettura | Una figuraccia WB 5·6
Leggi la conversazione su Facebook e completa la tabella.

Federica Rossi
Figuraccia natalizia!
Ieri pranzo di Natale dai miei. Alla fine scartiamo i regali di famiglia ed ecco lì: mia nonna mi ha regalato una sciarpa arancione. Io amo mia nonna ma... arancione... IO ODIO L'ARANCIONE!
E va be', apro il pacchetto, guardo questa sciarpa orribile, sorrido, ringrazio e me la porto a casa per aggiungerla alle altre due sciarpe ricevute durante queste feste.
Ieri poi mi chiama mia cugina dicendo che sarebbe passata dopo mezz'ora a portarmi il regalo. Io però non le avevo fatto niente, così corro in camera, prendo la sciarpa e la impacchetto.
Ci scambiamo i regali e... sulla sciarpa era stato cucito a mano il mio nome e non me ne ero nemmeno accorta! Volevo sprofondare!
26 dicembre alle ore 19.12 Mi piace - Condividi

Monika Ka
Oddio Fede! Però dai, l'idea non era male. Un regalo è sempre un pensiero affettuoso, a volte ti piace e a volte meno. Per fare un esempio, se ricevessi una bottiglia di profumo usata, forse non sarei felice, ma se il profumo mi piacesse, sicuramente lo userei. Sì, lo devo ammettere: anche io ho fatto regali riciclati, e proprio alle persone più care, perché sapevo che loro avrebbero apprezzato delle cose che a me invece non piacevano molto.
5 gennaio alle ore 17.31 Mi piace - Condividi

Marcello Olivieri
Evidentemente tua cugina non si chiama come te! E cosa hai fatto? Se una cosa del genere capitasse a me, non saprei proprio cosa fare! E potrebbe capitarmi! Io infatti faccio sempre regali riciclati - amici: siete tutti avvertiti! - Il problema è che ricevo spesso regali che non mi piacciono. Anche io sorrido, ringrazio e poi li conservo nel reparto "riciclo" del mio armadio, in attesa di un nuovo padrone... Poi quando devo fare un regalo vado lì e vedo se c'è qualcosa che posso dare a qualcuno.
6 gennaio alle ore 12.03 Mi piace - Condividi

Federica Rossi
Marcello, sono stata bravissima... le ho detto che era per un'amica che si chiama come me e che evidentemente avevo scambiato i regali! ;-)
8 gennaio alle ore 9.12 Mi piace - Condividi

Ambra Arcani
Beh, sei stata brava. E ci ha creduto? No, perché se un'amica mi regalasse una cosa riciclata ci rimarrei malissimo! Se venisse da una persona qualsiasi non mi importerebbe niente, ma da una persona cara no, non lo accetterei!
9 gennaio alle ore 12.55 Mi piace - Condividi

168 LEZIONE 12

feste e regali

Cosa pensano le persone dell'usanza di riciclare regali?
Completa la tabella, poi confrontati con un compagno.

	è decisamente contrario/a	ha una posizione neutra / dipende	è favorevole	perché?
Federica Rossi	☐	☐	☐	
Monika Ka	☐	☐	☐	
Marcello Olivieri	☐	☐	☐	
Ambra Arcani	☐	☐	☐	

Sei Federica Rossi.
Scrivi un ultimo post per rispondere ad Ambra Arcani, che è una tua cara amica.
Alla fine leggi il post al resto della classe ed ascolta quelli scritti dai tuoi compagni.

Federica Rossi
10 gennaio alle ore 9.12   👍 Mi piace - Condividi

9 Riflettiamo | Ipotesi WB 7·8·9·10

Monika Ka scrive: "Se ricevessi una bottiglia di profumo usata, forse non sarei felice".
Fa cioè un'ipotesi su come reagirebbe in una certa situazione.
Completa con i verbi le altre frasi ipotetiche presenti nella conversazione del punto 8, come nell'esempio.

Monika Ka	Marcello Olivieri	Ambra Arcani
Se _ricevessi_ una bottiglia di profumo usata forse non ___sarei___ felice.	Se una cosa del genere _capitasse_ a me, non _saprei_ proprio cosa fare.	Se un'amica mi _____ una cosa riciclata ci _____ malissimo!
Se il profumo mi _piacesse_, sicuramente lo _userei_.		Se _____ da una persona qualsiasi non mi _____ niente.

Completa la regola con i tempi verbali della lista. Alla fine confrontati con un gruppo di compagni.

> congiuntivo imperfetto   condizionale presente

> Per esprimere un'ipotesi possibile nel presente o nel futuro, si usa il _____ nella frase dopo il "se", mentre si usa il _____ nell'altra.

LEZIONE 12 | 169

feste e regali

10 Esercizio orale | Come ti comporteresti se…?
*Intervista un compagno. Chiedigli come reagirebbe nelle seguenti situazioni.
Usa il periodo ipotetico.*

> qualcuno gli regala qualcosa che non gli piace per niente
>
> Come ti comporteresti/cosa faresti se qualcuno ti regalasse qualcosa che non ti piace per niente?

- è l'unico a essere vestito elegantemente a una cena a cui è stato invitato
- il suo migliore amico ha dimenticato il suo compleanno
- arriva con un'ora di anticipo alla festa a cui è stato invitato
- al ristorante si accorge di non avere il portafoglio
- si accorge che il regalo che gli ha fatto il suo migliore amico è riciclato

11 Parliamo | Cosa accadrebbe se…?
In piccoli gruppi fate delle ipotesi. Alla fine votate le soluzioni più divertenti.

Cosa fareste se…
1. una sera scopriste che non esiste più la TV.
2. tutti fossero obbligati a usare i mezzi pubblici.
3. doveste vivere per un anno in un'isola deserta.
4. vi poteste trasformare in un…
5. poteste diventare invisibili per un giorno.

12 Ascolto | Sei festaiolo? 31
*Chiudi il libro e ascolta l'intervista. Poi completa le affermazioni qui sotto.
Confrontati con un compagno, poi ascolta di nuovo e verifica.*

1. Ettore — **a** è festaiolo. — **b** non è festaiolo.
2. Il fine settimana — **a** organizza delle feste. — **b** va a delle feste.
3. La festa più bella — **a** è stata la più tradizionale. — **b** è stata la più tranquilla.
4. A Ettore — **a** non piacciono le feste tradizionali. — **b** piacciono le feste tradizionali.
5. Ettore — **a** passa il Natale in famiglia. — **b** non passa il Natale in famiglia.
6. Se organizzasse una grande festa — **a** farebbe una festa trasgressiva. — **b** farebbe una festa per poche persone.

13 Scriviamo | Tu e le feste
*Ti piace festeggiare? Che tipo di feste preferisci?
Se potessi organizzare una grande festa, cosa ti piacerebbe fare?*

glossario

2	Carnevale	Carnival
2	Pasqua	Easter
2	presepio	nativity scene
2	mazzo	bunch
2	calza	stocking
2	carbone	coal
2	zucchero	sugar
2	fare scherzi	to prank
2	tombola	bingo
2	brindare	to make a toast
2	spumante	sparkling wine
2	a forma di	in the shape of
2	colomba	dove
2	addobbare	to decorate
2	lenticchia	lentil
2	mascherarsi	to disguise
4	mica	not
4	per carità	God forbid
4	dramma	tragedy
4	saltare	to skip
4	incubo	nightmare
4	mostro	monster
6	riparare	to repair
6	ennesimo	umpteenth
6	rimandare	to postpone
6	apertura	opening
6	ristrutturazione	renovation
8	natalizio	Christmas
8	scartare	to unwrap
8	impacchettare	to wrap
8	scambiarsi	to exchange
8	cucire	to stitch
8	sprofondare	to disappear
8	pensiero	thought
8	affettuoso	tender
8	riciclare	to recycle, to re-gift
8	riciclo	recycling
8	attesa	wait
11	deserto	deserted
11	invisibile	invisible
12	festaiolo	party goer
12	trasgressivo	transgressive

grammatica

L'avverbio *mica* - The adverb *mica*

The adverb **mica** is used to give emphasis to a negation.

If **mica** is placed after the verb, **non** must precede the verb.

Mica sei obbligato a mangiare tutto!

Non sei mica simpatico! = **Mica sei** simpatico!

Il condizionale passato come futuro nel passato - Conditional imperfect used as a future in the past

A subordinate clause following a principal clause with a verb in a <u>past tense of the indicative</u> requires the use of the conditional imperfect when talking about an action taking place in the future.

<u>Pensavo</u> che stavolta **avremmo festeggiato** in maniera diversa.
Mi <u>avevi promesso</u> che quest'anno **saremmo andati** a sciare.

Il periodo ipotetico della possibilità – *If* clauses (possibility)

When the clause introduced by **se** expresses an unlikely, but nonetheless possible, condition, the verb is in the **congiuntivo imperfetto**, and the verb of the principal clause in the conditional present.

Se **ricevessi** una bottiglia di profumo, **sarei** felice.
Se una cosa del genere **capitasse** a me, non **saprei** proprio cosa fare.

'ALMA.tv

GRAMMATICA caffè

Vuoi approfondire un tema grammaticale o una curiosità linguistica?
Vai su *www.alma.tv*, alla rubrica Grammatica caffè e guarda le videolezioni del Prof. Tartaglione, dense, brevi e gustose come un tazzina di caffè.

caffè culturale

Regali poco graditi

Un giornale italiano ha realizzato un sondaggio sui regali di Natale più brutti in assoluto. Secondo te quale degli oggetti qui sotto è il regalo meno amato? Prova a indovinare, poi leggi l'articolo e controlla.

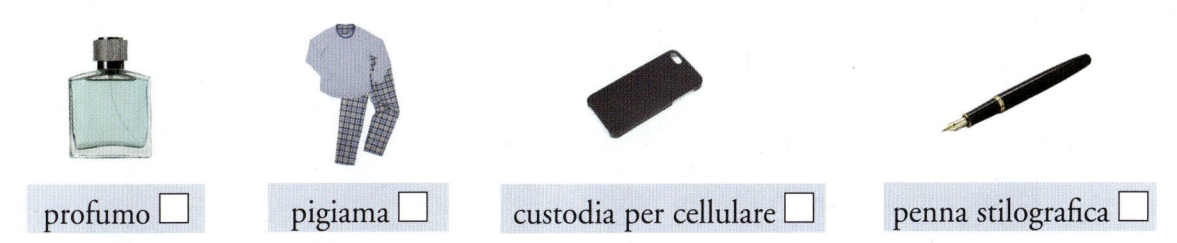

profumo ☐   pigiama ☐   custodia per cellulare ☐   penna stilografica ☐

Chi non ha mai ricevuto regali inutili, o addirittura orrendi, a Natale? Succede così spesso che ormai dopo il 25 dicembre molta gente organizza una tombola con gli amici per mettere in palio i regali più brutti. Abbiamo realizzato un minisondaggio tra gli utenti del sito: ecco la lista dei regali peggiori.

animale di ceramica    pantofole 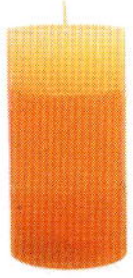   candela profumata    portafoglio

calendario    vestaglia    cornice per foto    portachiavi

Ma il vincitore assoluto è incontestabilmente lui: il pigiama! Siete d'accordo?

Commenti

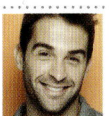

Nemo Grazie al vostro sondaggio, ora so di aver comprato molti regali terribili in vita mia! Che figuraccia! Però posso giustificarmi? Pantofole, pigiami e portafogli aiutano molto quando non sai davvero che cosa regalare.

Mirco Anch'io a volte ho fatto regali orrendi! Confesso che spesso compro i regali in fretta e furia il giorno prima, senza pensare troppo.

Melania Le pantofole: che orrore! Io una volta le ho ricevute, ed avevano anche una fantasia leopardo! Chi me le ha regalate? La mia migliore amica!!!

Ines A me il pigiama piace! Se dovessi regalare un capo di abbigliamento, non saprei cosa scegliere a parte il pigiama, perché non è così legato ai gusti personali. Certo, non lo regalerei mai a uno sconosciuto! Comunque ho notato una cosa: la gente non pensa più che regalare soldi sia poco elegante: forse è l'idea migliore in assoluto per non fare figuracce!

adattato da www.fanpage.it

E tu cosa pensi dei regali indicati nell'articolo? Li trovi bruttissimi oppure no? Come reagiresti se te li regalassero? Parlane con un compagno.

videocorso

1 Prima di guardare l'episodio: osserva le immagini e abbinale alle frasi.

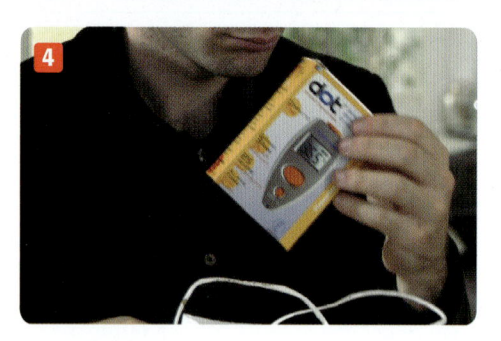

a ☐ Guarda, questo è il numero 3000! Tra qualche anno varrà un sacco di soldi!
b ☐ Tanti auguri a teee! Tanti auguri a teee!
c ☐ Visto che ogni volta che stai male rompi un termometro…!
d ☐ Così quando cucini, non ti scotti più! Io ci tengo alle tue mani!

2 Indica se le frasi sono vere o false.

	vero	falso
1 Oggi è il compleanno di Paolo.	☐	☐
2 Gli amici fanno una sorpresa a Paolo.	☐	☐
3 Eleonora regala a Paolo un libro.	☐	☐
4 A Paolo piacciono molto i regali che riceve.	☐	☐
5 I regali degli amici non erano quelli veri.	☐	☐
6 Alla fine Paolo apre i veri regali.	☐	☐

3 Leggi l'espressione nel balloon e indica l'opzione corretta.

Eh, ma mica un Topolino qualsiasi, eh! Guarda, questo è il numero 3000!

Cosa significa la parola evidenziata?
a non proprio
b magari
c certo

videocorso

4 Scegli l'opzione corretta.

a Pensavi che *venivamo/saremmo venuti/fossimo venuti* senza regalo?
b Non pensavi mica che quelli *fossero/sono/saranno* davvero i nostri veri regali!
c Se io *regalerei/regalassi/regalo* un Topolino a Michele, mi *lascerebbe/lasciava/lasciasse* dopo due minuti.
d Sì, però poi lo *avrei letto/leggerò/leggerei* subito!

5 Discuti con un compagno.

a Quale di questi regali ti sembra il peggiore?

☐ La presina
☐ Il numero 3000 di Topolino
☐ Il termometro

b Hai mai ricevuto un regalo brutto? Cos'era? Chi te lo ha regalato?
b Qual è il vero regalo per Paolo? Cosa c'è nel pacchetto? Fai delle ipotesi.

tanti auguri a te!
12

13 italiani nella storia

1 Parliamo | Personaggi storici italiani
Indica quali di questi personaggi, secondo te, sono italiani. Poi confrontati con un compagno.

- **a** Leonardo Da Vinci
- **b** Cristoforo Colombo 
- **c** Madonna 
- **d** Giuseppe Garibaldi 
- **e** Napoleone Bonaparte 
- **f** Galileo Galilei 
- **g** Lucrezia Borgia 
- **h** Mahatma Gandhi 
- **i** Giulio Cesare 
- **l** Federico Fellini 
- **m** Marco Polo 
- **n** Pablo Picasso 

2 Ascolto | Chi parla? WB 1
Ascolta le tre testimonianze. Quali personaggi parlano, tra quelli del punto 1?

32

176 LEZIONE 13

italiani nella storia

Ascolta ancora e abbina le parole che compaiono nel testo al loro significato.

1

astronomo	Idea contraria alla Verità della Chiesa cattolica.
telescopio	Rinunciare pubblicamente ad una propria affermazione.
eresia	Scienziato che studia il cielo.
abiurare	Strumento per osservare e studiare il cielo.

2

illegittima	Sostanza che, se bevuta o mangiata, può uccidere.
veleno	Rivolgere gentilezze e complimenti ad una persona amata o desiderata.
corteggiare	
bisognosi	Nata fuori dal matrimonio.
	Persone povere.

3

sceneggiatore	Film visto da poche persone.
insuccesso	La storia lavorativa di una persona.
carriera	Persona che scrive la storia e i dialoghi di un film.

3 Parliamo | Il mio personaggio storico
Conosci altri personaggi storici italiani? Cosa sai di loro? Parlane con alcuni compagni, poi con tutta la classe fate una classifica dei personaggi più conosciuti.

4 Lettura | Leonardo Da Vinci WB 2
Cosa sai di Leonardo da Vinci? Quattro di queste affermazioni sono vere. Quali?

a Un genio che faceva scherzi.
b Un genio morto giovanissimo.
c Un artista che amava gli animali.
d Uno scrittore che scriveva al contrario.
e Un artista che dipingeva solo donne.
f Un pittore famoso per le facce dei suoi personaggi.

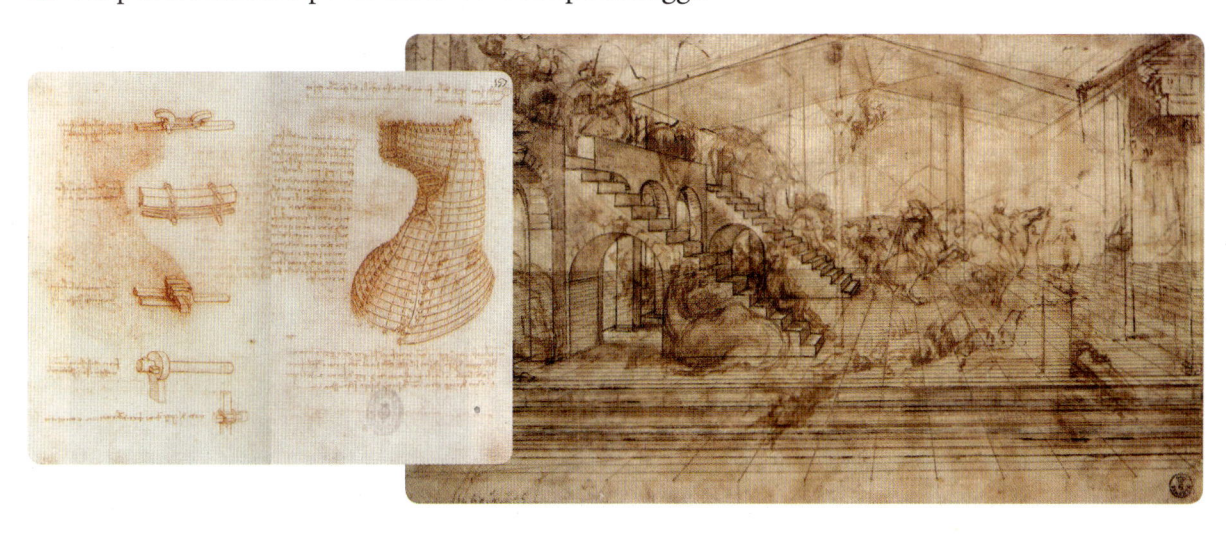

LEZIONE 13 | 177

italiani nella storia

Leggi il testo, verifica quali affermazioni sono vere e abbinale ai paragrafi corrispondenti.

Nato a Vinci (vicino Firenze) nel 1452 e morto in Francia nel 1519, Leonardo Da Vinci è sicuramente tra i più importanti artisti di tutti i tempi. La sua opera più famosa è la Gioconda, conservata a Parigi, al museo del Louvre.

1 ___ Le storie su Leonardo Da Vinci sono molte. Lo storico Giorgio Vasari lo descrive come un uomo che amava gli scherzi, raccontando un fatto curioso. Sembra che Leonardo si divertisse a spaventare gli amici con una piccola lucertola finta e che teneva nascosta in una scatola. Quello che non sappiamo è se gli amici amavano questo genere di scherzi.

2 ___ Leonardo era vegetariano e ambientalista. Giorgio Vasari racconta che Leonardo, camminando per le strade dei mercati, cercava gli animali in gabbia, li comprava e li liberava. Leonardo, nei suoi Appunti, scrive: "Fin dalla giovinezza ho rinunciato all'uso della carne, e verrà un giorno in cui uomini come me considereranno l'omicidio di un animale come l'omicidio di un essere umano".

3 ___ Leonardo scriveva da destra verso sinistra invece che da sinistra verso destra, e non usava una penna normale ma una speciale penna inventata da lui. C'è chi pensa che la scrittura di Leonardo fosse un codice segreto per proteggere i propri scritti dalla censura della Chiesa cattolica.

4 ___ Quando doveva dipingere dei personaggi particolarmente difficili, Leonardo passava intere giornate seguendo gli uomini più mostruosi e strani e prendendo appunti sulla loro fisionomia. Si racconta che per dipingere il personaggio di Giuda cercasse qualcuno con la faccia di un matto. Dopo un anno di inutili ricerche nelle zone più malfamate di Milano, Leonardo organizzò una grande festa per le persone più strane della città. Lui stesso raccontava barzellette per farli ridere, e nello stesso tempo il grande artista studiava le loro espressioni. Sembra che alla fine della festa, Leonardo abbia passato tutta la notte a disegnare le facce di quella serata.

Conoscevi qualcuna delle curiosità scritte nel testo? E cos'altro sai di Leonardo Da Vinci? Parlane con un compagno.

5 Esercizio scritto | Sinonimi e contrari
Osserva le espressioni contenute nel testo: trova, per ognuna, il sinonimo (S) e il contrario (C) della parola sottolineata nell'espressione.

1 fatto <u>curioso</u> — **a** ordinario (__) — **b** non vero (__) — **c** particolare (__)
2 lucertola <u>finta</u> — **a** vera (__) — **b** brutta (__) — **c** falsa, non vera (__)
3 animale <u>in gabbia</u> — **a** cucinato (__) — **b** libero (__) — **c** prigioniero (__)
4 codice <u>segreto</u> — **a** conosciuto (__) — **b** difficile (__) — **c** nascosto (__)
5 zona <u>malfamata</u> — **a** sconosciuta (__) — **b** pericolosa (__) — **c** tranquilla (__)

italiani nella storia

6 Riflettiamo | Il gerundio WB 3·4

*Nel testo del punto 4 ci sono quattro verbi al **gerundio**.*
Trovali e completa la formazione di questo modo verbale, come nell'esempio.

-are	-ere	-ire
raccont_ando_ cammin____	prend____	segu____

Inserisci i quattro verbi nella colonna giusta, a seconda della funzione modale o temporale che hanno nel testo del punto 4, come nell'esempio.

Funzione modale Il gerundio risponde alla domanda: *come?*	Funzione temporale Il gerundio risponde alla domanda: *quando?*
raccontando	

7 Esercizio scritto | Curiosità storiche

Completa le curiosità sui personaggi storici italiani con i verbi al gerundio.

1. Cristoforo Colombo ha scoperto l'America (*cercare*) _____ l'India.
2. Marco Polo è arrivato in Cina (*attraversare*) _____ l'Asia.
3. Garibaldi guidò la "spedizione dei Mille" (*partire*) _____ da Quarto, vicino a Genova, con 1084 uomini, il 5 maggio 1860. Arrivato in Sicilia dopo sei giorni, liberò tutto il Sud e lo consegnò a Vittorio Emanuele II, il primo Re d'Italia.
4. Nel 49 a. C. Giulio Cesare disse la famosa frase "Il dado è tratto" (*superare*) _____ il fiume Rubicone, che segnava il confine tra la Gallia e l'Italia. (*Entrare*) _____ in Italia in quel modo, Cesare diede il via alla Guerra Civile Romana. La frase significava "Ora comincia l'azione, non è più possibile tornare indietro".
5. Pochi giorni prima del suo omicidio, Giulio Cesare, (*compiere*) _____ un sacrificio, non riuscì a trovare il cuore della vittima. In quel momento capì che qualcuno voleva ucciderlo.

8 Ascolto | Cristoforo Colombo

Ascolta il dialogo più volte e forma delle frasi collegando gli elementi delle tre colonne.

1. La ragazza
2. Il ragazzo
3. Gli spagnoli
4. Un'altra teoria

1. ha visto la casa
2. non ha visto
3. dice che Colombo
4. dicono che Colombo

- era italiano.
1. di Cristoforo Colombo.
3. era catalano.
2. l'acquario di Genova.
4. era portoghese.

La ragazza ha visto la casa di cristoforo columbo

LEZIONE 13 | 179

italiani nella storia

Ora leggi e verifica.

▼ Allora? Com'è andata a Genova?
◆ Bellissima! È stato un fine settimana indimenticabile.
▼ Eh, sì, è proprio una bellissima città.
◆ Sì sì.
▼ E cosa hai visto?
◆ Mah, in due giorni non ho potuto girare moltissimo. Ho fatto i soliti giri: il porto, l'acquario.
▼ Ah, l'acquario, bello vero?
◆ Spettacolare. Dicono sia il più grande d'Italia.
▼ Sì lo so. Io purtroppo non sono riuscito ad entrare. Troppa fila!
◆ Sì, ma i biglietti sono acquistabili on line, e con i biglietti in mano, sono entrata subito!
▼ Ah, non lo sapevo!
◆ Ah, e poi ho visto la casa di Cristoforo Colombo.
▼ Ah, e ti è piaciuta?
◆ Ma sì, soprattutto per il valore storico.
▼ Anche se…
◆ Cosa?
▼ Boh. Dicono che Colombo in realtà non fosse genovese.
◆ Ma come? E chi lo dice?
▼ Mah, per esempio secondo gli spagnoli era catalano. A Barcellona c'è anche una sua statua molto famosa…
◆ Non ci posso credere!
▼ Sì sì, e un'altra teoria dice che era portoghese.
◆ Ma dai!!! Lo sanno tutti che l'America è stata scoperta da un italiano! Adesso vogliono rubarci quelle poche certezze che abbiamo!

L'acquario di Genova

> indimenti**ca**bile = che <u>non</u> **può essere** dimenticato
> acquista**bile** = che **può essere** acquistato

9 Giochiamo | Tris WB 5·6

*Gioca a tris con un compagno. A turno, ciascuno sceglie una casella e forma una frase trasformando il verbo in un aggettivo in -**bile**. Quando c'è un verbo al negativo, dovete formare un aggettivo negativo (come nell'esempio). Se il compagno accetta la frase, si può occupare la casella corrispondente. Vince chi collega tre caselle in orizzontale, verticale o diagonale.*

| non calcolare → Un quadro di Leonardo Da Vinci ha un valore *incalcolabile*. |

accettare	fotocopiare	non credere
non controllare	non dimenticare	ballare
non utilizzare	aprire	non prevedere

italiani nella storia

10 **Esercizio scritto | *Dicono che Genova...*** WB 7·8
Guarda il riquadro, poi trasforma le informazioni su Genova in frasi impersonali plurali, usando quattro volte l'espressione "Dicono che".

Costruzione personale	Costruzione impersonale
Cristoforo Colombo era genovese.	**Dicono che** Colombo in realtà non fosse genovese. = **Si dice che / Qualcuno dice che** in realtà non fosse genovese.
L'acquario di Genova è il più grande d'Italia.	**Dicono che** l'acquario di Genova sia il più grande d'Italia. = **Si dice che / Qualcuno dice che** l'acquario di Genova sia il più grande d'Italia.

Genova - Il nome della città deriva dal nome del dio romano Giano. Genova infatti, proprio come il Giano bifronte, ha due facce: una rivolta a sud, verso il mare, l'altra a nord, oltre i monti che la circondano. Nel Medioevo i genovesi erano un popolo di navigatori e mercanti e nel 1300 le loro conquiste arrivavano fino al Mar Nero.

Dicono che...

11 **Lettura | I grandi personaggi dell'Antica Roma** WB 9·10
Leggi i testi e abbinali ai nomi dei personaggi della lista.

a Giulio Cesare **b** Nerone **c** Spartaco **d** Cicerone **e** Adriano

1 ☐ Era un gladiatore poi diventato schiavo. Chiamato anche "lo schiavo che ha sfidato l'impero", ha guidato la più importante rivolta degli schiavi dell'antichità. Dalla sua storia è stato tratto nel 1961 un famosissimo film che porta il suo nome.

2 ☐ Il nome di questo Imperatore romano è legato per sempre all'incendio che nel 64 a. C. ha colpito la città di Roma per nove giorni, distruggendola. La leggenda dice che sia stato lui a dare l'ordine di incendiare la città, a causa della sua pazzia. Ma probabilmente si tratta di un'accusa ingiusta.

3 ☐ È stato uno degli Imperatori più amati a Roma, anche perché ha portato un lungo periodo di pace. Era amante della cultura greca e sotto il suo regno l'Impero Romano ha raggiunto la sua massima estensione.

4 ☐ È forse il personaggio più famoso di Roma antica. Generale romano, dopo aver vinto molte battaglie, è diventato Dittatore di Roma, ottenendo un grandissimo potere. Nel momento più alto della sua carriera militare e politica, un gruppo di senatori ha organizzato una congiura contro di lui, uccidendolo con 23 coltellate il 15 marzo del 44 a. C.

5 ☐ Scrittore e filosofo, era una figura importantissima nel Senato romano, dove attaccava i politici corrotti e violenti. Per i romani era un modello di moralità e di saggezza. I suoi discorsi sono ancora un esempio di retorica.

L'incendio del 64 a. C. ha colpito la città di Roma, distruggendo**la**.
Un gruppo di senatori ha organizzato una congiura contro di lui, uccidendo**lo** con 23 coltellate.

italiani nella storia

12 Ascolto | Una famosa Villa romana WB 11

*Ascolta la visita guidata in una famosa Villa romana.
Di quale personaggio del punto 11 si parla?*

*Ora lavora con un compagno. Ascoltate di nuovo l'audio e guardate le immagini.
Alla fine confrontatevi: secondo voi cosa rappresentano?*

*Continua a lavorare con lo stesso compagno. Ascoltate di nuovo la visita guidata.
Poi completate le descrizioni qui sotto e abbinatele alle foto. Ascoltate tutte le volte necessarie.*

1. ☐ **Villa Adriana.** Costruita tra il _____ e il 133 d. C. Dimensioni: ___ ettari.
2. ☐ **Antinoo.** Era _____ di Adriano. Morì nel ___ d. C. e Adriano gli intitolò una città: _____.
3. ☐ **Il Teatro Marittimo.** Era un' _____ all'interno della _____.
4. ☐ **Sabina.** Era la _____ di Adriano.
5. ☐ **L'Imperatore Adriano.** Amava la cultura della _____, morì nel ___ d.C.

13 Scriviamo | L'Imperatore Adriano

Il testo n°3 del punto 11, sull'imperatore Adriano, è formato da 37 parole. Trasformalo in un testo di almeno 250 parole, usando le informazioni dell'ascolto del punto 12.

14 Parliamo | Le interviste impossibili

Scegli un personaggio storico che conosci (italiano o straniero) e chiedi ad un compagno il nome del suo personaggio. Poi prepara, in cinque minuti, una serie di domande sul personaggio storico scelto dal tuo compagno, per conoscerlo o saperne qualcosa di più. Quando avete finito, intervistatevi a turno.

glossario

1	astronomo	astronomer
1	telescopio	telescope
1	eresia	heresy
2	abiurare	to recant
2	cattolico	catholic
2	rinunciare	to renounce
2	pubblicamente	publicly
2	scienziato	scientist
2	illegittimo	illegitimate
2	veleno	poison
2	corteggiare	to woo
2	bisognoso	needy
2	sostanza	substance
2	uccidere	to kill
2	gentilezza	kindness
2	complimento	compliment
2	sceneggiatore	screewriter
2	insuccesso	flop
2	lavorativo	working
4	genio	genious
4	artista	artist
4	al contrario	backwards
4	spaventare	to scare
4	finto	fake
4	nascosto	*(participio passato di nascondere)*
4	scatola	box
4	ambientalista	environmentalist
4	gabbia	cage
4	appunto	note
4	fin da	since
4	giovinezza	youth
4	essere umano	human being
4	inventare	to invent
4	codice	code
4	segreto	secret
4	scritto	writing, written work
4	censura	censorship
4	mostruoso	monstrous
4	fisionomia	facial features
4	malfamato	disreputable
4	barzelletta	joke
5	ordinario	ordinary
5	prigioniero	prisoner
5	pericoloso	dangerous
7	consegnare	to give
7	Re	king
7	il dado è tratto	the dice is cast
7	confine	border
7	dare il via	to start
7	azione	action
7	compiere	to carry out
7	sacrificio	sacrifice
7	vittima	victim
8	teoria	theory
8	indimenticabile	unforgettable
8	porto	harbor
8	fila	line
8	acquistabile	purchasable
8	valore	value
8	statua	statue
8	certezza	certainty
9	fotocopiare	to photocopy
11	gladiatore	gladiator
11	schiavo	slave
11	sfidare	to challenge
11	impero	empire
11	rivolta	rebellion
11	antichità	ancient times
11	trarre	to be based on
11	imperatore	emperor
11	incendio	fire
11	distruggere	to destroy
11	leggenda	legend
11	incendiare	to set on fire
11	pazzia	madness
11	accusa	accusation
11	ingiusto	unfair
11	estensione	extension
11	Generale	general
11	Dittatore	dictator
11	militare	military
11	senatore	senator
11	congiura	conspiracy
11	coltellata	stab wound
11	filosofo	philosopher
11	Senato	senate
11	attaccare	to criticize
11	corrotto	corrupted
11	moralità	morality
11	saggezza	wisdom
11	retorica	rethoric
12	ettaro	hectare
12	intitolare	to name after

grammatica

Il gerundio modale e temporale - Modal and temporal gerund

If the actions described in the principal and in the subordinate clauses happen at the same time and if the subject of the two clauses is the same, the verb of the subordinate clause is in the present gerund.

Leonardo **passava** intere giornate **seguendo** gli uomini più mostruosi e strani.

The modal gerund answers the question "how?".

Marco Polo è arrivato in Cina (*how? In which way?*) **attraversando** l'Asia.

The temporal gerund answers the question "when?".

Leonardo, (*when? In which moment?*) **camminando** per le strade dei mercati, cercava gli animali in gabbia, li comprava e li liberava.

La posizione dei pronomi con il gerundio - Placement of pronouns when using the gerund

Direct complements follow the verb in the gerund, constituting a single word.

Nel 64 a.C. un grande incendio ha colpito la città di Roma, distruggendo**la**.

Gli aggettivi in -bile - Adjectives ending in -bile

*Adjectives ending in **-bile** have a passive meaning and express a possibility.*

I biglietti sono **acquistabili** (= possono essere acquistati) online.

*In order to form the negative form of the adjective ending in **-bile**, one uses the prefix **in-**, as for the rules of Unit 6.*

È stato un fine settimana **indimenticabile** (= che non si può dimenticare).

La terza persona plurale in funzione impersonale - Impersonal function of the third person plural

In some cases the third person plural can be used to form the impersonal.

In quel cinema **fanno** solo vecchi film.
Con l'aperitivo **danno** qualcosa da mangiare.

*When the verb **dire** has been used in a principal clause in the third person plural as an impersonal, the verb of the dependant clause needs to be in the subjunctive.*

Dicono che Colombo in realtà non **fosse** genovese.
Dicono che l'acquario di Genova **sia** molto bello.

caffè culturale

Gli italiani che hanno fatto la Storia

Leggi il ritratto dei seguenti personaggi storici e ordinali lungo la linea del tempo, come negli esempi.

Augusto
È stato il primo imperatore romano. L'età di Augusto ha rappresentato un momento di svolta nella storia di Roma e il definitivo passaggio dal periodo repubblicano all'impero.

Marco Polo
Mercante veneziano, è stato uno dei più grandi esploratori di tutti i tempi. Viaggiò lungo la via della seta arrivando in Cina, dove diventò ambasciatore. Le sue memorie di viaggio furono raccolte nel celebre libro "Il milione", che ispirò fortemente Cristoforo Colombo.

Maria Montessori
Prima donna laureata in medicina in Italia, pedagoga, diventò famosa per il suo metodo basato sulla libertà, la creatività e l'autodisciplina del bambino, adottato in oltre 20.000 scuole nel mondo.

Marcello Mastroianni
È stato uno degli interpreti italiani più conosciuti e apprezzati all'estero negli anni sessanta e settanta, soprattutto per le pellicole recitate in coppia con Sophia Loren e per i ruoli da protagonista nei film di Federico Fellini.

Benito Mussolini
Anche detto il Duce, fondò il fascismo e assunse il ruolo di dittatore per quasi vent'anni. Fu ucciso dai partigiani dopo la sconfitta delle forze italotedesche nella seconda guerra mondiale.

Michelangelo
È stato uno dei maggiori protagonisti del Rinascimento italiano, riconosciuto, già al suo tempo, come uno dei più grandi artisti di sempre. Ha dipinto la Cappella Sistina ed è l'autore di alcune delle più importanti sculture della storia dell'arte, tra cui il "David" e la "Pietà".

Galileo Galilei
Fisico, filosofo, astronomo e matematico, è considerato il padre della scienza moderna. Introdusse il metodo scientifico sperimentale e contribuì alla diffusione delle rivoluzionarie teorie di Copernico. Accusato di eresia dalla Chiesa, fu costretto a rinnegare le proprie idee ed esiliato.

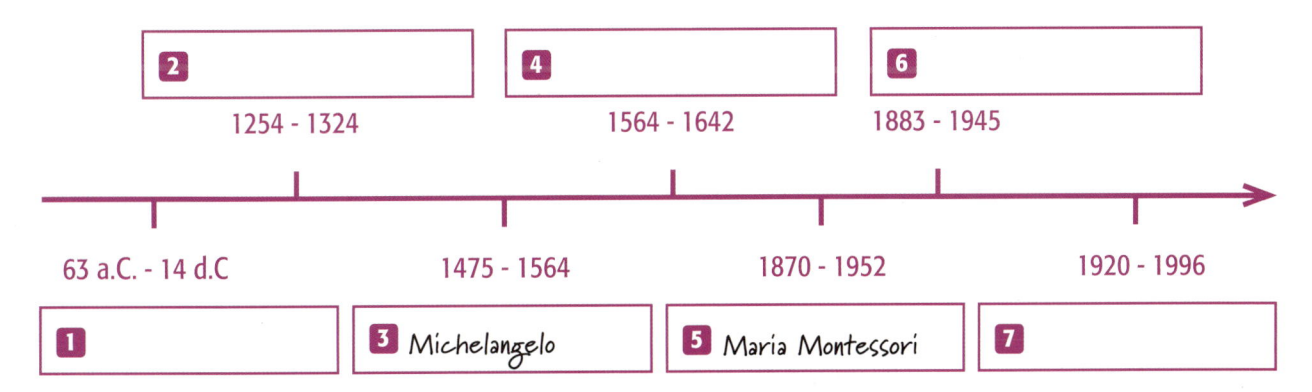

| [2] 1254 - 1324 | [4] 1564 - 1642 | [6] 1883 - 1945 |

| 63 a.C. - 14 d.C | 1475 - 1564 | 1870 - 1952 | 1920 - 1996 |
| [1] | [3] Michelangelo | [5] Maria Montessori | [7] |

Soluzione: 1. Augusto, 2. M. Polo, 3. Michelangelo, 4. G. Galilei, 5. M. Montessori, 6. B. Mussolini, 7. M. Mastroianni

videocorso

Vai al sito di New Italian Espresso 2 (www.almaedizioni.it/newitalianespresso) e apri la sezione VIDEO

1 Prima della visione, osserva le due immagini: sai chi sono questi due personaggi della storia italiana? Abbina le foto a due dei nomi della lista. Poi guarda il video e verifica.

a Leonardo Da Vinci
b Niccolò Machiavelli
c Monna Lisa
d Galileo Galilei
e Lucrezia Borgia

2 Scegli la risposta giusta.

1 Perché Paolo vuole mangiare fuori?
 a Perché è il compleanno di Valeria.
 b Perché il frigo è vuoto.

2 Perché Valeria sta ancora lavorando?
 a Perché deve finire un lavoro prima di domani.
 b Perché non ha fatto niente fino a quel momento.

3 Cosa pensa Valeria di Machiavelli?
 a Che era una persona noiosa e troppo seria.
 b Che era un uomo interessante e simpatico.

4 Se Paolo potesse essere un personaggio storico…
 a Vorrebbe essere Garibaldi.
 b Vorrebbe vivere l'impresa dei Mille.

5 Perché a Valeria piace Lucrezia Borgia?
 a Perché era una donna intelligente e abile.
 b Perché era spietata con i suoi nemici.

3 Completa le frasi con i verbi al gerundio. Attenzione alla forma con il pronome!

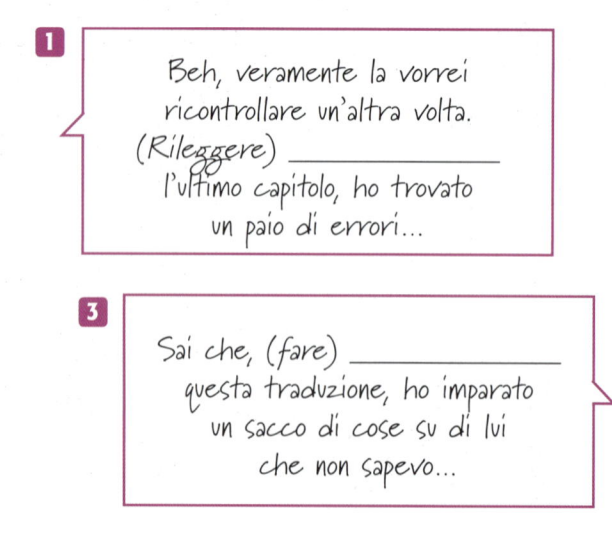

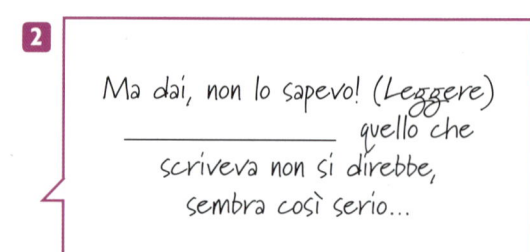

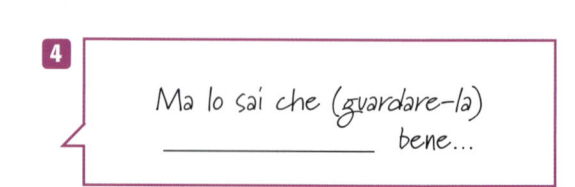

1 Beh, veramente la vorrei ricontrollare un'altra volta. (Rileggere) _____ l'ultimo capitolo, ho trovato un paio di errori...

2 Ma dai, non lo sapevo! (Leggere) _____ quello che scriveva non si direbbe, sembra così serio...

3 Sai che, (fare) _____ questa traduzione, ho imparato un sacco di cose su di lui che non sapevo...

4 Ma lo sai che (guardare-la) _____ bene...

186 VIDEOCORSO 13

videocorso

4 Scegli l'opzione giusta.

Cosa significa l'espressione evidenziata?
- **a** non abbiamo mangiato niente.
- **b** non voglio mangiare niente.
- **c** non c'è niente che si può mangiare.

> Senti, nel frigo non c'è niente di mangiabile. Non facciamo la spesa da giorni...

se fossi un personaggio famoso — 13

5 Ricostruisci una parte del dialogo: alcune parole non si leggono più bene.

PAOLO E tu, che perso___ ___io storico ti piacerebbe e___ ___re?

VALERIA Guarda, ser___ ___ubbio Lucrezia Borgia! Gu___ ___ala qua: ma lo sai che era una donna incredibile? ___lano di lei come una don___ ___pietata, che avvelenava i suoi nemici, ma non è vero: a___ ___i, era una donna sag___ ___e molto responsabile!

PAOLO Ma lo sai che guarda___ ___ola bene... no___ ___a certa somiglianza?

VALERIA Vero? Guarda!

6 Abbina gli elementi delle due colonne.

1. ti va di andare — tavolo
2. un paio — di lei
3. gioco da — certa somiglianza
4. parlano — a mangiare qualcosa fuori?
5. noto una — di errori

RICORDA

Hai forse notato che Valeria, parlando di Lucrezia Borgia, dice: "Parlano di lei come una donna spietata che avvelenava i suoi nemici, ma non è vero: anzi, era una donna saggia e molto responsabile!". "**Anzi**" è un avverbio molto usato in italiano, e serve soprattutto quando vogliamo modificare ciò che abbiamo detto prima ("Vorrei un caffè; anzi, due!"), o, come in questo caso, affermare l'esatto contrario.

Italia da scoprire

14

1 Lessico | Mare, monti... WB 1
Osserva il disegno e abbina le parole al numero corrispondente.

a ☐ collina
b ☐ fiume
c ☐ ponte
d ☐ lago
e ☐ mare
f ☐ montagna
g ☐ paese
h ☐ spiaggia
i ☐ strada

188 LEZIONE 14

Italia da scoprire

2 Lettura | Consigli di viaggio

Completa il testo con alcune delle parole della lista del punto 1.
Attenzione: le parole possono andare al plurale.

Le Marche: l'Italia in una regione

Sicuramente sapete dov'è Roma, o Venezia, o anche Siena. Città famosissime e che tutti conoscono. Ma probabilmente non sapete rispondere a chi vi chiede se conoscete Ancona, o Pesaro, o Macerata. Non preoccupatevi, non siete soli: provate a chiedere a un italiano dove siano posti meravigliosi come il Conero, città d'arte come Urbino o piccoli ma bellissimi _____ come Recanati; non tutti sapranno rispondervi.

Questo perché per molto tempo le Marche sono state considerate una regione poco significativa e lontana dai percorsi che frequentano di solito i turisti.

Fortunatamente negli ultimi anni molti stanno riscoprendo le bellezze di questa regione.

Da Fano a Camerino, da Urbino a Recanati, da Fabriano a Senigallia, le Marche stupiscono e accontentano ogni tipo di turista, proprio grazie alla loro varietà.

Se amate la cultura, nelle città marchigiane trovate oltre trecento musei, tra cui la Galleria Nazionale delle Marche nel palazzo ducale di Urbino con opere di Raffaello e Piero della Francesca.

Se siete invece più interessati al sole e al _____, vi aspettano la Riviera del Conero e le sue _____ incredibili.

Volete rilassarvi fuori dalle città? La tranquilla campagna marchigiana vi sorprenderà e vi affascinerà con i suoi colori, le sue dolci _____ e i suoi paesaggi.

Per gli amanti della _____ e della natura, invece, è d'obbligo salire sui sentieri del Parco Nazionale dei Monti Sibillini, o scendere nelle splendide Grotte di Frasassi.

Se amate il buon cibo, forse vi state chiedendo se nelle Marche si mangia bene. La risposta in due parole: olive ascolane. Sono olive fritte con ripieno di carne e sono nate proprio nelle Marche, ad Ascoli. Per i vini, sono marchigiani il famoso Verdicchio o il rosso Piceno.

Insomma, un giro nelle Marche tra mare, arte, natura e cucina, è un vero "giro d'Italia" in piccolo.

Italia da scoprire

3 Riflettiamo | La frase interrogativa indiretta WB 2

Osserva le tre frasi estratte dal testo del punto 2: sono interrogative indirette.
Trasformale in una domanda diretta, come nell'esempio.

1 Ma probabilmente non sapete rispondere a chi **vi chiede se conoscete** Ancona, o Pesaro, o Macerata.
Qualcuno vi chiede: "<u>Conoscete Ancona, Pesaro o Macerata?</u>".

2 Provate a chiedere a un italiano **dove siano** posti meravigliosi come il Conero o città d'arte come Urbino.
Chiedete a un italiano: "_____?"

3 Vi state chiedendo se nelle Marche **si mangia** bene.
Vi state chiedendo: "_____?"

Come vedi, nelle frasi interrogative indirette si usa l'indicativo o il congiuntivo. Secondo te, da cosa dipende la scelta del modo verbale? Fai delle ipotesi con un compagno, poi ricostruite la frase qui sotto, facendo attenzione alla punteggiatura.

| ~~che di grammatica.~~ | che il congiuntivo: | è più una questione di stile |
| interrogative indirette | ~~In generale con le~~ | l'indicativo | si può usare sia |

<u>In generale con le</u> _____
_____ <u>che di grammatica.</u>

4 Giochiamo | *Voglio chiedervi se conoscete l'Italia*

Ogni studente della classe detta all'insegnante almeno un termine che abbia a che fare con l'Italia. L'insegnante trascrive tutte le parole alla lavagna (più ce ne sono, meglio è), come nell'immagine qui a fianco. Poi la classe si divide in due squadre, A e B.
Ogni squadra scrive su un foglio dieci domande indirette che abbiano per risposta una delle parole presenti sulla lavagna, come nell'esempio.
Ogni squadra consegna il foglio con le domande all'insegnante, che rivolge a turno una domanda a ciascuna squadra, utilizzando la lista della squadra avversaria.
Vince la squadra che risponde a più domande.

> Rimini
> prosecco
> Michelangelo
> cappuccino
> pizza

> Vi chiediamo come **si chiami / si chiama** una spiaggia famosa dell'Emilia Romagna (Rimini).

Italia da scoprire

5 Esercizio scritto | La frase interrogativa indiretta al passato WB 3·4

Cosa succede quando riportiamo una domanda del passato?
Guarda il riquadro e trasforma le frasi al congiuntivo, come nell'esempio.

> **Chiedo** a un italiano dove **sia** Urbino. → Gli **ho chiesto** dove **fosse*** Urbino.
> *la scelta tra congiuntivo e indicativo è la stessa dell'interrogativa indiretta al presente.

1. Dove sono le Marche?
   Ho chiesto a un mio studente ___dove fossero___ le Marche.
2. Recanati è nelle Marche?
   Ho domandato a un amico _____ nelle Marche.
3. Qual è il capoluogo delle Marche?
   Ieri a cena ci siamo chiesti _____ delle Marche.
4. Quanti abitanti hanno le Marche?
   Una volta a scuola mi hanno chiesto _____ le Marche.
5. Le Marche hanno il mare?
   Da giovane non sapevo nemmeno _____ il mare.
6. Come si chiamano gli abitanti delle Marche?
   Una volta mi sono chiesto _____ delle Marche.

Scegli una risposta per ogni domanda. Poi verifica con l'insegnante o controlla su Wikipedia (alla voce "Marche").

1. ☐ Nell'Italia centrale / ☐ Nell'Italia meridionale
2. ☐ Sì / ☐ No
3. ☐ Urbino / ☐ Ancona
4. ☐ Circa 1.500.000 / ☐ Circa 7.000.000
5. ☐ Sì / ☐ No
6. ☐ Marchesi / ☐ Marchigiani

6 Parliamo | Impressioni

Formate dei gruppi di persone che hanno visitato gli stessi posti (in Italia o in un altro Paese). Confrontate gli itinerari fatti, i monumenti visitati, le impressioni ecc.

Italia da scoprire

7 Giochiamo | **Italia da scoprire** WB 5

Lavora con un compagno. Completate la cartina dell'Italia con i luoghi del riquadro di questa pagina e di quella successiva, come nell'esempio.

1 Abruzzo
Il **Gran Sasso**, la montagna più alta degli Appennini (2912 m).

2 Basilicata
I **Sassi di Matera**, la città scavata nella roccia.

3 Calabria
I **Bronzi di Riace**, del V secolo a. C.

4 Campania
La **Reggia di Caserta**, residenza dei Re Borboni nel '700.

5 Emilia Romagna
Ravenna, la città dei Mosaici.

6 Friuli Venezia Giulia
Piazza dell'Unità d'Italia a Trieste, la più grande piazza d'Europa di fronte al mare.

7 Lazio
Il **Colosseo**, costruito nel I secolo d. C.

8 Liguria
Le **Cinque terre**, cinque piccoli paesi sul mare.

9 Lombardia
Il **Duomo di Milano**, uno dei simboli dell'Italia.

10 Marche
Il **Palazzo Ducale** di Urbino, la culla del Rinascimento italiano.

192 LEZIONE 14

Italia da scoprire

8 **Ascolto | Olio extra vergine d'oliva** WB 6

Ascolta l'audio e indica con una X sulla cartina del punto 7 di quali regioni d'Italia si parla.

Ora leggi e verifica.

- ■ Ecco qui. Il pane per la bruschetta è pronto. Gianni, tu mi hai detto che la vuoi senza pomodoro, giusto?
- ▼ Sì, sì, per me la bruschetta è senza pomodoro. Solo aglio, sale e olio buono.
- ■ Questo lo fanno i miei, giù in Sicilia. Ti va bene?
- ▼ Mmhh… olio siciliano, bello forte.
- ■ Sì, questo è olio nuovo, è arrivato la settimana scorsa, ancora non l'ho assaggiato. Mio padre mi ha detto che quest'anno ne hanno fatto poco, ma è venuto particolarmente buono.
- ▼ E come mai?
- ■ Ha detto che c'erano poche olive. Tu assaggialo, se ti sembra troppo forte, ne ho un altro tipo un po' più leggero.
- ▼ Li provo tutti e due, dai. Comunque l'olio più buono per me è quello pugliese.
- ■ Mah, è questione di gusti. E poi non è semplice dire pugliese, calabrese o toscano. Non dipende solo dalla regione ma spesso cambia da zona a zona, dal tipo di olive usate. Quello dei miei per esempio è un po' forte. A me piace, però non tutti lo amano.
- ▼ Mmmhhh… ma è buonissimo! Sì, hai ragione, però è vero anche che un olio con questa personalità lo trovi solo al sud.
- ■ Sì, forse sì. Assaggia anche questo, è toscano, l'ho preso in una piccola azienda vicino Capalbio… è buonissimo. Gli altri hanno detto che volevano il pomodoro, giusto?
- ▼ Mi pare di sì.
- ■ Ma dove sono? Qui diventa tutto freddo.
- ▼ Boh, gli ho già detto di venire. Aspetta che vado a chiamarli.
- ■ Sì, forse è meglio.

11 Molise
La Festa del Grano, una processione religiosa con carri decorati con il grano.

12 Piemonte
La Mole Antonelliana a Torino, alta oltre 160 m.

13 Puglia
I Trulli, le tipiche costruzioni in pietra di Alberobello.

14 Sardegna
I Nuraghi, costruzioni in pietra del II millennio a. C.

15 Sicilia
La Valle dei Templi a Agrigento, del VI secolo a. C.

16 Toscana
Ponte Vecchio a Firenze, uno dei ponti più famosi del mondo.

17 Trentino Alto Adige
Le Dolomiti, con le famose rocce di colore rosa.

18 Umbria
Assisi, la città di San Francesco.

19 Valle d'Aosta
Il Monte Bianco, il più alto d'Europa (4810 m.)

20 Veneto
Venezia, la città più romantica del mondo.

Italia da scoprire

9 Riflettiamo | Il discorso indiretto con frase principale al passato prossimo
Completa i discorsi indiretti seguendo le regole nei riquadri, come nell'esempio.
Non guardare la trascrizione del dialogo del punto 8.

Quando il discorso indiretto è introdotto nella frase principale da un verbo al passato prossimo, nella frase secondaria:

> • se nel discorso diretto c'è un **passato prossimo**, si usa il **passato prossimo**

1 D. DIRETTO: Mio padre mi ha detto: "Quest'anno ne (di olio) **abbiamo fatto** poco, ma **è venuto** particolarmente buono."
D. INDIRETTO: Mio padre mi ha detto che quest'anno ne _hanno fatto_ poco, ma _____ particolarmente buono.

> • se nel discorso diretto c'è un **presente**, si può usare il **presente**

2 D. DIRETTO: Gianni ha detto: "La **voglio** senza pomodoro."
D. INDIRETTO: Gianni, tu mi hai detto che la _____ senza pomodoro, giusto?

> • se nel discorso diretto c'è un **presente**, si può usare anche l'**imperfetto***

3 D. DIRETTO: Gli altri hanno detto: "**Vogliamo** il pomodoro."
D. INDIRETTO: Gli altri hanno detto tutti che _____ il pomodoro vero?

> • se nel discorso diretto c'è un **imperfetto**, si usa l'**imperfetto**

4 D. DIRETTO: Mio padre ha detto: "**C'erano** poche olive."
D. INDIRETTO: Mio padre ha detto che _____ poche olive.

> • se il discorso diretto è un **imperativo**, si usa *di* + infinito

5 D. DIRETTO: Ho già detto: "**Venite!**"
D. INDIRETTO: Gli ho già detto _____.

Confronta le frasi che hai completato con il testo del dialogo del punto 8 e verifica.

---

* Per approfondire la differenza tra l'uso del presente e dell'imperfetto nel discorso indiretto con frase principale al passato, vedi la sezione di grammatica alla fine dell'unità.

Italia da scoprire

10 Esercizio scritto | Cosa hanno detto? WB 7·8·9·10
Trasforma le frasi di questi personaggi famosi in discorsi indiretti. Aiutati con il riquadro in fondo alla pagina.

Dio è morto, Marx è morto, e io mi sento poco bene.

1 Woody Allen ha detto che _____
_____
_____ .

Proletari di tutto il mondo, unitevi!

2 Karl Marx ha detto _____
_____
_____ .

Questo è un piccolo passo per un uomo, ma è un grande salto per l'umanità.

3 Il primo uomo sulla luna ha detto che _____
_____
_____ .

Si deve eliminare la fame nel mondo.

4 Il Papa ha detto che _____
_____
_____ .

Le cose che cambiano maggiormente nel discorso indiretto sono:

il soggetto:	io → lui/lei; noi → loro;
i pronomi:	mi → lo/la (diretto), gli/le (indiretto); ci/vi → li (diretto), gli (indiretto);
i possessivi:	mio → suo/sua;
gli avverbi di luogo:	qui → lì;
gli avverbi di tempo:	ora → allora; oggi → quel giorno; ieri → il giorno prima; domani → il giorno dopo;
i dimostrativi:	questo → quello.

Italia da scoprire

11 **Lettura | I luoghi dal cuore** WB 11-12

*Il FAI, Fondo Ambiente Italiano, ha promosso un'iniziativa chiamata "I luoghi del cuore": chi vuole può segnalare luoghi naturali che devono essere protetti dal turismo di massa.
Qui di seguito trovi alcune segnalazioni. Leggile.*

▶ **NURRA** - Sassari - Sardegna
Vorrei segnalare un posto che ricorda il rapporto primitivo tra l'uomo e il mare. Si tratta della Nurra, in provincia di Sassari. Luogo di bellezza incredibile e incontaminato, amato da moltissimi uccelli migratori. Almeno fino ad oggi perché quest'estate, poco prima di partire, ho visto degli strani movimenti: evidentemente stavano costruendo qualcosa, forse un resort. Penso che dobbiamo intervenire prima che sia troppo tardi, o quel posto meraviglioso verrà rovinato irrimediabilmente!

Giovanni, Oristano

▶ **LO STRETTO DI MESSINA** - Reggio Calabria e Messina (Calabria e Sicilia)
È un luogo unico nel suo genere che comprende due regioni, due coste marine, una parte composta da laghi (Ganzirri) e una flora e fauna che meritano di essere salvate. Potrebbe essere completamente distrutto dal ponte che, come il tunnel nella Manica, rischia di essere assolutamente inutile.

Clelia

▶ **PONT** - Valsavaranche - Valle d'Aosta
Vi segnalo la località Pont in alta Valsavaranche (AO). È un prato, dove finisce la strada, delimitato da un parcheggio e da un piccolo albergo. Nei mesi caldi il prato è un campeggio piccolo e ordinato. C'è solo gente amante della montagna, silenziosa, motivata e rispettosa. In primavera nel parcheggio ci sono solo gli stambecchi e le volpi vengono alla porta del camper a chiedere cibo. Di notte c'è solo il rumore del torrente. È il posto più bello del mondo.

Gianni

▶ **MULES** - Bolzano - Trentino Alto Adige
Sono stata a Mules in estate con mio marito e nostra figlia Simona, di 14 anni: quando siamo arrivati in questo piccolo paese nella Valle d'Isarco, immerso nel verde e nella quiete della natura, siamo subito rimasti affascinati dal paesaggio e dalle meraviglie di questa località lontana dalla frenesia del mondo, ma che offre moltissime cose da fare e da vedere. Un vero e proprio paradiso che consiglio a tutti di visitare almeno una volta nella vita! Anche perché, con il tunnel ferroviario del Brennero che stanno costruendo, temo che questo paradiso possa scomparire.

a.b.

▶ **LAGO DI VICO** - Viterbo - Lazio
Desidero segnalarvi il luogo a cui, in questo momento, sono più legata. Si tratta del Lago di Vico, sui Monti Cimini, tra Viterbo e Roma. Solo per tre quarti è una riserva naturale ricca di fauna tipica; il resto è, purtroppo, un villaggio turistico in continua espansione.

Francesca

Penso che dobbiamo intervenire **prima che sia** troppo tardi.
… quest'estate, poco **prima di partire**, ho visto degli strani movimenti.

Italia da scoprire

Completa la tabella.

luogo segnalato	aspetti positivi segnalati	pericoli
Nurra		
Stretto di Messina		
Pont		
Mules		
Lago di Vico		

12 Ascolto | Il FAI
Ascolta e scegli l'opzione corretta.

1 a Il FAI
b L'iniziativa "I luoghi del cuore" — esiste da 10 anni.
c Il Ministero dei Beni Culturali

2 La raccolta dei luoghi da salvare dal FAI è una lista fatta
a da importanti studiosi.
b dai cittadini.
c dal Ministero dei Beni Culturali.

3 Secondo il Ministro dei Beni Culturali, il Ministero e il FAI dovrebbero
a collaborare.
b occuparsi di cose diverse.
c fare di più per il patrimonio ambientale italiano.

4 Il Ministro dei Beni Culturali dice che il suo luogo del cuore
a sono tutte le città italiane.
b è la sua città, Ferrara.
c è una piazza della sua città.

Italia da scoprire

13 Scriviamo | **Il tuo luogo del cuore**
Un'importante istituzione del tuo Paese ha promosso un'iniziativa simile a quella del FAI. Intervieni segnalando il tuo luogo del cuore: un posto da proteggere.

Trieste, Castello di Miramare

glossario

1	monte		mountain
2	significativo		important
2	stupire		to surprise
2	accontentare		to satisfy
2	varietà		variety
2	affascinare		to fascinate
2	d'obbligo		must
2	sentiero		path, trail
2	ripieno		stuffing
7	scavare		to dig
7	residenza		home, residence
7	culla		cradle
7	processione		procession
7	carro		wagon, cart
7	decorare		to decorate
7	grano		wheat
8	personalità		personality
10	proletario		proletarian
10	unirsi		to unite
10	salto		leap
10	umanità		humanity
11	segnalare		to signal
11	primitivo		primitive
11	provincia		province
11	incontaminato		uncontaminated
11	migratore		migratory
11	intervenire		to intervene
11	irrimediabilmente		irreparably
11	stretto		strait
11	marino		marine
11	composto		composed of
11	meritare		to deserve
11	salvare		to save
11	rischiare		to risk
11	delimitare		to demarcate
11	motivato		motivated
11	rispettoso		respectful
11	stambecco		steinbock
11	torrente		brook
11	immerso		immersed
11	quiete		quiet
11	paesaggio		landscape
11	località		place
11	frenesia		frenzy
11	paradiso		paradise
11	scomparire		to disappear
11	legare		to attach
11	riserva naturale		nature reserve
11	continuo		continuous
11	espansione		expansion
12	raccolta		listing
12	collaborare		to cooperate
12	patrimonio		heritage
12	ambientale		environmental

grammatica

prima che – prima di

If the subject of the principal and of the dependant clause is the same, one uses **prima di** + infinitive.

If the subject is not the same, one uses **prima che** + subjunctive.

> Quest'estate, poco **prima di** partire, ho visto degli strani movimenti.
>
> Penso che dobbiamo intervenire **prima che** sia troppo tardi.

La frase interrogativa indiretta - Indirect questions

For indirect questions, the same rules apply as for the indirect speech. The dependant clause is introduced by the conjunction **se** or **come, dove, quando**...

The verb of the dependant clause can be in the subjunctive or in the indicative. The choice is more a matter of style than rules.

When a question from the past is being recounted, usually the dependant clause makes use of the **imperfetto**, indicative or subjunctive, if the action took place at the same time.

> Probabilmente non sapete rispondere a chi vi **chiede se conoscete** Ancona.
> **Provate a chiedere** a un italiano **dove siano** posti meravigliosi come il Conero.
>
> Ci chiediamo come **si chiami / si chiama** una spiaggia famosa dell'Emilia Romagna.
> Vorrei sapere quanto **costa / costi** questo albergo.
>
> Gli **ho chiesto** dove **era / fosse** Urbino.
> Da giovane non sapevo nemmeno dove **erano / fossero** le Dolomiti.

Il discorso indiretto con frase principale al passato - Indirect speech with the principal clause in the past

When the direct discourse is introduced in the main clause by a verb in the **passato prossimo**, the verb tenses change.

The **presente indicativo** becomes the **imperfetto indicativo** when wanting to highlight the fact that the action took place in the past.

The **presente indicativo** remains as it is when wanting to highlight the fact that the action is still relevant.

The **passato prossimo** remains **passato prossimo**.

The **imperfetto** remains **imperfetto**.

If the direct discourse is in the imperative, the indirect form makes use of **di** + infinitive.

> "Voglio una pizza Margherita".
> → Mi ha detto che **voleva** una pizza Margherita.
>
> "Voglio una pizza Margherita".
> → Mi ha detto che **vuole** una pizza Margherita.
>
> "Ho preso una pizza Margherita".
> → Mi ha detto che **ha preso** una pizza Margherita.
>
> "Preferivo una pizza Margherita".
> → Mi ha detto che **preferiva** una pizza Margherita.
>
> "Prendi una pizza Margherita!".
> → Mi ha detto **di prendere** una pizza Margherita.

caffè culturale

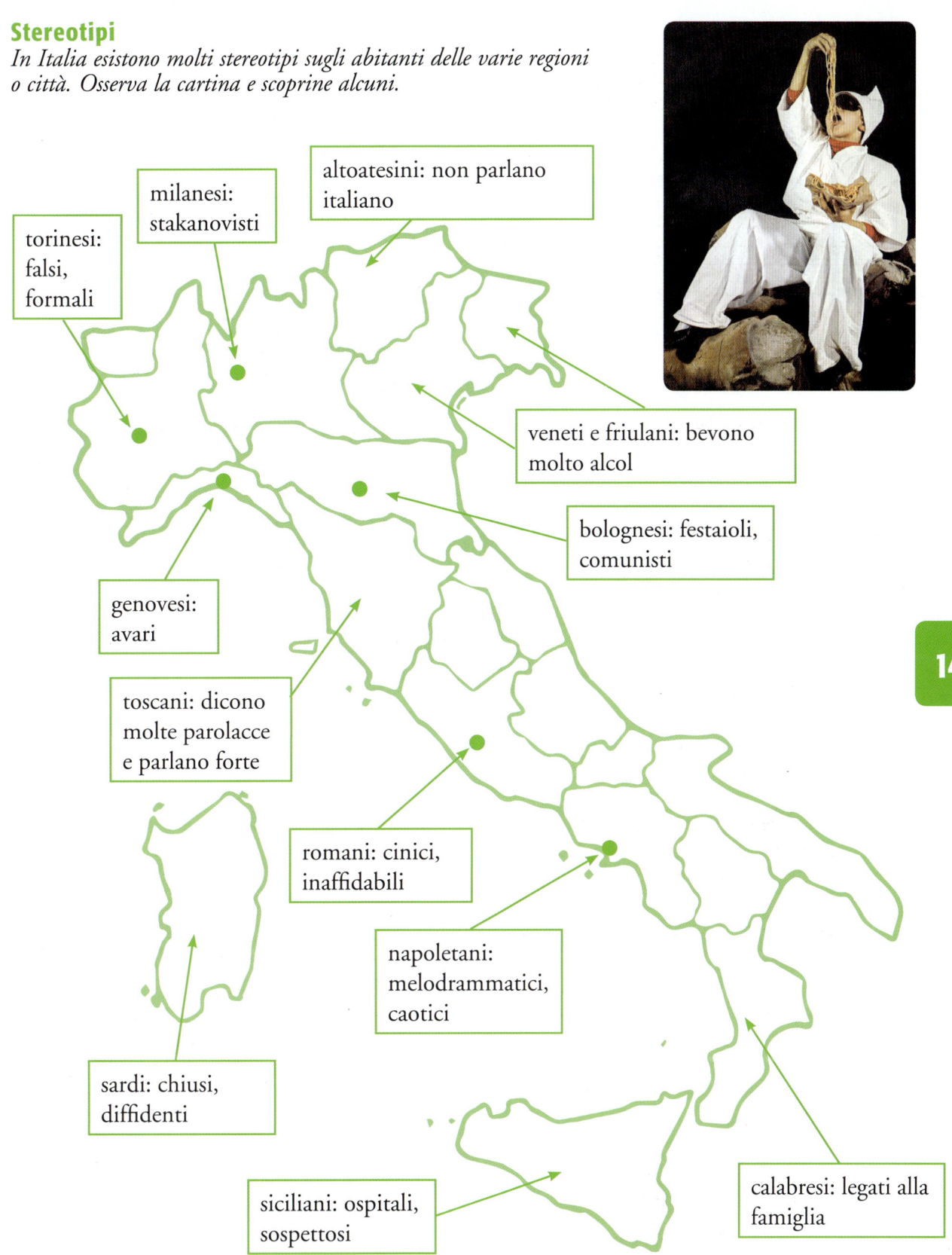

Stereotipi
In Italia esistono molti stereotipi sugli abitanti delle varie regioni o città. Osserva la cartina e scoprine alcuni.

- torinesi: falsi, formali
- milanesi: stakanovisti
- altoatesini: non parlano italiano
- veneti e friulani: bevono molto alcol
- bolognesi: festaioli, comunisti
- genovesi: avari
- toscani: dicono molte parolacce e parlano forte
- romani: cinici, inaffidabili
- napoletani: melodrammatici, caotici
- sardi: chiusi, diffidenti
- siciliani: ospitali, sospettosi
- calabresi: legati alla famiglia

Nel tuo Paese esistono stereotipi sugli abitanti delle varie aree geografiche? Quali?

videocorso

Vai al sito di New Italian Espresso 2 (www.almaedizioni.it/newitalianespresso) e apri la sezione VIDEO

1 Vedrai un video sulla città di Bologna. Prima di guardarlo scegli quattro parole che secondo te hanno una connessione con questa città. Poi guarda il video e verifica.

| studenti | FIAT | antica | università | blu | biciclette | vino | Sud Italia |

2 Guarda le immagini e indica se le affermazioni sono vere o false.

1 Questo è un portico.
☐ vero ☐ falso

2 Questa è un'osteria.
☐ vero ☐ falso

3 Questo è un mattone.
☐ vero ☐ falso

4 Questa è della mortadella.
☐ vero ☐ falso

videocorso

3 Scegli l'opzione corretta.

1 L'università di Bologna è
 a antica
 b recente.

2 A Bologna
 a l'ombrello non serve.
 b non piove mai.

3 Il colore rosso mattone
 a è molto comune a Bologna.
 b è il colore delle chiese.

4 L'osteria del sole
 a è nata prima dell'osteria di Ferrara
 b è la seconda osteria più antica del mondo.

5 Ferrara è
 a vicina a Bologna.
 b il nome di un'osteria.

6 L'osteria del sole è nata
 a nel 1475.
 b nel 1465.

7 Le osterie sono
 a dei ristoranti costosi.
 b locali economici.

8 L'ostessa
 a gestisce da sola l'osteria.
 b lavora con altri familiari.

9 L'osteria del sole
 a ha un menu di piatti tipici.
 b ha solo da bere.

10 All'osteria del sole
 a non c'è l'acqua.
 b l'acqua costa come il vino.

11 Sara
 a non beve vino.
 b vuole comprare un panino.

4 Completa il dialogo con le parole della lista. Poi riguarda il video e verifica.

| fratello | abbastanza | lavoro | famiglia | porto | tradizione | personaggi | nonni | tutto |

SARA: Da quanto tempo la tua _____ gestisce questa osteria?
OSTESSA: Dal 1940.
SARA: Tantissimi anni! È una _____ di famiglia.
OSTESSA: Sì, i miei _____, mio padre e ora ci siamo io, mio _____ e mio cugino.
SARA: E... Ti piace fare questo _____?
OSTESSA: Sì. È _____ divertente.
SARA: Tante persone, tanti _____...
OSTESSA: Sì c'è un po' di _____. È un _____ franco, diciamo.

l'italiano oggi

1 Parliamo | Gli errori degli italiani

Ecco gli 8 errori più frequenti degli italiani. E tu, che errori fai? Parlane con un compagno.

Gli 8 errori grammaticali più frequenti commessi dagli italiani

1. Errori nell'uso degli apostrofi (es: *un / un'*)
2. Errori nell'uso degli accenti (es: *da / dà*)
3. *Qual'è* invece di *Qual è*
4. Uso dell'indicativo invece del congiuntivo
5. Errori di ortografia come *Pultroppo* o *Propio*
6. Confusione nelle congiunzioni: *e / ed, a / ad*
7. Uso sbagliato della punteggiatura
8. Il pronome indiretto *gli* usato anche al femminile invece di *le*

2 Lettura | Insegnanti discutono WB 1

L'immagine degli 8 errori è stata condivisa, su Facebook, in un gruppo di insegnanti. Leggi i loro commenti.

Andrea Gioele *Ed* o *Ad* davanti a vocale non è un errore, ma effettivamente spesso è molto brutto. Soprattutto quando viene usata davanti a parole che iniziano con vocali diverse: "ed adesso…" a me sembra orribile, anche se forse non è sbagliato…
20 novembre alle ore 12.27 · 👍 Mi piace · 2

Federica Calimani Beh, la d davanti a consonante non va messa!
20 novembre alle ore 12.39 · 👍 Mi piace

Andrea Gioele
Ahahah, sì Federica, ma nessuno direbbe o scriverebbe "Alberto ed Marina"!!! Piuttosto, secondo me l'uso della d è pesante quando la vocale successiva è seguita da un'altra d, come nell'esempio che ho fatto nel primo post (ed adesso).
20 novembre alle ore 13.00 · 👍 Mi piace · 2

l'italiano oggi

Monica Bari Beh, ci sono anche altri errori che si leggono in giro. Ad esempio proprio ieri ho letto su un giornale "donne in cinta" scritto staccato e utilizzato solo al singolare. Due errori in una sola parola!
20 novembre alle ore 13.56 · 👍 Mi piace

Eleonora Conti A Roma si dice anche che le donne STANNO in cinta. Tre errori insieme!!!
20 novembre alle ore 14.04 · 👍 Mi piace · 2

Elena Ciao Mah, secondo me va fatta una distinzione tra errori veri e propri (come qual'è, o propio) e brutture, che a volte sono anche soggettive. Molti qui dicono che la D con una vocale diversa sia brutta, ma ci sono formule standardizzate, come "ad esempio", che nessuno considera scorretta. Anzi "a esempio" suonerebbe strano, mi pare.
20 novembre alle ore 15.25 · 👍 Mi piace · 1

Monica Bari Ormai alcune forme scorrette, o semplicemente brutte, dilagano e vengono utilizzate anche sui quotidiani... Frasi come "io penso che è..." sono sempre state usate e purtroppo un sacco di gente continuerà a dirle e anche a scriverle, mettiamoci l'anima in pace... Povero congiuntivo...
20 novembre alle ore 16.05 · 👍 Mi piace · 1

Correggi le imprecisioni e gli errori citati nel testo, come nell'esempio.

Stanno in cinta	→ _Sono incinte_	Qual'è	→ _____
Ed adesso	→ _____	Propio	→ _____
Alberto ed Marina	→ _____	Io penso che è…	→ _____

3 Riflettiamo | *Non va messa*
Osserva le due frasi della discussione. Secondo te cosa significa la forma <u>sottolineata</u>? Scegli le risposte corrette con un compagno.

1 La "d" davanti a consonante **non va messa**!
    a non la voglio mettere
    b non deve essere messa

2 Secondo me **va fatta** una distinzione.
    a voglio fare
    b deve essere fatta

4 Riflettiamo | Il passivo
Trova nei testi del punto 2 i verbi alla forma passiva e completa la tabella.

con *essere*	con *venire*	con *andare*
		va messa
		va fatta

LEZIONE 15

l'italiano oggi

Completa la regola del passivo unendo le frasi delle due colonne.

1 La forma passiva
con il verbo *essere* si può usare

2 La forma passiva
con il verbo *venire* si può usare

3 La forma passiva
con il verbo *andare* si può usare

a solo con i tempi semplici e ha un significato di dovere (*deve essere…*).

b solo con i tempi semplici.

c sia con i tempi semplici che con quelli composti.

5 Esercizio scritto | Quanti errori vengono fatti! WB 2-3

*Completa con le forme passive (con **essere**, **venire** e **andare**) le frasi sugli errori più comuni, come nell'esempio. Attenzione: una forma passiva va in un tempo passato.*

1 Spesso l'apostrofo (*mettere*) __viene messo__ nell'espressione interrogativa "Qual'è".
Attenzione: in questo caso l'apostrofo non (*inserire*) _____.

2 Con l'articolo indeterminativo l'apostrofo (*mettere*) _____ solo con le parole femminili, quindi: "un'amica" sì, "un'amico" no.

3 Il congiuntivo, soprattutto nella lingua parlata, spesso (*sostituire*) _____ dall'indicativo.

4 Prima di oggi sicuramente la punteggiatura (*usare*) _____ male da ognuno di noi, e anche in futuro continueremo a fare errori.

5 Sembra facile, ma non lo è. Una volta su tre il pronome indiretto "gli"
(*usare*) _____ in modo sbagliato, al posto di "le".

6 Parliamo | Le difficoltà dell'italiano

Sei arrivato alla fine del secondo volume di New Italian Espresso. Quali sono le difficoltà maggiori che ancora incontri nella lingua italiana? Scegline due, prendi appunti e parlane con alcuni compagni.

☐ ascoltare   ☐ grammatica   ☐ leggere   ☐ parlare   ☐ scrivere

7 Ascolto | Se io… WB 4

Ascolta e rispondi alle domande con un compagno. Riascolta tutte le volte necessarie e confrontati anche con altri compagni.

1 Quale errore grammaticale fa il signore della ditta del gas?
2 Cosa pensa lui degli errori?
3 Di cosa parla l'articolo che legge lei?
4 Alla fine lui fa dell'ironia. In che modo?

l'italiano oggi

8 Riflettiamo | Il congiuntivo trapassato

*Osserva i verbi evidenziati nella trascrizione dell'ultima parte del dialogo. Sono al **congiuntivo trapassato**. Poi completa la tabella.*

■ E poi cos'è un errore? Se dico… che ne so… "Ieri, se non pioveva, andavo a giocare a calcetto"… io lo so che non è la forma più elegante, ma se parlo con i miei amici non posso mica dire "ieri, se non **avesse piovuto**, sarei andato a giocare a calcetto". Mi ridono in faccia!

dire	andare
_____ detto	fossi andato/a
avessi detto	fossi andato/a
_____ detto	_____ andato/a
avessimo detto	_____ andati/e
aveste detto	foste andati/e
avessero detto	fossero andati/e

▼ Va be', quello non è proprio un errore, ma se uno mi dice, come ha detto quello, "se le direi…", eh no… "Se le direi" no! Ti attacco il telefono in faccia, mi dispiace!

■ Va beh… senti… se **fossimo andati** a fare la spesa, avremmo potuto cucinare qualcosa, ma purtroppo il nostro frigorifero è vuoto… che si fa?

▼ Andiamo a farci una pizza, dai.

■ Farci una pizza??? Ma come parli? Mi si abbassa la libido eh?!

▼ Scemo!

■ Forse se **avessi detto** "Potremmo andare al ristorante a mangiare una pizza", saresti sembrata più sexy…

▼ E dai!

9 Riflettiamo | L'ipotesi nel passato (III tipo)

Il congiuntivo trapassato si usa nelle frasi ipotetiche nel passato, quando si fanno delle ipotesi che non si sono realizzate. Rileggi la trascrizione del punto 8 e completa la regola.
Se necessario consultati con dei compagni.

Le frasi ipotetiche nel passato si costruiscono con la congiunzione ____ + verbo al congiuntivo trapassato + verbo al _____.

'ALMA.tv

Vuoi sapere qualcosa di più sul periodo ipotetico del III tipo?
Vai su *www.alma.tv*, cerca "Ipotesi fantascientifiche" nella rubrica
Grammatica caffè e guarda l'interessante spiegazione del Prof. Roberto Tartaglione.

| Ipotesi fantascientifiche | CERCA |

LEZIONE 15 | 207

l'italiano oggi

10 **Esercizio scritto | Come sarebbe cambiata la mia vita...** WB 5·6·7

Prova a immaginare come sarebbe cambiata la tua vita se non avessi imparato una certa lingua (l'italiano o un'altra lingua). Vedi l'esempio che segue, poi completa lo schema sotto.

Se non avessi frequentato il corso di tedesco...

| non avrei conosciuto il mio amico Guillermo. | non avrei mai trascorso del tempo nel nord della Germania. |

Se non avessi conosciuto il mio amico Guillermo... ... Se non avessi trascorso del tempo nel nord della Germania...

| non avrei imparato lo spagnolo. | non avrei deciso di passare un anno ad Amburgo. |

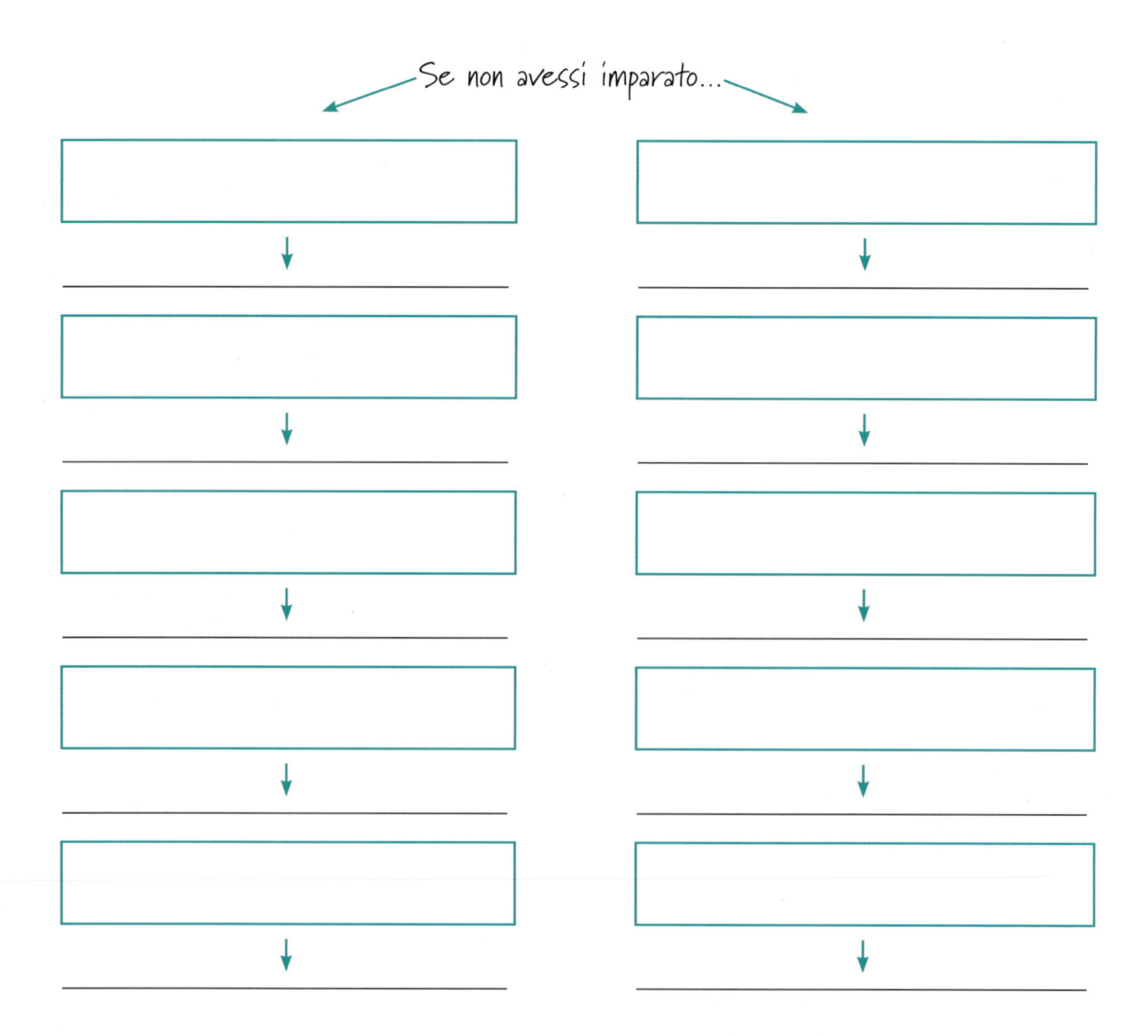

Se non avessi imparato...

l'italiano oggi

11 Scriviamo | La lingua
Scegli uno dei tre profili e scrivi la tua opinione in proposito.

Purista
Bisognerebbe studiare l'italiano standard, quello che parlano al telegiornale, e non l'italiano della strada, che è pieno di errori!

Aperto
La lingua è qualcosa che cambia continuamente, bisogna adattarsi ai cambiamenti e accettare anche le novità che non ci piacciono.

Equilibrato
È vero che la lingua è una cosa viva, che muta con il tempo, ma bisogna lottare in modo che migliori e aumenti le proprie possibilità espressive, invece troppo spesso diventa più brutta e povera.

12 Esercizio scritto e orale | Il professore... si suicidò
Riordina la frase del giornalista Leo Longanesi, poi discutine il significato con un compagno. Fai attenzione alla punteggiatura.

| conosceva, | lingue morte, | finalmente parlare | le lingue che | per poter |

Il professore di _____ si suicidò.

13 Lettura | Comunque anche Leopardi diceva le parolacce
Riscrivi l'inizio di questo articolo correggendo l'ordine delle lettere all'interno delle parole sbagliate. Attenzione: la prima e l'ultima lettera di ogni parola sono sempre giuste. Poi confrontati con un compagno.

MALINO - Dpoo areve ripetuto connuatimente che la nsotra lungia si sta corrompendo, minacciata dall'inglese e da Inrentet, ora anculi linguisti dnocio che il coginuntivo è mroto, il putno e virgola è mroto e che l'itilanao è omari una lungia in esnitzoine. Ma siamo surici che le cose sniato darvevo così? Lo abbiamo chesito a Giuseppe Antonelli, prososfere di Luignistica italiana e aurote del lirbo "Comunque anche Leopardi diceva le parolacce".

l'italiano oggi

Ora leggi l'articolo completo.

Comunque anche Leopardi diceva le parolacce

MILANO - Dopo avere ripetuto continuamente che la nostra lingua si sta corrompendo, minacciata dall'inglese e da Internet, ora alcuni linguisti dicono che il congiuntivo è morto, il punto e virgola è morto e che l'italiano è ormai una lingua in estinzione.

Ma siamo sicuri che le cose stiano davvero così? Lo abbiamo chiesto a Giuseppe Antonelli, professore di Linguistica italiana e autore del libro "Comunque anche Leopardi diceva le parolacce".

Tanti dicono che l'italiano è una lingua che sta morendo a causa di Internet, SMS, televisione. Cosa ne pensa?

Penso che solo le lingue morte non cambino: restano lì, come il greco antico e il latino classico, nella loro perfezione. Invece l'italiano, per nostra fortuna, è vivo più che mai. Nella seconda metà del Novecento è diventato finalmente la lingua parlata da tutti gli italiani; oggi sta diventando anche la lingua scritta da tutti gli italiani. Nel primo caso il merito è stato in buona parte della televisione; nel secondo, della telematica.

Secondo lei perché gli italiani non imparano le regole di base della propria lingua? È davvero colpa dei nuovi sistemi di comunicazione?

Forse in certi casi non le imparano, in certi casi le disimparano, in altri le trascurano. Qualche tempo fa, Roberto Saviano usò un apostrofo sbagliato in un messaggio su Twitter: «Qual'è il peso specifico della libertà di parola?». Capita, può capitare, specie quando si scrive rapidamente su una tastierina piccola come quella di un telefono. Ma Saviano per rispondere alle critiche, scrisse: «Ho deciso :-) continuerò a scrivere *qual'è* con l'apostrofo come #Pirandello e #Landolfi». E allora perché non anche la *j* in parole come *ajuto*, *bujo*, *guajo*, *vassojo* o i pronomi combinati *glie lo*, *su le* («lo scialletto che teneva su le spalle») come faceva Pirandello?
Non è così che funziona: la lingua, appunto, cambia nel tempo. Quello che un tempo era corretto oggi può essere sbagliato.

Parliamo di Leopardi. Devo confessarle una cosa: avendo avuto una formazione classica, ho avuto un momento di sconforto quando ho letto il titolo del suo libro. "Comunque anche Leopardi diceva le parolacce"... significa che siamo tutti assolti? Ci possiamo appellare al grande poeta quando sbagliamo a scrivere qualcosa?

Il punto è che Leopardi non sbagliava. Non sbagliava quando usava le parolacce, perché le usava solo nelle sue lettere private, per esprimere emotività, frustrazione, rabbia, divertimento. E dunque mostrava di saper dominare tutti i registri della lingua, da quello sublime a quello più basso. Questo, d'altra parte, significa conoscere e saper usare una lingua: selezionare di volta in volta le forme e le espressioni più adatte al contesto, all'interlocutore, all'argomento, all'effetto che vogliamo ottenere.

l'italiano oggi

14 Esercizio scritto | In buona parte WB 8
Scegli, per ogni espressione avverbiale evidenziata, un sinonimo corrispondente.

1. Nel primo caso il merito è stato **in buona parte** (☐ *da un certo punto di vista* ☐ *soprattutto* ☐ *un po'*) della televisione; nel secondo, della telematica.
2. Forse **in certi casi** (☐ *quasi sempre* ☐ *quasi mai* ☐ *qualche volta*) non imparano le regole.
3. Capita, può capitare, **specie** (☐ *soprattutto* ☐ *raramente* ☐ *solamente*) quando si scrive rapidamente su una tastierina piccola come quella di un telefono.
4. E **dunque** (☐ *quindi* ☐ *però* ☐ *qualche volta*) (Leopardi) mostrava di saper dominare tutti i registri della lingua, da quello sublime a quello più basso.
5. Questo, **d'altra parte** (☐ *in un altro brano del testo* ☐ *sempre* ☐ *inoltre*), significa conoscere e saper usare una lingua.

15 Riflettiamo | L'infinito passato e il gerundio passato WB 9·10·11·12
Guarda i due esempi del testo del punto 13 e seleziona l'elemento corretto per ricostruire la regola di formazione di questi modi verbali.

Infinito passato   Dopo **avere ripetuto** che…, ora alcuni linguisti dicono che…
                    (frase **secondaria**)   (frase principale)

Gerundio passato **Avendo avuto** una formazione classica, ho avuto un momento…
                    (frase **secondaria**)   (frase principale)

	Infinito passato	Gerundio passato
formazione	Si forma con **il participio passato / l'infinito presente** dell'ausiliare + **il participio passato / l'infinito presente** del verbo.	Si forma con **il participio passato / il gerundio presente** dell'ausiliare + **il participio passato / il gerundio presente** del verbo.
uso	**Dopo** + infinito passato indica che l'azione della frase secondaria avviene prima di quella della frase principale (*Dopo che noi… noi…*).	Sostituisce una frase secondaria causale (*Poiché…*) e si usa quando l'azione della frase secondaria avviene prima di quella della frase principale.

16 Esercizio scritto | A scuola!
Forma delle frasi seguendo gli esempi. Decidi se usare il gerundio passato (frase causale) o l'infinito passato (frase temporale). Poi confrontati con un compagno.

> non fare troppi errori – prendere un bel voto / *Non avendo fatto troppi errori, ho preso un bel voto.*
> fare l'esame – aspettare il risultato / *Dopo aver fatto l'esame, ho aspettato il risultato.*

1. non studiare niente – prendere un brutto voto
2. vedere il nuovo professore di matematica – avere paura
3. non studiare mai la grammatica – faccio molti errori quando scrivo
4. studiare a casa – generalmente uscire con gli amici
5. tornare a casa tardi ieri sera – stamattina non riuscire ad alzarsi per andare a scuola
6. uscire da scuola – ieri andare al mare

l'italiano oggi

17 Ascolto | Complessi linguistici

Ascolta l'intervento del Prof. Roberto Tartaglione, poi rispondi alle domande, confrontandoti con un compagno. Alterna ascolti e confronti, cambiando ogni volta compagno, fino a quando non sei soddisfatto di quanto hai capito.

1. Cosa sono i complessi linguistici secondo il Prof. Tartaglione?
2. Perché gli italiani hanno i complessi linguistici?
3. Qual è il complesso linguistico sul verbo "pigliare"?
4. Qual è il complesso linguistico sul verbo "arrabbiarsi"?
5. Qual è il complesso linguistico sul pronome indiretto plurale "gli"?
6. Cosa dovrebbero fare gli italiani riguardo ai complessi linguistici?

'ALMA.tv

Ora vai all'indirizzo *www.alma.tv* e guarda il video di "Complessi linguistici".

Complessi linguistici | CERCA

18 Esercizio scritto e orale | L'italiano

Completa il questionario, poi confrontati con tutta la classe.

• Dove hai sentito l'italiano per la prima volta? _____

• Se tutte le parole italiane sparissero dal vocabolario tranne due, quali sceglieresti?
  1. _____ 2. _____
• Una parola italiana con un suono che "fa male": _____
• Una parola italiana con un suono dolcissimo: _____
• Una parola italiana che viene pronunciata male nel tuo Paese: _____
• Una parola italiana che introdurresti nella tua lingua (eventualmente con qualche modifica): _____
• Parole che hai imparato a pronunciare bene da poco: _____

• Parole che ti costa tanta fatica pronunciare: _____

Segna su questa linea le lingue con cui sei venuto a contatto da quando eri bambino (compresa la tua lingua madre), a seconda che ti piacciano poco (0) o molto (10). Quale posto occupa l'italiano?

0 —————————————————— 10

glossario

1	frequente	common		13	emotività	emotionality
1	commesso	made		13	frustrazione	frustration
1	ortografia	spelling		13	rabbia	anger
1	confusione	confusion		13	dominare	to dominate
1	punteggiatura	punctuation		13	registro	register
2	piuttosto	more importantly		13	sublime	sublime
2	pesante	awkward		13	d'altra parte	on the other hand
2	successivo	following		13	di volta in volta	on a case-by-case basis
2	staccare	to separate		13	adatto	appropriate
2	bruttura	eyesore		13	contesto	context
2	soggettivo	subjective		13	interlocutore	speaker
2	standardizzare	to standardize		13	effetto	effect
2	mi pare	it seems to me		17	complesso	complex
2	dilagare	to spread		13	tranne	save
2	mettersi l'anima in pace	let it go, give up hoping for something		13	eventualmente	possibly
				13	modifica	modification
7	ditta	company		13	fatica	effort
7	ironia	irony				
8	calcetto	five-a-side football				
8	ridere	to laugh				
8	attaccare	to hang up				
12	suicidarsi	to commit suicide				
13	corrompere	to bribe				
13	minacciare	to threaten				
13	linguista	linguist				
13	estinzione	extinction				
13	linguistica	linguistics				
13	autore	author				
13	classico	classical				
13	perfezione	perfection				
13	merito	merit				
13	in buona parte	for the most part				
13	telematica	telematics				
13	base	basic				
13	disimparare	to unlearn				
13	trascurare	ignore				
13	peso specifico	specific weight				
13	specie	especially				
13	tastiera	keyboard				
13	scialle	shawl				
13	confessare	to confess				
13	sconforto	dejection				
13	titolo	title				
13	assolto	absolved				
13	appellare	to invoke				
13	poeta	poet				

grammatica

La forma passiva con *andare* - The passive voice with *andare*

The verb **andare** + the past participle of the main verb can be used to form the passive.
In this case the passive takes a connotation of duty or necessity and can only be used with simple tenses (with the exception of the **passato remoto**).

Le auto **vanno** lasciate nei parcheggi. (= **devono essere** lasciate)
Il problema **andrà** discusso. (= **dovrà essere** discusso)
L'errore **va** corretto. (= **deve essere** corretto)

Il congiuntivo trapassato

The **congiuntivo trapassato** is formed by using the **congiuntivo imperfetto** of **essere** or **avere** + the past participle of the main verb.

Pensavo che l'**avessi** già **letto**.
Credevo che **fosse** già **partito**.

Il periodo ipotetico dell'irrealtà – *If* clauses (impossible hypotheses)

If the clause introduced by **se** expresses a condition which did not come to be in the past, the verb is in the **congiuntivo trapassato** and the verb of the principal clause is in the **condizionale passato**.

Se non **avesse piovuto**, **sarei andato** a giocare a calcetto.
(*but it rained*)
Se **fossimo andati** a fare la spesa, **avremmo potuto** cucinare.
(*but we did not go*)

Il congiuntivo trapassato

If the clause introduced by **se** expresses a condition which did not come to be in the past, the verb is in the **congiuntivo trapassato** and the verb of the principal clause is in the **condizionale passato**.

Se non **avesse piovuto**, **sarei andato** a giocare a calcetto.
(*but it rained*)
Se **fossimo andati** a fare la spesa, **avremmo potuto** cucinare.
(*but we did not go*)

Gerundio passato - Past gerund

The past gerund is formed with the present gerund of **essere (essendo)** or **avere (avendo)** + the past participle of the main verb. It has the same function of a dependant causal clause (**poiché...**) and it is used when the action of the dependant clause takes place before that of the principal clause.

If the auxiliary used is **essere**, the past participle agrees with the gender and number of the subject.

Avendo avuto (= Poiché ho avuto…) una formazione classica, ho avuto un momento di sconforto quando ho letto il titolo del suo libro.

Non **essendo** mai **andata** al corso, Mara non è riuscita a superare l'esame.

Dopo + infinito passato - *Dopo* + past infinitive

The past infinitive is formed with the present infinitive of **avere** or **essere** + the past participle of the main verb.

Dopo + past infinitive is used when the action of the dependant clause takes place before that of the principal clause. This construction is only possible if the subject of the two clauses is the same.

Dopo averci ripetuto che la nostra lingua si sta corrompendo, ora ci dicono che l'italiano è ormai una lingua in estinzione.

(noi) **Dopo essere stati** in ufficio, (noi) **siamo tornati** a casa.

214 | GRAMMATICA 15

caffè culturale

Errori e tic linguistici
Gli italiani maltrattano spesso la lingua di Dante. Osserva questi errori comuni (sottolineati), correggili come nell'esempio, infine confronta le tue soluzioni con quelle in fondo alla pagina.

Errori di ortografia
a Qual'è il tuo numero di telefono? — *qual è*
b Ti ho portato un pò di mele. — _____
c Non vengo perchè sono stanco. — _____
d Mangiare troppi dolci fà male! — _____
e Mi da un etto di prosciutto, per favore? — _____
f - Vieni alla festa?
    - Si! — _____

Errori grammaticali
g - Hai visto Caterina per il suo compleanno?
    - Ancora no, ma sabato gli porto il regalo! — _____
h La maggior parte degli italiani vanno in vacanza ad agosto. — _____
i Che fine ha fatto Fabio? L'ho telefonato mille volte, ma non risponde mai! — _____

Soluzione: b. un po'; c. perché; d. fa; e. dà; f. Sì; g. le; h. va; i. Gli

videocorso

Vai al sito di New Italian Espresso 2 (www.almaedizioni.it/newitalianespresso) e apri la sezione VIDEO

15

1 Nell'episodio i protagonisti dicono alcune parole in dialetto.
Prima della visione, prova ad abbinare le parole dialettali al loro significato in italiano, come nell'esempio. Poi guarda il video e verifica.

| camicia | in fretta | occhio | lavora | niente | ~~sedia~~ |

1 laüra = _____
2 camisa = _____
3 nagott = _____
4 ocio = _____
5 cadrega = *sedia*
6 ambressa = _____

2 Indica le affermazioni giuste.

1 ☐ Paolo sta parlando con un collega di lavoro.
2 ☐ Paolo è di Milano.
3 ☐ Valeria è gelosa.
4 ☐ Paolo ha un'amica che si chiama Laura.
5 ☐ Valeria non conosce il dialetto milanese.
6 ☐ I genitori di Valeria sono di Milano.
7 ☐ Paolo chiede al cameriere una bottiglia di vino.
8 ☐ Valeria conosce il napoletano grazie alla nonna.

videocorso

Vai al sito di New Italian Espresso 2 (www.almaedizioni.it/newitalianespresso) e apri la sezione VIDEO

3 **Ricostruisci in italiano il proverbio milanese che dice Paolo usando le parole nel cerchio.**

Proverbio milanese:
Chi laüra ghà una camisa e chi fà nagott ghe n'à do!

In italiano:
Chi lavora _____ ne ha due.

(parole nel cerchio: camicia, una, ha, niente, fa, non, e, chi)

4 **Sai come si chiama il dialetto di…? Indica l'opzione giusta.**

Città	abitante (e dialetto)	
Milano	milanese	
Roma	☐ romese	☐ romano
Firenze	☐ fiorentino	☐ firenzese
Napoli	napoletano	
Bologna	☐ bolognano	☐ bolognese
Venezia	☐ veneziano	☐ veneziese
Genova	☐ genovano	☐ genovese

5 **Completa alcune frasi del dialogo coniugando i verbi nei tempi e nei modi elencati.**

| infinito passato | gerundio passato | forma passiva con *andare* |

1 Non penso di (*sentire*) _____ ti mai _____ parlare in milanese, sai?

2 Sai, (*nascere*) _____ a Milano… ogni tanto parlo milanese. Soprattutto con i vecchi amici. Poi con Michele ci conosciamo da una vita…!

3 Sì, al telefono parlavi di una Laura, con una camicia… Dopo (*dire*) _____ così hai riso…

4 Be' poi, hai detto "ocio" che significa "occhio", quindi "attento", ma mi sembra di (*sentire*) _____ una parola strana…

5 Gli ho detto che queste persone (*evitare*) _____, sono pericolose. Ma scusa, tu non lo parli il tuo dialetto?

6 Ma no sai, mia madre è veneta e mio padre napoletano: e dopo (*sposarsi*) _____ si sono trasferiti a Bologna, poi a Perugia e ora io sto qui a Milano.

come si dice a Milano? 15

attività letterarie

Dino Buzzatti
(San Pellegrino, Belluno, 1906 - Milano, 1972)

L'autore
Dino Buzzati nasce il 16 ottobre 1906 a San Pellegrino, nei pressi di Belluno. Nel 1928, ancor prima di concludere gli studi in legge, entra come praticante al Corriere della Sera.
Nel 1933 esce il suo primo romanzo, *Bàrnabo delle montagne*. Il romanzo, cui Buzzati si era dedicato per suo piacere e divertimento, ha grande successo.
Nel 1940 esce *Il deserto dei Tartari*, che Buzzati stesso considerava "il libro della sua vita" e che certamente è uno dei romanzi più significativi di tutto il Novecento,
Successivamente lo scrittore affronta il racconto, genere in cui raggiungerà risultati di valore assoluto. Negli anni della Seconda Guerra Mondiale è cronista e fotoreporter nelle Campagne d'Africa. Sarà sua anche la *Cronaca di ore memorabili* apparsa sulla prima pagina del Corriere della Sera il 25 aprile 1945, giorno della Liberazione. Nel Dopoguerra è stato pittore oltre che autore di racconti, romanzi e di opere teatrali e radiofoniche rappresentate in teatro, alla radio e in seguito alla televisione. In questi anni libri, mostre e rappresentazioni di Buzzati compaiono sempre più spesso sulle cronache.
Nel 1970 gli viene assegnato il premio giornalistico "Mario Massai" per gli articoli pubblicati sul Corriere della Sera nell'estate 1969, a commento della discesa dell'uomo sulla Luna.

Le opere principali
Bàrnabo delle montagne (1933); *Il deserto dei Tartari* (1940); *Il grande ritratto* (1960); *Un amore* (1963). Importanti libri di racconti sono *Sessanta racconti* (1958); *Il colombre*, (1966); *La boutique del mistero* (1968); *Siamo spiacenti di...* (1975). Tra le opere teatrali si ricorda in special modo *Un caso clinico* (1953).

Il libro da cui è tratto il brano
Siamo spiacenti di… è una scelta da opere precedenti con inediti o rari. Oggi tutti i racconti di Buzzati sono raccolti da Mondadori in un unico volume.

Caratteristiche del brano scelto
Incontro notturno racconta l'incontro tra un vecchio barbone e un giovane ricco e spensierato. Il giovane considera il barbone come un rifiuto umano ma alla fine sarà costretto ad un improvviso ed inesorabile rispecchiamento. È un racconto di atmosfera drammatica in cui ha un ruolo fondamentale la descrizione del luogo. Il dialogo è molto teatrale e si presta ad essere drammatizzato.

Incontro notturno

---

tutte le attività letterarie sono tratte dal libro di Carlo Guastalla *Giocare con la letteratura - Alma Edizioni*

attività letterarie

1 Attività introduttiva

1.1. Leggi e cerca di capire questo brano. Se ci sono parole che non conosci chiedile all'insegnante.

> Giorgio Duhamel usciva con due amici.
> Era una notte di umido.
> Nella strada c'era un vecchio barbone.

Incontro notturno

1.2. Dentro il brano che hai letto mancano, rispetto all'originale, tre parti, riportate qui sotto. Inseriscile nel giusto spazio.

- , barcollante e interamente solo
- , di freddo e di nebbia
- a tarda ora

Giorgio Duhamel usciva con due amici _____.
Era una notte di umido _____.
Nella strada c'era un vecchio barbone _____.

1.3. Dentro il brano che hai ricomposto mancano ancora, rispetto all'originale, tre parti, riportate qui sotto. Inseriscile nel giusto spazio.

- da un posto
- coi suoi lampioni pieni di fatalità
- tipo perduto di

Giorgio Duhamel usciva con due amici a tarda ora _____.
Era una notte di umido, di freddo e di nebbia, _____.
Nella strada c'era un _____ vecchio barbone, barcollante e interamente solo.

218 ATTIVITÀ LETTERARIE

attività letterarie

1.4. Mancano ancora tre parti. Inseriscile nel giusto spazio.

| deserta | divertente | bellissima |

Giorgio Duhamel usciva con due amici a tarda ora da un posto _____.

Era una _____ notte di umido, di freddo e di nebbia, coi suoi lampioni pieni di fatalità.

Nella strada _____ c'era un tipo perduto di vecchio barbone, barcollante e interamente solo.

2 Lettura

Leggi il racconto completo.

1 Giorgio Duhamel usciva con due amici a tarda ora da un posto divertente. Era una bellissima notte di umido, di freddo e di nebbia, coi suoi lampioni pieni di fatalità. Nella strada deserta c'era un tipo perduto di vecchio barbone, barcollante e interamente solo. Giorgio era giovane, elegantissimo e in vena di scherzare.

5 "Ehi, nonnino, si ondeggia, eh? Quanti?"
L'altro sordamente mugolò.
"Quanti litrazzi, dico."
Il tipo si alzò lentamente la sconvolta faccia e lo guardava. La luce del fanale lo illuminò con straordinario senso drammatico.

10 Giorgio sentì qualcosa, non avrebbe saputo dire.
"Come ti chiami, rudere, maceria della notte?"
Perché lo chiese? Chi glielo aveva suggerito?
L'altro chinò il capo, cosicché l'ombra del cappellaccio cancellava la faccia. Disse: "Giorgio".
"To', magnifico! Il mio nome!" E rise, perfino.

15 Il tipo taceva, immobile.
"Di'" fece Duhamel "e il cognome."
"Il cognome?" disse l'altro, sottilmente ambiguo, come se non avesse capito.
"Il tuo cognome, dico."
Fece, il barbone, un fondo respiro.

20 "Il cognome?" ripeté. Lungamente meditò: "Lei, signore, vuole proprio sapere il mio cognome?".
"E dai, gaglioffo!"
Silenzio. Poi il vecchio compitò.
"Du... Du... Duha... Duha..."

25 Rialzava lentamente il volto, la luce lo disegnò nei suoi particolari orrendi.
"Duha... Duha... Duham..."
Giorgio arretrava, non sorrideva più.
"Duham... Duham... Duham..."
Giorgio finalmente capì. Quel tipo spaventoso.
Lui stesso, fra mezz'ora.

Dino Buzzatti, *Incontro notturno*, in *Siamo spiacenti di...*, Mondadori, Milano, 1975

Incontro notturno

attività letterarie

Incontro notturno

3 Scelta multipla "lessico"
Scegli, per le parole o espressioni elencate, il significato appropriato.

riga 2 – lampioni:	1 ☐ sentimenti 2 ☐ luci per illuminare la strada
riga 3 – barbone:	1 ☐ persona povera senza una casa 2 ☐ persona che, per lavoro, taglia i capelli
riga 4 – in vena di scherzare:	1 ☐ con il desiderio di scherzare 2 ☐ senza il desiderio di scherzare
riga 5 – nonnino	1 ☐ povero 2 ☐ vecchio
riga 6 – mugolò (inf. mugolare)	1 ☐ lamentarsi 2 ☐ girare la faccia da un'altra parte
riga 8 – fanale	1 ☐ sigaretta 2 ☐ luce della macchina
riga 11 – rudere	1 ☐ brutto (in modo gentile) 2 ☐ vecchio
riga 13 – chinò (inf. chinare) il capo:	1 ☐ abbassare la testa 2 ☐ girarsi verso il capo
riga 13 – cappellaccio	1 ☐ strada 2 ☐ cappello brutto
riga 17 – ambiguo	1 ☐ gentile 2 ☐ falso
riga 22 – gaglioffo	1 ☐ stupido, incapace 2 ☐ vecchio
riga 23 – compitò (inf. compitare)	1 ☐ dire il risultato 2 ☐ dire sillaba per sillaba
riga 27 – arretrava (inf. arretrare)	1 ☐ guardare attentamente 2 ☐ andare indietro

attività letterarie

4 **Produzione libera orale "festa di beneficenza"**
Mettiti faccia a faccia con un compagno. L'insegnante ti dirà qual è il tuo ruolo.

Gruppo A (metà classe)
Sei un barbone. Hai saputo che c'è una festa di beneficenza. Forse si mangerà qualcosa e vai. Ti metti seduto davanti ad una persona che ha organizzato la festa e parlate insieme.

Gruppo B (metà classe)
Sei uno degli organizzatori di una festa di beneficenza per i barboni della tua città.
Ti metti seduto davanti ad uno di loro e parlate insieme.

5 **Cloze "avverbi"**
Inserisci nel testo gli avverbi elencati qui sotto.

| finalmente | interamente | lentamente | lentamente | lungamente |
| perfino | poi | sordamente | sottilmente |

Giorgio Duhamel usciva con due amici a tarda ora da un posto divertente. Era una bellissima notte di umido, di freddo e di nebbia, coi suoi lampioni pieni di fatalità. Nella strada deserta c'era un tipo perduto di vecchio barbone, barcollante e _____ solo. Giorgio era giovane, elegantissimo e in vena di scherzare.
"Ehi, nonnino, si ondeggia, eh? Quanti?"
L'altro _____ mugolò.
"Quanti litrazzi, dico."
Il tipo si alzò _____ la sconvolta faccia e lo guardava. La luce del fanale lo illuminò con straordinario senso drammatico.
Giorgio sentì qualcosa, non avrebbe saputo dire.
"Come ti chiami, rudere, maceria della notte?"
Perché lo chiese? Chi glielo aveva suggerito?
L'altro chinò il capo, cosicché l'ombra del cappellaccio cancellava la faccia. Disse: "Giorgio".
"To', magnifico! Il mio nome!" E rise, _____.
Il tipo taceva, immobile.
"Di'" fece Duhamel "e il cognome."
"Il cognome?" disse l'altro, _____ ambiguo, come se non avesse capito.
"Il tuo cognome, dico."
Fece, il barbone, un fondo respiro.
"Il cognome?" ripeté. _____ meditò: "Lei, signore, vuole proprio sapere il mio cognome?".
"E dai, gaglioffo!"
Silenzio. _____ il vecchio compitò.
"Du... Du... Duha... Duha..."
Rialzava _____ il volto, la luce lo disegnò nei suoi particolari orrendi.
"Duha... Duha... Duham..."
Giorgio arretrava, non sorrideva più.
"Duham... Duham... Duham..."
Giorgio _____ capì. Quel tipo spaventoso.
Lui stesso, fra mezz'ora.

Incontro notturno

ATTIVITÀ LETTERARIE | 221

attività letterarie

Dacia Maraini
(Firenze, 1936)

L'autrice
Dacia Maraini nasce a Firenze nel 1936. Il padre, Fosco Maraini, è un famoso etnologo. Per un suo studio sul Giappone la famiglia nel '38 si trasferisce in Giappone. Nel '43 il governo giapponese, che aveva fatto un patto di alleanza con l'Italia e la Germania, chiede ai coniugi Maraini di firmare l'adesione alla repubblica di Salò. I due rifiutano e vengono perciò rinchiusi in un campo di concentramento nei pressi di Tokyo assieme alle tre figlie bambine. Alla fine della guerra vengono liberati dagli americani e tornano ad abitare in Sicilia.
Nel '54, a diciotto anni, Dacia raggiunge il padre che per lavoro si era trasferito a Roma.
Nel 1962 pubblica il primo romanzo presso l'editore Lerici *La vacanza*. Comincia ben presto ad occuparsi di teatro. Fonda prima il "Teatro del Porcospino", poi il "Teatro della Maddalena", interamente gestito e diretto da donne. Dagli anni '70 è uno degli autori italiani più tradotti nel mondo e ha collezionato una lunga serie di prestigiosi premi letterari. È stata per molti anni la compagna di Alberto Moravia.

Le opere principali
La vacanza (1962); *L'età del malessere* (1963); *Memorie di una ladra* (1973); *Donna in guerra* (1975); *Isolina* (1985); *La lunga vita di Marianna Ucrìa* (1990, da cui è stato tratto il film di Roberto Faenza *Marianna Ucrìa*); *Bagheria* (1993); *Voci* (1994); *Dolce per sé* (1997); *Buio* (1999); *La nave per Kobe. Diari giapponesi di mia madre* (2001); *Colomba* (2004); *Il gioco dell'universo. Dialoghi immaginari tra un padre e una figlia,* con Fosco Maraini (2007); *Il treno dell'ultima notte* (2008); *La grande festa* (2011); *Chiara d'Assisi. Elogio della disobbedienza* (2013); *La bambina e il sognatore* (2015); *Tre donne. Una storia d'amore e disamore* (2017). Tra i testi teatrali si ricordano: *Maria Stuarda* (1975); *Dialogo di una prostituta con un suo cliente* (1978); *Storia di Piera* (1980, in collaborazione con Piera Degli Esposti); *Camille* (1995). Raccolte di poesie sono *Crudeltà all'aria aperta* (1966); *Donne mie* (1974); *Dimenticato di dimenticare* (1982); *Viaggiando con passo di volpe* (1991); *Se amando troppo* (1998); *Notte di capod'anno in ospedale* (2009).

Il libro da cui è tratto il brano
Bagheria è un romanzo autobiografico ambientato al ritorno della famiglia Maraini in Sicilia dal campo di concentramento in Giappone, di cui ci sono sporadiche ma essenziali descrizioni. La storia racconta l'incontro di Dacia bambina con una Sicilia piena di contraddizioni. Le relazioni problematiche della giovane protagonista con la sua famiglia e i suoi avi nobili sono il tema principale del romanzo, ma la terra di Sicilia e Bagheria in primis non sono solo uno sfondo davanti a cui prende vita una storia.

Caratteristiche del brano scelto
È la descrizione da parte della protagonista (Dacia Maraini stessa) delle disavventure della nonna Sonia, nata in Cile e venuta in Italia per cantare contro la volontà del padre.

attività letterarie

1 Attività introduttiva

1.1. Collega le frasi di sinistra (in ordine) con quelle di destra (non in ordine) e ricomponi il primo paragrafo del testo. Puoi usare il dizionario.

Non l'ho mai vista piangere mia nonna Sonia.	parlare l'italiano come si deve.
Gli è sopravvissuta di quasi trent'anni,	secondo il ritmo e la logica
che a ottant'anni non sapeva ancora	Nemmeno alla morte del nonno.
Le sue frasi erano costruite	la spagnola.
di un'altra lingua,	la bella cilena

1.2. Riscrivi il testo in ordine.

_____
_____
_____
_____
_____

1.3. Rispondi alla domanda e consultati con un compagno:

Da dove viene Sonia? [   ]

2 Lettura

2.1. Leggi il testo.

> 1   Non l'ho mai vista piangere mia nonna Sonia. Nemmeno alla morte del nonno. Gli è sopravvissuta di quasi trent'anni, la bella cilena che a ottant'anni non sapeva ancora parlare l'italiano come si deve. Le sue frasi erano costruite secondo il ritmo e la logica di un'altra lingua, la spagnola. Diceva "el uomo", non distingueva fra cappello e capello,
> 5   diceva: "Esci così, en cuerpo?" per dire che uno non portava il cappotto.
> Venuta dal Cile alla fine del secolo scorso col padre ambasciatore, aveva studiato pianoforte e canto a Parigi. Aveva una bella voce di soprano e un temperamento teatrale. Tanto che tutti i maestri l'avevano incoraggiata a farne un mestiere. Ma non era una
> 10   professione per ragazze di buona famiglia. E il padre glielo aveva proibito. Proponendole invece subito un buon matrimonio con un proprietario di terre argentino.

Dacia Maraini, da *Bagheria*, Milano, Rizzoli, 1993

Bagheria

attività letterarie

2.2. Rileggi il brano e rispondi alle domande.

a Quanto è vissuta Sonia dopo la morte del nonno?

b Che lavoro faceva il padre di Sonia?

c Che lavoro voleva fare Sonia?

d Cosa pensava il padre del futuro di Sonia?

2.3. Consultati con un compagno, poi continua a leggere.

> Ma lei aveva resistito. E, a diciotto anni, era scappata di casa per andare a "fare la lirica" come diceva lei. Era approdata a Milano dove aveva conosciuto Caruso che l'aveva avviata alla scuola della Scala. Famosa in famiglia la fotografia di Caruso dedicata alla "brava e bella Sonia". Perfino Ricordi aveva giudicato "straordinario" il suo talento lirico.
> Ma il padre Ortuzar non intendeva cedere. Andò a prenderla a Milano e la riportò a Parigi. E da Parigi Sonia scappò di nuovo, mostrando una grande tenacia e un grande amore per la sua arte.
> In una gara di testardaggini senza limiti, il padre Ortuzar era tornato a cercarla. L'aveva trovata, nascosta in casa di amici e l'aveva riportata per la seconda volta a casa, in Francia. L'aveva chiusa, però, questa volta in una camera giurando che non ne sarebbe uscita che per sposarsi.
> Ma poi, di fronte alle reazioni a dir poco "spropositate" di lei si era spaventato. Non si dice quali siano state queste reazioni "spropositate", immagino che si sia buttata per terra, come continuò a fare in seguito, anche dopo sposata, e abbia urlato e si sia contorta in preda a un parossismo nervoso. Fatto sta che il padre stesso l'aveva accompagnata a Milano perché riprendesse gli studi, ma sotto la sua stretta sorveglianza.
> Fu allora che Sonia conobbe il bel siciliano dagli occhi azzurri che era mio nonno Enrico e se ne innamorò.

Dacia Maraini, da *Bagheria*, Milano, Rizzoli, 1993

attività letterarie

2.3. Quali sono tutti gli spostamenti di Sonia prima di conoscere nonno Enrico?

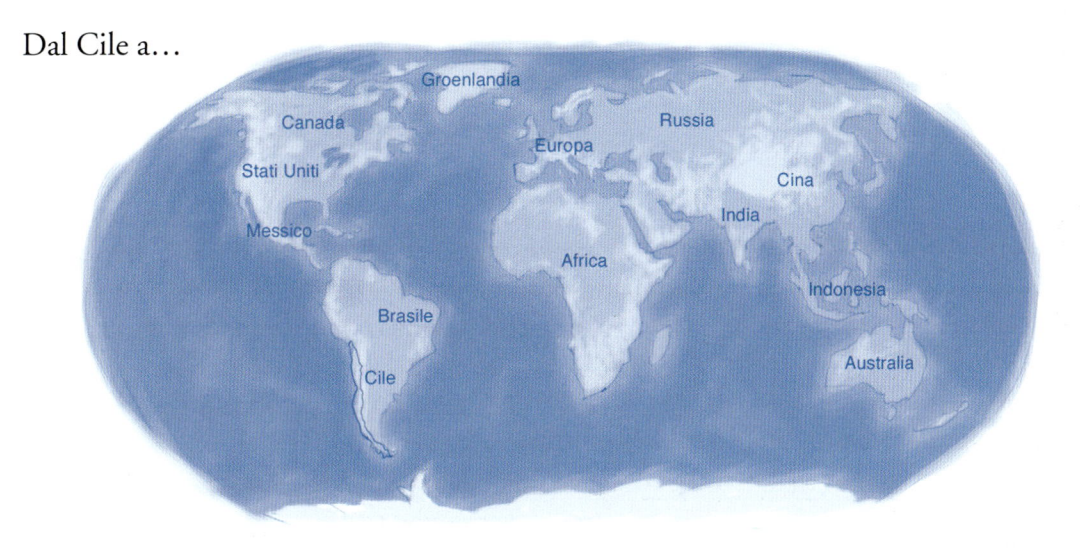

Dal Cile a…

2.4. Rileggi tutto il testo e completa la tabella scrivendo cosa fanno i personaggi elencati.

Il padre di Sonia	
I maestri	
Il proprietario di terre argentino	
Caruso	È un famoso tenore che ha avviato Sonia alla scuola della Scala.
Ricordi	Ha giudicato "straordinario" il talento lirico di Sonia.
Gli amici	
Enrico	

3 Produzione libera orale "i nonni"

Pensa ai tuoi nonni o ad un tuo parente che ti è stato particolarmente caro e parlane con un compagno.

attività letterarie

Bagheria

4 Scelta multipla "lessico"
Scegli, per le parole o espressioni sottolineate, il significato più appropriato nel testo.

☐ bene ☐ male

☐ di adesso ☐ passato

☐ desiderio ☐ carattere

☐ Era arrivata ☐ Aveva cantato

☐ combattere ☐ arrendersi

☐ libertà ☐ forza

☐ azioni insistite ☐ corse

☐ prima delle esagerate ☐ a causa delle poco simpatiche

☐ come un ☐ con una crisi di
☐ Alla fine ☐ Per questo

Non l'ho mai vista piangere mia nonna Sonia. Nemmeno alla morte del nonno. Gli è sopravvissuta di quasi trent'anni, la bella cilena che a ottant'anni non sapeva ancora parlare l'italiano **come si deve**. Le sue frasi erano costruite secondo il ritmo e la logica di un'altra lingua, la spagnola. Diceva "el uomo", non distingueva fra cappello e capello, diceva: "Esci così, en cuerpo?" per dire che uno non portava il cappotto.
Venuta dal Cile alla fine del secolo **scorso** col padre ambasciatore, aveva studiato pianoforte e canto a Parigi. Aveva una bella voce di soprano e un **temperamento** teatrale. Tanto che tutti i maestri l'avevano incoraggiata a farne un mestiere. Ma non era una professione per ragazze di buona famiglia. E il padre glielo aveva proibito. Proponendole invece subito un buon matrimonio con un proprietario di terre argentino.
Ma lei aveva resistito. E, a diciotto anni, era scappata di casa per andare a "fare la lirica" come diceva lei. **Era approdata** a Milano dove aveva conosciuto Caruso che l'aveva avviata alla scuola della Scala. Famosa in famiglia la fotografia di Caruso dedicata alla "brava e bella Sonia". Perfino Ricordi aveva giudicato "straordinario" il suo talento lirico.
Ma il padre Ortuzar non intendeva **cedere**. Andò a prenderla a Milano e la riportò a Parigi. E da Parigi Sonia scappò di nuovo, mostrando una grande **tenacia** e un grande amore per la sua arte.
In una gara di **testardaggini** senza limiti, il padre Ortuzar era tornato a cercarla. L'aveva trovata, nascosta in casa di amici e l'aveva riportata per la seconda volta a casa, in Francia. L'aveva chiusa, però, questa volta in una camera giurando che non ne sarebbe uscita che per sposarsi. Ma poi, **di fronte alle** reazioni a dir poco "**spropositate**" di lei si era spaventato. Non si dice quali siano state queste reazioni "spropositate", immagino che si sia buttata per terra, come continuò a fare in seguito, anche dopo sposata, e abbia urlato e si sia contorta **in preda a** un parossismo nervoso. **Fatto sta che** il padre stesso l'aveva accompagnata a Milano perché riprendesse gli studi, ma sotto la sua stretta sorveglianza.
Fu allora che Sonia conobbe il bel siciliano dagli occhi azzurri che era mio nonno Enrico e se ne innamorò.

glossario alfabetico

A

a breve/lungo termine	short/long term
a caso	randomly
a condizione che	provided that
a disposizione	available
a forma di	in the shape of
a lume di candela	candlelit
A me non sembra proprio!	To me it does not look that way!
a pagamento	subscription service
a suon di	with
abbandonare	to abandon
abbassare	to lower
abbracciarsi	to hug one another
abile	skilled
abitualmente	usually
abituato	used to
abiurare	to recant
accadere	to happen
accessorio	accessory
acciaccato	battered
accidenti!	my goodness!
acciuga	anchovy
accontentare	to satisfy
accorgersi	to notice, to realize
accuratamente	accurately
accusa	accusation
acquistabile	purchasable
acquistare	to buy
ad un certo punto	at a certain point
adatto	appropriate
addetto	person in charge
addobbare	to decorate
adulto	adult
affari	business
affascinante	charming
affascinare	to fascinate
affermazione	statement
affettuoso	tender
affidabile	reliable
agenzia matrimoniale	matchmaking agency
aggravare	to worsen, to increase
aggressivo	aggressive
agopuntura	acupuncture
al contrario	backwards
al posto di	instead of
alba	dawn
alcolico	alcoholic drink
alcuno	no, any
all'inizio	initially
alla fine	in the end
alla luce di	in light of
allegato	attachement
allergia	allergy
alloggio	accomodation
almeno	at least
alternativo	alternative
amante	enthusiast
ambientale	environmental
ambientalista	environmentalist
ambulanza	ambulance
amicizia	friendship
ammettere	to admit
amore a prima vista	love at first sight
analista	therapist
andare bene/male a scuola	to be good/bad at school
andarsene	to leave
anima gemella	soulmate
anima	soul
animatore	entertainer
annuncio	ad
antichità	ancient times
antipatico	unpleasant
antiquato	antiquate, obsolete
anzi	on the contrary
anziché	rather than
apertura	opening
appalto	tender
apparecchiare	to set the table
appassionato	fan
appellare	to invoke
appoggiare	to support
apprezzare	to admire
appunto	note
arbitro	referee
architetto	architect
architettura	architecture
argento	silver
argomento	subject
arredare	to furnish
arrivo	arrival
arrossire	to blush
articolo	article

glossario alfabetico

artista	artist
artistico	artistic
asilo (nido)	kindergarten
aspirina	aspirine
assegnare	to assign
assicurare	to assure
associare	to associate
assolto	absolved
assumere	to hire
assurdo	absurd
astronomo	astronomer
atleta	athlete
atletica leggera	athletics
attaccare	to criticize, to hang up, to paste
attesa	wait
attribuire	to attribute
aula	classroom
aumento	increase
automobilistico	automotive
autonomamente	autonomously
autore	author
avanzare	to move forward
avvenire	to happen
avversario	opponent
avvertire	to warn
azienda	company
azione	action

B

baciamano	hand-kissing
barzelletta	joke
base	basic
bastone	stick
bellezza	beauty
bevanda	drink
bibita	drink
binario	rail
bisogna	one needs to, you need to
bisognoso	needy
bocca	mouth
bocciare	to reject
bontà	good quality
botta	hit, blow
braccio	arm

brevemente	briefly
brindare	to make a toast
briscola	*Italian card game*
bruciare	to burn
bruttura	eyesore
busta	bag

C

c'è da dire	it has to be said
caffettiera	coffee maker
calcetto	five-a-side football
calciatore	football player
calo	drop
calza	stocking
campana di vetro	bell jar
campionato	championship
campione	champion
campo	field
candidato	candidate
cantare	to sing
cantiere	construction site
canzone	song
capacità	ability
capitare	to happen
capo	head
capoluogo	capital city (of province, region, etc.)
cappello	hat
caratteristica	feature
carbone	coal
caricare	to upload, to load
carico	load
Carnevale	Carnival
caro	dear
carro	wagon, cart
carta	paper
casalinga	housewife
casco	helmet
caso	occasion
cassa	crate
casuale	fortuitous
categorico	strict
catena	chain
cattolico	catholic
censura	censorship

glossario alfabetico

centro storico	historic center	con dispiacere	sadly
cercare	to try to	condividere	to share
cereali	cereals	conferenza	conference
certezza	certainty	confessare	to confess
Che disastro!	What a disaster!	confinare	to border
Che discorsi!	Nonsense!	confine	border
Che guaio!	What a mess!	conflitto	conflict
che io sappia	as far as I know	confronto	comparison
Che peccato!	What a pity!	confusione	confusion
Che poi… no?	I mean... dont' you think?	congiura	conspiracy
Che sfortuna!	So unlucky!	conoscenza	knowledge
che	that, which	conosciuto	well known
cieco	blind	consegnare	to give
circa	about, around	conseguenza	consequence
circolare	to circulate	consultare	to consult
circondato	surrounded	consumare	to consume
cittadino	citizen	contattare	to contact
clacson	horn	contatto con il pubblico	in contact with the public
classe	class	contemporaneo	contemporary
classica	classical	contento	happy, satisfied
classifica	table	contesto	context
clinica	clinic	continuare	to keep going
codice	code	continuo	continuous
collaborare	to cooperate	contraccezione	birth control
collina	hill	contrastare	to contrast
collo	neck	contratto a tempo	
colomba	dove	determinato	fixed term contract
colorato	colored	contributo	contribution
colpa	blame	controllare	to check
colpire	to hit	controllo	control
colpo di fulmine	love at first sight	convivente	cohabitant
colpo di sole	heatstroke	copertina	cover
colpo	blow	copiare	to copy
coltellata	stab wound	coppia di fatto	registered partnership
commesso	made	correntemente	normally
commissario	commissioner	corrispondente	equivalent
competitività	competitivity	corrompere	to bribe
competizione	competition	corrotto	corrupted
compiere	to turn, to carry out	corteggiare	to woo
complesso	complex	cortile	yard
complicato	complex	costruire	to build
complimento	compliment	creatività	creativity
comportarsi	to behave	creativo	creative
composto	composed of	credere	to believe
comunicare	to communicate	crema solare	sunscreen
comunicazione	communication	crescita	growth

glossario alfabetico

crisi	crisis
critica	critique
criticare	to criticize
cucire	to stitch
cuffia	headphones
cui	which
culla	cradle
culturale	cultural
cura	treatment
curare	to cure

D

d'altra parte	on the other hand
d'obbligo	must
da un'altra parte	somewhere else
dare fastidio	to bother
dare il via	to start
dare importanza	to give importance
dare una mano	to help out
data di nascita	date of birth
dati personali	personal data
davvero	really
decina	dozen
decorare	to decorate
definitivo	final
delimitare	to demarcate
deludere	to disappoint
demenza	madness
dente	tooth
descrivere	to describe
deserto	deserted
destinazione	destination
di volta in volta	on a case-by-case basis
dialogo	dialogue
dibattito	debate
Dici sul serio?	Are you serious?
differenza	difference
diffusione	diffusion
digitale	digital
digitalizzazione	digitalization
dilagare	to spread
dimenticare	to forget
dipendente	employed
diploma di maturità	high school diploma
diritto	right
disco	disk
discussione	argument
discutere	to argue
disimparare	to unlearn
disperato	desperate
disperso	dispersed
disponibilità	availability
disposto	willing
distinzione	distinction
distribuire	to distribute
distruggere	to destroy
disturbare	to bother
dito	finger
ditta	company
Dittatore	dictator
dividere	to split
divorzio	divorce
documento	file
dolce	sweet
dominare	to dominate
dottore/-essa	*Title used for a person who has been awarded an academic degree*
drama	tragedy
droga	drug
dunque	so
durata	duration
duro	hard

E

È proprio vero	It is true that
eccessivo	excessive
eccezione	exception
economico	economic
educazione	education
effetto	effect
egregio	dear (*very formal*)
Eh, infatti!	Exactly!
eleganza	elegance
elementare	primary school
emergenza	emergency
emotività	emotionality
emozione	emotion
ennesimo	umpteenth
enorme	huge

glossario alfabetico

entusiasmo	enthusiasm	festaiolo	party goer
epoca	time period	fidanzato/a	boyfriend/girlfriend
equitazione	riding	figlio unico	only son
eresia	heresy	figura	figure
esistere	to exist	fila	line
espansione	expansion	filosofo	philosopher
esperienza	experience	fin da	since
esperto	expert	finale	final
espressione	look	finalmente	finally
esprimere	to express	finire in buone mani	to end up in good hands
essere in vena	to be in the mood	finora	until now
essere umano	human being	finto	fake
est	east	fisionomia	facial features
estensione	extension	fisioterapista	physical therapist
estetica	aesthetics	fissarsi	to fix
estinzione	extinction	fisso	steady, regular
etica	ethics	fluentemente	fluently
etichetta	label	flusso	flow
ettaro	hectare	forbici	scissors
evento	event	forma	shape
eventuale	potential	formarsi	to form
eventualmente	possibly	formazione	training
evidente	clear	Formula Uno	Formula One
evoluzione	evolution	fornire	to give
ex fidanzato/a	ex boyfriend/ex girlfriend	fotocopiare	to photocopy
		frenare	to brake
		frenesia	frenzy
F		frequentare	to attend
faccende	chores	frequente	common
faccia	face	fresco	fresh
fallire	to fail	frustrazione	frustration
fango	mud	fumare	to smoke
fantasia	imagination	funzionamento	rules
farcela	to make it	funzionare	to work
fare a meno	to do without	furbo	shrewd
fare finta di	to pretend	furto	theft
fare scherzi	to prank		
fare un bagno	to have a bath	**G**	
fatica	effort		
faticoso	tiring, hard	gabbia	cage
fattore	factor	galantera	gallantry
favore	favor	galantuomo	gentleman
favorire	to favor	galateo	etiquette
fenomeno	phenomenon	gelateria	ice cream parlor
fermo	still	Generale	General
ferro	iron	genere	kind

GLOSSARIO ALFABETICO | 231

glossario alfabetico

geniale	brilliant	immediatamente	immediatly
genio	genious	immerso	immersed
gentilezza	kindness	immondizia	garbage
gestaccio	rude gesture	impacchettare	to wrap
gesto	gesture	impegnativo	demanding
ghiaccio	ice	imperatore	emperor
gimcana	obstacle course	imperdibile	not to be missed
ginocchio	knee	impero	empire
giocatore	player	impianto	facility
giocattolo	toy	impiegare	to hire
gioiello	jewel	impiego	job
giorno di riposo	off day	impressione	impression
giovane	young	impuro	impure
giovinezza	youth	in buona parte	for the most part
giro	route	in contatto	in touch
giurare	to swear	in media	in average
giuria	jury	in occasione	in the event
giustificarsi	to excuse	in ogni caso	at any rate
gladiatore	gladiator	in pratica	basically
globale	global	inaugurare	to inaugurate
gol	goal	incantato	enchanted
goloso	glutton	incendiare	to set on fire
governo	government	incendio	fire
grammatica	grammar	incidente di percorso	bump in the road
grano	wheat	incidente	accident
grasso	fat	inconfondibile	unmistakable
gruppo	group	incontaminato	uncontaminated
guardare in faccia	to face	incubo	nightmare
guinzaglio	leash	indagare	to investigate
gustoso	tasty	indecente	indecent
		indicare	to indicate
H		indietro	back
		indimenticabile	unforgettable
Hai ragione	You are right	indipendente	self-employed
Hai saputo che…?	Did you know that…?	individualismo	individualism
		individuo	individual
I		industria	industry
		inesistente	non-existent
ideale	ideal	infantile	childish
ideato	designed	infertilità	infertility
identificazione	identification	influenzare	to influence
il dado è tratto	the dice is cast	informarsi	to inform oneself
illegittimo	illegitimate	informatico	IT, computer
illuminarsi	to lighten up	informazione	information
imbarazzato	embarrassed	ingiusto	unfair
immaginare	to imagine	ingorgo	traffic jam

glossario alfabetico

ingrandire	to make something bigger	lavorativo	working
inizialmente	initially	lavoratore	worker
inoltre	furthermore	lavori	roadworks
inserire	to fill a role	Le faremo sapere	we will let you know
insistentemente	insistently	legalmente	legally
insonnia	insomnia	legare	to attach
insuccesso	flop	legge	law
integrazione	addition	leggenda	legend
intensità	intensity	leggero	easy, light
interesse	interest	legno	wood
interessi personali	personal interests	lenticchia	lentil
interlocutore	speaker	letterario	literary
intervenire	to intervene	letteratura	literature
intitolare	to name after	lettura	reading
intitolarsi	to be titled	liberare	to free
introdurre	to introduce	liberazione	liberation
intuizione	intuition	libro giallo	mystery novel
inutile	useless	lieto	happy
inventare	to invent	linea	line
inviare	to send	lingua	tongue, language
invisibile	invisible	linguista	linguist
Io la penso diversamente	I have a different opinion	linguistica	linguistics
Io sono convinto che…	I am sure that…	lista di nozze	wedding list
Io sono del parere che…	My opinion is that…	lista	list
ironia	irony	litigare	to argue
ironico	ironic	località	place
irresponsabile	irresponsible	lusso	luxury
irrimediabilmente	irreparably		
irritazione	irritation		
iscritto	(*participio passato di iscriversi*)		
iscritto	participant	**M**	
iscriversi	to enroll	Ma dai!	Seriously?
ispirazione	inspiration	Ma davvero?	Really?
istante	moment	Ma non mi dire!	You don't say!
istituto	institute	Macché!	Not at all!
istituzione	institution	magico	magical
itinerario	itinerary	malato	sick, ill
		malfamato	disreputable
		mangiare in bianco	to eat bland food
L		maniera	way
La sai l'ultima?	Do you know what happened?	manifestazione	demonstration
		mano	hand, some help
laboratorio	laboratory	mantenere fresco	to keep fresh
lago	lake	marca	brand
lamentarsi	to complain	marchio	brand
		marinaio	sailor
		marino	marine

glossario alfabetico

mascherarsi	to disguise	movimento	excercise
massaggio	massage	museo	museum
materiale	material	musicale	musical
maternità	motherhood		
matita	pencil		
mazzo	bunch	**N**	
medaglia	medal		
medicina	medicine, medication	nascondere	to hide
meglio	better	nascosto	(*participio passato di nascondere*)
Meno male!	Thank God!	naso	nose
mentre	while	natalità	natality
merce	goods	natalizio	Christmas
meritare	to deserve	nazionale	national team
merito	merit	neanche	neither
meta	try	necessario	essential
metà	half	negare	to deny
metallo	metal	negativo	negative
metropoli	metropolis	nemmeno	not even
metterci	to take	nido	nest
metterla sul personale	to make something personal	nocciola	hazelnut
mettersi l'anima in pace	let it go, give up hoping for something	Non ci credo!	I can't believe it!
		Non direi proprio!	I don't think so!
mi pare	it seems to me	non importa	it does not matter
mica	not	non vedere l'ora	can't wait to
migliore	better	nonostante	despite
migratore	migratory	nord	north
migrazione	migration	nota	note
miliardo	billion	notaio	notary
milione	million	nucleo	core
militare	military	numero d'ordine	order number
minacciare	to threaten	numeroso	numerous
miracolo	miracle	nuoto	swimming
modello/a	model		
moderno	modern	**O**	
modifica	modification		
modo di dire	phrase	obbligare	to force
monte	mountain	obiettivo	objective
montuoso	mountainous	occasione	opportunity
moralità	morality	occupare	to fill
morire	to die	oculista	eye doctor
mossa	move	Oddio!	Oh my God!
mostro	monster	offerto	(*participio passato di offrire*)
mostruoso	monstrous	offrire	to treat, to buy
motivato	motivated	oggetto personale	personal item
motivo	reason	oggetto	object, item
moto	motorbike	ognuno	everyone

234　GLOSSARIO ALFABETICO

glossario alfabetico

Olimpiadi	Olympics	peggiorare	to get worse
omeopata	homeopath	pelle	skin
omeopatia	homeopathy	pensiero	thought
omicidio	murder	pentagono	pentagon
opportuno	right	pentirsi	to regret
ora di punta	rush hour	per carità	God forbid
orario	schedule	perfezione	perfection
ordinare	to order	pericolo	danger
ordinario	ordinary	pericoloso	dangerous
orecchio	ear	periodo determinato	fixed term
organizzativo	organizational	periodo	period
organizzatore	promoter	Però!	Wow!
origine	origin	personalità	personality
ormai	at this point	personalmente	personally
oro	gold	pesante	awkward
orribile	horrible	peso specifico	specific weight
ortografia	spelling	petto	chest
ospizio	nursing home	piacere	favor
ottenere	to obtain, to gain	pianeggiante	flat
ottimo	great	pianeta	planet
ovest	west	piano	slowly
ovunque	anywhere	piantare	to plant
ovvero	that is	piantarla	to stop
		pianura	plain
P		piede	foot
		pista ciclabile	bike lane
pace	peace	piuttosto	quite, more importantly
paesaggio	landscape	plastica	plastic
pallanuoto	water polo	poesia	poem
panchina	bench	poeta	poet
pancia	belly	poetico	poetic
paradiso	paradise	politiche familiari	family policies
parecchi/parecchie	many	politico	politician
parità	equality	Polizia	police
particolare	specific	poliziesco	detective story
Pasqua	Easter	poliziotto/a	policeman/police woman
passare	to pass by	pomata	cream
passare di moda	to go out of fashion	porgere	to offer
passare l'aspirapolvere	to vacuum	porta	goal
passeggero	passenger	portiere	goalkeeper, superintendent
passerella	catwalk	porto	harbor
passo	step	portone	main door
pasto	meal	positivo	positive
patente	driver's licence	posizione	position
patrimonio	heritage	posta elettronica	e-mail
pazzia	madness	postare	to post

glossario alfabetico

posto	job	prova	trial
potente	powerful	provincia	province
potere	power	pubblicamente	publicly
povero	poor	pubblicità	commercial
preceduto	preceded	punteggiatura	punctuation
preciso	definite	punto	point
preferibilmente	preferably	puntuale	punctual
pregiato	precious	può darsi che	it is possible that
premessa	foreword	purché	as long as
premio	prize		
prendere	to have signal		
prendere in giro	to make fun of	**Q**	
prendere in prestito	to borrow		
prendere sul serio	to take something seriously	quadrato	square
prendersela	to get upset	qualità	quality
preoccuparsi	to worry	qualsiasi	any
preoccupazione	worry	Questa è buona!	That's a good one!
preparare	to cook	quiete	quiet
presentatore	TV host	quindi	so, therefore
presentazione	presentation	quotidiano	daily
presenza	presence	quotidiano	newspaper
presepio	nativity scene	rabbia	anger
presidente	president	racchetta	racket
pressione	pressure	raccogliere	to gather
presso	at	raccolta	listing
pressoché	almost	racconto	short story
prestigio	prestige, importance	raffreddore	cold
prestigioso	prestigious	rallentare	to slow down
prevedere	to foresee	rappresentare	to represent
prigioniero	prisoner		
primitivo	primitive		
principe azzurro	prince charming	**R**	
privato	private		
processione	procession	Re	king
processo	process	realtà	reality
prodotto	product	recensione	review
professionale	professional	reclamo	complaint
professionista	professional	regalo	gift
profilo	profile	regionalismo	regionalism
profumato	fragrant	registrare	to register
profumo	fragrance, smell	registro	register
progettare	to design	regolare	regular
proletario	proletarian	rendere	to make
promuovere	to promote	requisito	requirement
proprietario	owner	residenza	home, residence
protestare	to complain	respingere	to drive back
		respirare	to breathe
		responsabile	manager

glossario alfabetico

restituire	to return	rivista	magazine
resto	rest	rivolgersi	to speak to, to go see
rete	net	rivolta	rebellion
retorica	rethoric	rivoluzionario	revolutionary
retribuzione	salary	**Roba da matti!**	Unbelievable!
retrocedere	to be relegated	romantico	romantic
rettangolare	rectangular	romanzo	novel
ricchezza	richness	rovinato	ruined, worn out
ricco	rich	rubare	to steal
ricetta	recipe	ruolo	role
ricevere	to receive	ruota	wheel
riciclare	to recycle, to re-gift		
riciclo	recycling		
ricongiungimento familiare	family reunification	**S**	
riconoscere	to recognize	sacrificio	sacrifice
riconoscimento	identification	saggezza	wisdom
ricoprire	to fulfill	saggio	essay
ridare indietro	to give back	saltare	to skip
ridere	to laugh	salto	leap
riferirsi	to refer to	salutare	to greet
rifiutare	to refuse	salvare	to save
rifiuti	garbage	sano	healthy
riflessivo	reflective	sbagliare	to be mistaken
riforma	reform	sbrigarsi	to hurry
rigido	strict	scaffale	shelf
rimandare	to postpone	scalo	layover
rimbalzare	to bounce	scambiarsi	to exchange
ringraziare	to thank	scandalo	scandal
rinunciare	to renounce	scappare	to run away, to escape
riparare	to repair	scartare	to unwrap
ripieno	stuffing	scatola	box
rischiare	to risk	scavare	to dig
riserva naturale	nature reserve	sceneggiatore	screewriter
riservato	reserved, booked	scherma	fencing
risorsa	resource	schiavo	slave
rispettare	to follow	schiena	back
rispetto a	in comparison to	scialle	shawl
rispettoso	respectful	sciarpa	scarf
ristrutturazione	renovation	scienziato	scientist
risultare	to turn out to be	sciopero	strike
ritenere	to believe	scolpire	to sculpt
ritmo	rythm	scomparire	to disappear
ritrovamento	finding	sconforto	dejection
riunione	meeting	scoperto	(*participio passato di scoprire*)
rivale	opponent, rival		
rivalutazione	appreciation	scopo	objective

glossario alfabetico

scoprire	to find out	sito	website
scortese	impolite	smettere	to quit
scottarsi	to get sunburned	società	society
scritto	writing, written work	sociologico	sociological
scrittura	writing	sofferto	(*participio passato del verbo soffrire*)
scudetto	league title		
scusa	excuse	soffiarsi il naso	to blow one's nose
scusarsi	to apologize	soffrire	to suffer
se	if	soggettivo	subjective
sebbene	although	solamente	just, only
sede	seat	solidarietà	solidarity
segnalare	to signal	Sono d'accordo con te	I agree with you
segnale di divieto	sign forbidding smth.	sopportare	to stand
segnare	to score	sorprendere	to surprise
segreteria	administrative office	sorpresa	surprise
segreto	secret	sorridere	to smile
selezionare	to select	sorriso	(*participio passato di sorridere*)
selezione	selection		
Senato	Senate	sostanza	substance
senatore	senator	sostenitore	supporter
sensuale	sensual	spaventare	to scare
sentiero	path, trail	spazzare	to sweep
separazione	separation	speciale	unique
serata	evening	specialità	specialty
seriamente	seriously	specie	especially
serie	series	spedizione	shipment
servire	to be useful	sperduto	isolated
servizio clienti	customer care	spettacolare	spectacular
sesso	sex	spettatore	spectator
settimanale	weekly	spiacente	sorry
settore	field	spolverare	to dust
severità	strictness	spontaneo	instinctive
sfidare	to challenge	sporcizia	dirt
sfilata	fashion show	spostarsi	to move
Sì, ecco, quello.	Exactly what I meant to say.	sprofondare	to disappear
sicurezza	safety	spumante	sparkling wine
sigaretta	cigarette	spuntarla	to manage to get one's way
significativo	important	squilibrio	imbalance
significato	meaning	stabile	building
simbolo	symbol	staccare	to separate
simile	similar	stage	internship
sincerità	sincerity	stambecco	steinbock
sindaco	mayor	stampare	to print
sinonimo	synonym	standardizzare	to standardize
sintesi	synthesis	stare in forma	to stay in shape
sistema	system	starnutire	to sneeze

glossario alfabetico

stato	condition
Stato	nation
statua	statue
stella	star
stilista	fashion designer
stipendio	salary
stirare	to iron
stomaco	stomach
storico	historical
stranamente	strangely
stressato	stressed
stretto	strait
strisce pedonali	zebra crossing
strumento	tool
strumento musicale	musical instrument
struttura	structure
studio	study
studio dentistico	dentist office
stupire	to surprise
su due piedi	right away, at a moment's notice
sublime	sublime
succedere	to happen
successive	following
successo	(*participio passato di succedere*)
successo	success
sud	south
suicidarsi	to commit suicide
Sul serio?	Really?
sulla base di	on the basis of
suonare male	to sound wrong
superato	obsolete
suscettibile	touchy
sviluppatore	programmer
sviluppo	development
svolgere	to carry out

T

tarda età	old age
targhe alterne	alternate number plate system
tasca	pocket
tasso	rate
tastiera	keyboard

tavola	table
tazza	mug
teatrale	theatrical
tecnologia	technology
telefonare	to phone
telefonata	phone call
telematica	telematics
telescopio	telescope
televisivo	television
tema	topic
temere	to fear
temperatura	temperature
temporaneo	temporary
tenere sott'occhio	to keep an eye on
tennista	tennis player
teoria	theory
termine	word, term
Terra	Earth
terribile	terrible
tessuto	fabric
testa	head
tifoso	fan
tipico	traditional
tirare	to shoot
tiro	shot
titolo	title
tombola	bingo
torneo	tournament
torrente	brook
tra l'altro	furthermore
tradizionale	traditional
tradizione	tradition
tradurre	to translate
tranne	save
tranquillamente	quietly
trarre	to be based on
trascurare	to ignore
trasferimento	transfer
trasformare	to transform
trasgressivo	transgressive
trasmesso	broadcast
trattamento	treatment
trattarsi	to represent
traversata	crossing
travestimento	disguise
triplicare	to triple

glossario alfabetico

truppa — troop
turistico — touristic

U

ubriaco — drunk
uccidere — to kill
ufficio del personale — human resources
ulteriore — further
ultrasessantenne — over sixty years old
umanità — humanity
ungherese — Hungarian
unirsi — to unite
urlare — to shout
usanza — custom
uso — use
utente — user

V

valore — value
varietà — variety
vario — various
vegetariano — vegetarian
veleno — poison
venire in mente — to come to mind
verbale — verbal
vergogna — shame
vicinanza — proximity
vietato — forbidden
vigile — traffic policeman
villaggio turistico — tourist resort
vincente — winning
violento — hard
visibile — visible
vittima — victim
vittoria — victory
viva — hooray for
vivibile — liveable
volgare — vulgar
volo — flight
volume — volume
vuoto — blank

Z

zucchero — sugar

240 GLOSSARIO ALFABETICO